Disney · Pixar Best Collection – Coco

초판 발행 · 2025년 7월 1일

번역 및 해설 · 라이언 박
발행인 · 이종원
발행처 · (주) 도서출판 길벗
브랜드 · 길벗이지톡
출판사 등록일 · 1990년 12월 24일
주소 · 서울시 마포구 월드컵로 10길 56(서교동)
대표 전화 · 02)332-0931 | **팩스** · 02)323-0586
홈페이지 · www.gilbut.co.kr | **이메일** · eztok@gilbut.co.kr

기획 및 책임 편집 · 김대훈(sychoria@gilbut.co.kr) | **디자인** · 강은경 | **제작** · 이준호, 손일순, 이진혁
마케팅 · 차명환, 장봉석, 최소영 | **유통혁신** · 한준희 | **영업관리** · 김명자, 심선숙 | **독자지원** · 윤정아

편집 진행 및 교정교열 · 안현진 | **전산편집** · 조영라 | **오디오녹음** · 와이알미디어
CTP 출력 및 인쇄 · 예림인쇄 | **제본** · 예림인쇄

- 길벗이지톡은 (주)도서출판 길벗의 성인어학서 출판 브랜드입니다.
- 이 책은 저작권법의 보호를 받는 저작물로 이 책에 실린 모든 내용, 디자인, 이미지, 편집 구성은 허락 없이 복제하거나 다른 매체에 옮겨 실을 수 없습니다.
- 인공지능(AI) 기술 또는 시스템을 훈련하기 위해 이 책의 전체 내용은 물론 일부 문장도 사용하는 것을 금지합니다.
- 잘못 만든 책은 구입한 서점에서 바꿔 드립니다.
- 책 내용에 대한 문의는 길벗 홈페이지(www.gilbut.co.kr) 고객센터에 올려 주세요.

ISBN 979-11-407-1159-8 03740 (길벗 도서번호 301215)
Copyright©2025 Disney/Pixar. All rights reserved.
정가 26,000원

독자의 1초를 아껴주는 정성 길벗출판사
(주)도서출판 길벗 | IT단행본, 성인어학, 교과서, 수험서, 경제경영, 교양, 자녀교육, 취미실용 www.gilbut.co.kr
길벗스쿨 | 국어학습, 수학학습, 주니어어학, 어린이단행본, 학습단행본 www.gilbutschool.co.kr
유튜브 · @GILBUTEZTOK | **인스타그램** · gilbut_eztok | **네이버블로그** · gilbuteztok

● 머리말 ●

디즈니·픽사 명작의 주인공처럼 영어를 말한다!

국내 유일 〈코코〉 전체 대본 수록! 디즈니·픽사 명작이 내 손안에!
디즈니, 픽사 애니메이션 팬을 위해 국내 유일하게 전체 대본을 수록하였습니다. 〈코코〉는 제90회 아카데미 시상식에서 장편 애니메이션 작품상과 주제가상(Remember Me)을 받은 명작입니다. 영화를 보면서 느꼈던 감동을 대본을 읽으며 다시 한번 느껴 보세요.

영어 학습을 위한 최적의 영화 장르, 애니메이션!
비싼 영어 학원이나 온라인 프로그램이 지루해서 건너뛰고 있다면 재미있는 애니메이션 대본으로 공부해 보세요. 디즈니 애니메이션에는 슬랭이나 욕설 등의 거친 표현들이 거의 없고, 의학이나 법정 영화같이 특정 분야의 어려운 표현들이 들어 있지도 않아요. 실생활에서 자주 쓰는 표현들로만 구성되어 있죠. 아이들도 볼 수 있게 표현도 비교적 쉬운 편이라 초보자들이 영어를 학습하기에 제격입니다.

자막 보는 것 같은 구성, 중요 표현은 표현집에서 한번 더!
영화를 볼 때 자막을 보는 것 같은 효과를 위해 오른쪽에서 번역을 바로 볼 수 있는 영한대역으로 구성을 했습니다. 단어가 궁금할 때는 하단에서 편하게 확인할 수 있고요. 만약 영어 대본만 보고 싶다면 오른쪽 페이지를 살짝 접어 해석이 보이지 않게 학습하면 됩니다. 실생활에 자주 쓰이는 핵심 표현 100개를 스크립트북에서 뽑아 워크북으로 구성하여 학습 효과를 높였습니다.

● 책의 구성 ●

스크립트북

국내 최초로 〈코코〉 대본 전체를 담았습니다. 영어 대본은 왼쪽 페이지에서, 해석은 오른쪽 페이지에서 자막처럼 바로 확인할 수 있어요. 모르는 단어는 오른쪽 하단에서 뜻을 확인해 보세요.

워크북

스크립트북에서 중요한 표현 100개를 뽑아 자세히 다룹니다. 어떤 상황에서 쓰이는지를 설명하고, 표현을 활용한 추가 예시문을 보여주어 표현이 익숙해질 수 있도록 했어요.

오디오북

전체 스크립트북을 녹음한 오디오북을 무료로 제공합니다. 길벗 홈페이지(gilbut.co.kr)에 접속하여 '코코'를 검색 후 다운로드하거나 실시간 재생으로 들을 수 있습니다.

● 차례 ●

스크립트북

| CHAPTER 1 | The Walkaway Musician — 012
떠나 버린 뮤지션

| CHAPTER 2 | No Music! — 028
음악은 안 돼!

| CHAPTER 3 | Family Comes First — 054
가족이 우선이야

| CHAPTER 4 | Seize Your Moment! — 070
기회를 잡아라!

| CHAPTER 5 | De La Cruz is My Great-great Grandfather! — 084
델라 크루즈가 우리 고조할아버지예요!

| CHAPTER 6 | The Skull Guitar — 102
해골 기타

| CHAPTER 7 | I See the Dead People — 114
죽은 사람들이 보여

| CHAPTER 8 | The Land of the Dead — 128
죽은 자들의 세계

| CHAPTER 9 | How to Send Him Home | 144 |
| | 그를 집으로 보내는 법 | |

| CHAPTER 10 | Miguel Meets Héctor | 168 |
| | 미구엘, 헥터를 만나다 | |

| CHAPTER 11 | De La Cruz's Rehearsal | 194 |
| | 델라 크루즈의 리허설 | |

| CHAPTER 12 | Final Death | 214 |
| | 최후의 죽음 | |

| CHAPTER 13 | Shake off Those Nerves! | 234 |
| | 긴장 풀어! | |

| CHAPTER 14 | Miguel's First Performance | 254 |
| | 미구엘의 첫 공연 | |

| CHAPTER 15 | Make a Choice | 268 |
| | 선택해 | |

| CHAPTER 16 | I'm Your Great-great Grandson! | 282 |
| | 전 당신의 손자의 손자예요! | |

| CHAPTER 17 | De La Cruz's Dark Secret | 304 |
| | 델라 크루즈의 어두운 비밀 | |

CHAPTER 18	My Daughter, Coco	330
	내 딸 코코	
CHAPTER 19	I'm Proud to Be Your Family!	344
	가족인 게 자랑스러워!	
CHAPTER 20	Mamá Imelda Sings	362
	이멜다 할머니, 노래하다	
CHAPTER 21	We Are Out of Time	384
	우린 시간이 없어	
CHAPTER 22	Remember Me	408
	기억해 줘	
CHAPTER 23	Music Brings Family Together	424
	음악이 가족을 하나로 만들어	

워크북

표현 1~100 — 442

● 캐릭터 소개 ●

코코 세계관

멕시코 고유의 명절인 죽은 자의 날(Día de los Muertos)을 배경으로 펼쳐지는 이야기입니다. 멕시코의 작은 마을 산타 세실리아에 사는 미구엘은 음악을 금지하는 집안에서 자라는 소년입니다. 하지만 미구엘은 음악에 대한 열정을 품고 있으며, 전설적인 가수 에르네스토 델라 크루즈를 우상으로 섬깁니다. 어느 날, 미구엘은 우연히 죽은 자들의 세계로 들어가게 됩니다. 그리고 그곳에서 자신의 가족에 얽힌 비밀을 알게 되죠. 그렇게 죽은 자들의 세계에서 에르네스토 델라 크루즈를 찾기로 결심을 합니다.

Miguel
미구엘

산타 세실리아에서 구두 제조업을 가업으로 하는 리베라 집안의 후손이다. 음악을 금지하는 전통을 지닌 곳에서 태어났지만, 가족들 몰래 좋아하는 대가수의 노래와 영화를 수집하고 독학으로 기타를 만들고 노래 연주까지 배울 정도로 음악에 대한 열정이 대단하다. 우연한 계기로 죽은 자들의 세계에 들어가게 되면서 자신의 가족에 얽힌 진실을 알게 된다.

미구엘의 친할머니이자 코코의 딸이다. 어머니인 코코가 고령으로 인한 치매를 앓아 실질적인 집안의 가장 큰 어른이다. 프랑코와 결혼해 베르토, 글로리아, 엔리케 3남매를 낳았다. 다혈질의 소유자로 미구엘과 가족을 아끼고 사랑하지만, 음악과 관련된 것에는 과격한 행동도 마다하지 않는 엄격한 모습을 보인다.

Elena
엘레나

Imelda
이멜다

미구엘의 고조할머니로, 엄격하고 고집 센 성격으로 가족들에게 음악을 금지한다. 남편 헥터가 음악 때문에 가족을 버렸다고 생각하기 때문이다. 가족들을 위해 억척스럽게 살아가는 강인한 여성이면서 속정이 깊어 가족들을 진심으로 사랑한다.

Coco 코코

미구엘의 증조할머니로 중요한 단서를 제공하며 이야기의 중심 역할을 한다. 많은 나이로 인한 심한 치매를 앓고 있다. 말도 거의 못 하고 자신이 3~4살 때 떠난 아버지나 이미 사별한 남편 훌리오를 찾거나 딸 엘레나를 알아보지 못하는 등 기억을 잃은 모습도 종종 보인다. 하지만 가족들에게 위로와 격려를 전하는 따뜻하고 꼭 필요한 존재이다.

미구엘의 애완견으로 장난기 넘치지만 헌신적인 단짝 친구이다. 죽은 자들의 세계에서 미구엘을 위험으로부터 보호하는 역할을 하며 용기를 북돋아 주고 지지하는 든든한 존재이다.

Dante 단테

Héctor 헥터

미구엘과 함께 여정을 떠나는 떠돌이 해골 음악가이다. 생전에 음악에 대한 열정이 남달랐고 기타 연주 실력도 뛰어났다. 불운한 사고로 죽은 자들의 세계에 갇히게 됐지만 여정 내내 미구엘에게 음악에 대한 조언과 도움을 아끼지 않는 든든한 조력자 역할을 한다.

Ernesto de la Cruz 에르네스토 델라 크루즈

멕시코에서 가장 유명한 가수이자 배우로, 미구엘의 우상이다. 뛰어난 음악적 재능과 무대 매너로 사람들의 사랑을 받았다. 그렇게 사람들을 매료시켰지만 성공을 위해 수단과 방법을 가리지 않는 냉혹한 면모를 가지고 있다. 죽은 자들의 세계에서도 자신의 명예를 지키기 위해 노력하는 야심가이다.

Pepita 페피타

이멜다의 영혼의 안내자로, 밝고 활기찬 성격의 고양이이다. 사람 서너 명을 태울 수 있을 정도로 거대하며 날개가 있어 자유롭게 날아다닌다. 입김을 길 위에 불어 발자국을 판별해 내 추적할 수도 있다. 이멜다를 도와 현실 세계와 죽은 자들의 세계를 오가며 메시지를 전달하는 역할을 한다.

스크립트북

전체 대본을 해석과 함께 담았습니다.
디즈니 추천 성우가 녹음한 오디오북도 적극 활용해 보세요.

CHAPTER 1

The Walkaway Musician

EXT. MARIGOLD PATH—DUSK
A path of marigold petals leads up to an altar lovingly arranged in a humble cemetery. An old woman lights a candle as the smoke of burning coal wood dances lyrically upward...

CARD - DISNEY PRESENTS
CARD - A PIXAR ANIMATION STUDIOS FILM

The smoke lifts up toward lines of papel picado – cut paper banners – that sway gently in the breeze.

PAPEL PICADO CARD - "COCO"

MIGUEL
(V.O.)
Sometimes I think I'm cursed... 'cause of something that happened before I was even born.

A story begins to play out on the papel picado.

01. mp3

실외. 금잔화가 깔린 길 - 석양이 질 무렵
금잔화 꽃잎들이 허름한 묘지에 사랑스럽게 마련된 제단 쪽으로 길을 만들 듯 뿌려져 있다. 한 노파가 초를 밝히고, 불이 살아 있는 숯에서 연기가 서정적으로 춤을 추듯 피어오른다…

카드 - 디즈니 제공
카드 - 픽사 애니메이션 스튜디오 필름

연기는 파펠 피카도(종이를 오려 현수막처럼 만든 공예 작품)들이 걸려 있는 곳으로 피어오른다. 파펠 피카도들은 바람에 살랑거린다.

파펠 피카도 속 글씨 - "코코"

미구엘
(목소리) 전 가끔 저주를 받았다는 생각이 들어요… 제가 태어나기도 전에 있었던 일 때문에 말이에요.

미구엘의 이야기가 파펠 피카도에 구현된다.

---

walkaway 떠나 버린 marigold 금잔화, 천수국 (국화과의 꽃) dusk 해가 질 무렵, 황혼 petal 꽃잎 lead up to ~로 이어지다 altar 제단 humble 초라한, 작은 cemetery 묘지 light 불을 붙이다 coal wood 숯 lyrically 서정적으로, 열렬하게 papel picado 파펠 피카도 (종이를 오려서 만든 멕시코 장식공예) sway 흔들리다, 흔들다 cursed 저주받은

MIGUEL (V.O.)	See, a long time ago there was this family.

The images on the papel picado come to life to illustrate a father, a mother, and a little girl. The family is happy.

MIGUEL (V.O.)	The papá, he was a musician.

The papá plays guitar while the mother dances with her daughter.

MIGUEL (V.O.)	He and his family would sing, and dance, and count their blessings... (beat) But he also had a dream... to play for the world. (beat) And one day he left with his guitar... and never returned.

The man walks down a road, guitar slung on his back. In another vignette his daughter stands in the doorway, watching her papá leave. Two feet step up next to her. It is her mamá, hardened. She shuts the door.

미구엘 (목소리)	그러니까, 아주 옛날 한 가족이 살고 있었어요.
	파펠 피카도의 이미지들이 살아 움직이는데 아빠와 엄마, 어린 소녀의 모습이 보인다. 행복한 가족이다.

미구엘 (목소리)	아빠는, 뮤지션이었어요.
	아빠가 기타를 치고 엄마는 딸과 함께 춤을 춘다.

미구엘 (목소리)	가족들은 노래하고 춤추며 감사하면서 살았죠… (정적) 그런데 아빠는 꿈도 있었어요… 바로 세상을 위해 노래하는 것이었죠. (정적) 그러던 어느 날 아빠는 기타를 메고 집을 떠났어요… 그러곤 다시는 돌아오지 않았죠.
	남자가 기타를 둘러메고 길을 걸어간다. 또 다른 삽화에서 딸이 문 앞에 서서 아빠가 떠나는 모습을 바라본다. 두 발이 그녀 옆으로 다가온다. 굳은 표정의 엄마이다. 엄마는 문을 닫아 버린다.

---

illustrate 보여 주다, 그림을 그리다 **count one's blessings** (불행한 때에) 좋은 일들을 회상하다, 감사하며 살다 **beat** 정적 **sling** 매다, 걸다 (sling-slung-slung) **vignette** 작은 삽화, 화면 **harden** (표정이) 굳어지다, 단호해지다

MIGUEL　　And the mamá...? She didn't have time to cry over that
(V.O.)　　walkaway musician! (beat) After banishing all music from
　　　　　her life...

The woman gets rid of all of her husband's instruments and records.

MIGUEL　　She found a way to provide for her daughter... (beat) She
(V.O.)　　rolled up her sleeves and she learned to make shoes.[1] (beat)
　　　　　She could have made candy!

Amongst the papel picado, a stick swings at a strung-up pinata which bursts with candy...

MIGUEL　　Or fireworks!
(V.O.)

Fireworks go off in the background...

미구엘 (목소리)	그리고 엄마는요…? 떠나 버린 뮤지션 때문에 마냥 울고 있을 수는 없었어요! (정적) 자신의 인생에서 음악을 모두 지워 버리고 나서…

여자는 남편의 악기와 음반들을 모두 버린다.

미구엘 (목소리)	딸을 먹여 살릴 방법을 찾게 되었죠… (정적) 그녀는 두 팔을 걷어붙이고 신발 만드는 법을 배웠답니다. (정적) 사탕을 만들 수도 있었는데 말이죠!

파펠 피카도 사이로 피냐타가 공중에 매달려 있다. 막대기를 휘두르자 그 안에서 사탕이 터져 나온다…

미구엘 (목소리)	아니면 폭죽을 만들거나!

뒷배경으로 불꽃놀이 폭죽이 터진다…

---

banish 없애다, 제거하다 **get rid of** 없애다 **provide for** ~를 먹여 살리다 **roll up one's sleeves** 팔을 걷어붙이다. (싸움, 일 등을) 시작할 준비를 하다 **swing** 휘두르다. (사람·물건을) 겨누어 치다 **strung-up** 매달려 있는 **pinata** 피냐타 (스페인어권 문화: 아이들이 파티 때 눈을 가리고 막대기로 쳐서 넘어뜨리는, 장난감과 사탕이 가득 든 통) **burst** 터지다 **firework** 불꽃을 내는 폭죽

MIGUEL (V.O.)   Or sparkly underwear for wrestlers!

Sparkly underwear and a luchador mask hang on a line amongst other linens...

MIGUEL (V.O.)   But no... she chose shoes...

On the papel picado, the little girl becomes a young woman.

MIGUEL (V.O.)   Then she taught her daughter to make shoes. And later, she taught her son-in-law.

She introduces a suitor to the family business.

MIGUEL (V.O.)   Then her grandkids got roped in. [2] As her family grew, so did the business. [3]

In the next vignette, a bunch of goofy grandchildren join in the shoemaking. The shoe shop is full of family!

MIGUEL (V.O.)   Music had torn her family apart, but shoes held them all together. (beat) You see, that woman was my great-great grandmother, Mamá Imelda.

미구엘 (목소리)	아니면 프로 레슬러들의 반짝거리는 속옷도 좋았을 텐데!

반짝거리는 속옷과 프로 레슬러의 복면이 다른 옷들과 함께 빨랫줄에 걸려 있다…

미구엘 (목소리)	하지만… 엄마는 신발을 택했어요…

파펠 피카도 안에서 어린 소녀는 숙녀가 된다.

미구엘 (목소리)	그리고 딸에게 신발 만드는 법을 가르쳤어요. 나중에는 사위에게도 가르쳤죠.

그녀는 결혼 상대자에게 가업을 소개한다.

미구엘 (목소리)	그리고 손주들도 끌어들였죠. 가족이 늘어나면서 사업도 커졌답니다.

다음 장면에서 개구쟁이 손주들이 신발 제작에 동참한다. 신발 공방은 식구들로 북적인다!

미구엘 (목소리)	음악은 가족을 흩어지게 했지만, 신발은 가족을 뭉치게 했죠. (정적) 그 여성이 바로 우리 고조할머니인 이멜다 할머니예요.

---

sparkly 반짝이는 luchador 멕시코 프로 레슬러 linen 옷, 천 son-in-law 사위 suitor 구혼자 rope in ~를 설득하다, 꼬드기다 a bunch of 몇 명의, 다수의 goofy 바보 같은, 얼빠진 grandchildren 손주들 tear ~ apart ~을 찢다, ~을 분열시키다 great-great grandmother 고조할머니

TILT DOWN from the papel picado to the OFRENDA ROOM –
DAY

Where a photo sits at the top of a beautiful altar. The photo features MAMÁ IMELDA – serious, formidable. She holds a baby on her lap. Her husband stands beside her, but his face has been torn away.

MIGUEL
(V.O.)
She died WAY before I was born.[4] But my family still tells her story every year on Día de los Muertos – the Day of the Dead... (beat) And her little girl?

Fade from the face of the little girl to present day MAMÁ COCO (97), a living raisin, convalescing in a wicker wheelchair.

MIGUEL
(V.O.)
She's my great grandmother. Mamá Coco.

A boy (12) walks into frame and kisses her on the cheek. This is our narrator, MIGUEL.

카메라가 파펠 피카도에서 아래로 내려가 제단실을 보여 준다. - 낮

아름다운 제단 맨 위에 사진 하나가 놓여 있다. 사진 속에서 이멜다 할머니가 근엄하고 강직한 모습을 하고 있다. 무릎에 아기를 안고 있다. 남편이 옆에 서 있는데 얼굴이 찢겨져 보이지 않는다.

미구엘
(목소리)   이멜다 할머니는 제가 태어나기 훨씬 전에 돌아가셨어요. 하지만 가족들은 매년 디아 데 로스 무에르토스 즉, 죽은 자의 날이 되면 할머니 이야기를 한답니다… (정적) 그리고 그녀의 딸은요?

어린 소녀의 얼굴이 차차 희미해지며 현재의 코코 할머니(97세)가 나타난다. 할머니는 건포도처럼 주름이 가득한 얼굴을 하고 라탄으로 만든 휠체어에 앉아 있다.

미구엘
(목소리)   코코 할머니예요, 제 증조할머니시죠.

한 남자아이(12세)가 화면으로 들어와 그녀의 볼에 키스한다. 이 아이가 지금 내레이션을 하고 있는 미구엘이다.

---

tilt down 아래로 움직이다 sit 놓여 있다 feature 보여 주다 formidable 강인한 lap 무릎 torn away 찢겨 없어진 Día de los Muertos 죽은 자의 날 (조상을 기리는 멕시코 전통의 날) present day 현재 raisin 건포도 convalesce 요양하다, 회복기를 보내다 wicker 라탄 소재의, 고리 버들 나무 great grandmother 증조할머니 narrator 내레이터, 이야기를 하는 사람

MIGUEL: Hola, Mamá Coco.

MAMÁ COCO: How are you, Julio?

MIGUEL (V.O.): Actually, my name is Miguel. Mamá Coco has trouble remembering things.[5] But it's good to talk to her anyway. So I tell her pretty much everything.

QUICK CUTS of Miguel with MAMÁ COCO:

EXT. COURTYARD

MIGUEL: I used to run like this…

Miguel pumps his arms with his hands in fists. Then he switches to flat palms.

MIGUEL: But now I run like this, which is way faster.

CUT TO:
INT. MAMÁ COCO'S ROOM

Miguel, in a luchador mask, climbs onto the bed, arms raised.

MIGUEL: And the winner is… Luchadora Coco!

| 미구엘 | 안녕하세요, 코코 할머니. |

| 코코 할머니 | 안녕, 훌리오? |

| 미구엘
(목소리) | 사실, 제 이름은 미구엘이에요. 코코 할머니는 기억을 잘 못하세요. 그래도 할머니와 대화하는 건 즐거워요. 그래서 시시콜콜한 것도 다 말씀드려요. |

코코 할머니와 미구엘이 함께하는 장면들이 빠르게 지나간다:

실외. 마당

| 미구엘 | 원래는 이렇게 뛰었었는데… |

미구엘은 주먹을 쥔 채 팔을 흔들다가 손바닥을 펴는 동작으로 바꾼다.

| 미구엘 | 지금은 이렇게 해서 엄청 더 빨리 뛰어요! |

장면 전환:
실내. 코코 할머니의 방

프로 레슬러 복면을 쓴 미구엘이 침대에 올라가 두 팔을 치켜든다.

| 미구엘 | 승자는… 레슬러 코코! |

---

courtyard 마당, 안뜰 pump (빠르게) 흔들다 fist 주먹 flat 평평한 palm 손바닥 raise 들어 올리다

Miguel leaps off the bed onto a pile of pillows that bursts, sending feathers onto Mamá Coco who wears a mask of her own.

CUT TO:

EXT. DINING AREA

Miguel leans toward Mamá Coco at the dinner table.

MIGUEL I have a dimple on this side, but not on this side. Dimple. No dimple. Dimple. No dimple—

ABUELITA Miguel! Eat your food.

Miguel's ABUELITA (70s) runs the table like a ship captain. She gives Mamá Coco a kiss on the head.

MIGUEL (V.O.) My Abuelita? She's Mamá Coco's daughter.

Abuelita piles extra tamales on Miguel's plate.

미구엘이 침대에서 베개가 쌓인 곳 위로 뛰어내리자 베개가 터지면서 깃털들이 코코 할머니에게 날아간다. 할머니도 복면을 쓰고 있다.

장면 전환:
실외. 식사 공간
미구엘이 식탁에 앉아 코코 할머니 쪽으로 몸을 기울인다.

미구엘	전 이쪽에는 보조개가 있어요, 근데 이쪽에는 없죠. 보조개 있고. 보조개 없고. 보조개 있고. 보조개 없고—
할머니	미구엘! 밥 먹어라.

미구엘의 할머니(70대)는 식탁에서 선장처럼 카리스마 있는 모습이다. 그녀가 코코 할머니의 머리에 키스를 한다.

미구엘 **(목소리)**	우리 할머니는요, 코코 할머니의 딸이에요.

할머니가 미구엘의 접시에 타말레를 더 올려 준다.

---

leap off ~에서 뛰어내리다 pillow 베개 burst 터지다 feather 깃털 lean 기울다, 숙이다 dimple 보조개 abuelita [스페인어] 할머니 run 운영하다, 경영하다 pile 쌓아 올리다 extra 여분의 tamale 타말레 (옥수수 가루, 다진 고기, 고추로 만드는 멕시코 요리)

ABUELITA Aw, you're a twig, mijo. Have some more.

MIGUEL No, gracias.

ABUELITA I asked if you would like more tamales.

MIGUEL S-sí?

ABUELITA That's what I THOUGHT you said.

MIGUEL (V.O.) Abuelita runs our house just like Mamá Imelda did.

| 할머니 | 에구, 애야, 완전 말라깽이로구나. 더 먹어. |

| 미구엘 | 아니, 괜찮아요. |

| 할머니 | 타말레 더 먹으라고 했잖니. |

| 미구엘 | 네-네? |

| 할머니 | 그럴 줄 알았어. |

| 미구엘
(목소리) | 할머니는 이멜다 할머니처럼 집안을 꾸려 가시죠. |

---

twig 작은 가지, 잔가지 mijo [스페인어] 아이 gracias [스페인어] 감사합니다 Sí [스페인어] 네

CHAPTER 2

No Music!

CUT TO:

INT. OFRENDA ROOM — DAY

Abuelita adjusts the photo of her beloved Mamá Imelda. Then she perks her ear at a hooting sound.

INT. KITCHEN — MOMENTS LATER

Miguel idly blows into a glass soda bottle, Abuelita takes the bottle away.

ABUELITA   No music!

INT. MAMÁ COCO'S ROOM — DAY

Miguel listens as a truck drives by the window, blaring radio tunes. Abuelita angrily slams the window shut.

ABUELITA   No music!!

02. mp3

장면 전환:
실내. 제단실 – 낮
할머니는 사랑하는 이멜다 할머니의 사진을 바로잡는다. 이때 무언가 울리는 소리가 나자 할머니가 귀를 쫑긋 세운다.

실내. 주방 – 잠시 후
미구엘이 한가롭게 음료수 병을 불고 있는데 갑자기 할머니가 병을 뺏어 간다.

할머니   음악은 안 돼!

실내. 코코 할머니의 방 – 낮
트럭 한 대가 라디오를 크게 틀고 창문 밖으로 지나가고 미구엘은 그 소리에 귀를 기울인다. 할머니가 역정을 내며 창문을 쾅 닫아 버린다.

할머니   음악은 안 돼!!

---

ofrenda 제단 **adjust** 재배치하다, 조정하다 **beloved** 사랑하는 **perk one's ear** 귀를 쫑긋하다 **hoot** 입으로 불어 소리를 내다, 부엉이 울음 소리를 내다 **idly** 한가하게 **blow** (입김을) 불다 **take away** 빼앗아 가다 **blare** 크게 틀다, 쾅쾅 울리다 **tune** 음, 곡조

EXT. STREET — EVENING

A trio of gentlemen serenade each other as they stroll by the family compound.

MUSICIANS (singing) AUNQUE LA VIDA—

Abuelita bursts out of the gate and chases them away.

ABUELITA NO MUSIC!!!

Terrified, the musicians stumble as they run away.

MIGUEL (V.O.) I think we're the only family in México who hates music...

INT. RIVERA WORKSHOP — DAY

We see the Rivera family tinkering in the shoe shop, no music to be heard. Miguel jogs past them.

MIGUEL (V.O.) And my family's fine with that...

실외. 거리 - 저녁

남자 셋이 집 옆을 걸어가며 노래를 흥얼거린다.

뮤지션들 (노래하며) 아운께 라 비다—

할머니가 문을 박차고 나와 그들을 쫓아 버린다.

할머니 음악은 안 돼!!!

겁을 먹은 뮤지션들이 휘청거리며 줄행랑친다.

미구엘
(목소리) 멕시코에서 음악을 싫어하는 가족은 우리 집뿐일 거예요…

실내. 리베라 가족의 공방 - 낮

리베라 가족이 신발 공방에서 일하는 모습이 보이는데, 음악은 들리지 않는다. 미구엘이 뛰어 들어와 이들을 지나간다.

미구엘
(목소리) 한데 가족들은 그것도 괜찮은가 봐요…

---

serenade 노래하다, 세레나데를 부르다 stroll 거닐다, 걷다 compound 복합공간, 주택 지구 burst 갑자기 나오다[들어오다], 갑자기 나타나다 chase away 쫓아내다 stumble 비틀거리다, 발이 걸리다 tinker 수리하다

He grabs his shine box, and heads out of the shoe shop.

MIGUEL (V.O.) But me?

MAMÁ Be back by lunch, mijo!

MIGUEL Love you, Mamá!

Once outside, Miguel makes his way through the small town of SANTA CECILIA – MORNING

MIGUEL I am NOT like the rest of my family...

He passes a woman sweeping a stoop.

WOMAN Hola, Miguel!

MIGUEL Hola!

He passes a band of musicians playing a tune. Miguel joins with some air guitar and the further down the street he goes, the more instruments and sounds layer in. Running past a food stand, Miguel grabs a roll of pan dulce and tosses the vendor a coin.

미구엘이 구두통을 들고 공방을 나선다.

미구엘 하지만 저는요?
(목소리)

엄마 점심 때까지는 들어와라, 아가!

미구엘 사랑해요, 엄마!

밖으로 나온 미구엘, 산타 세실리아의 작은 마을을 지나간다. – 아침

미구엘 전 다른 가족들하고는 달라요…

그가 문 앞 계단을 쓸고 있는 여인을 지나간다.

여인 안녕, 미구엘!

미구엘 안녕하세요!

미구엘은 음악 연주를 하는 뮤지션들을 지나간다. 기타 치는 흉내를 내고는 계속 길을 걸어가는데 더 많은 악기 소리들이 풍성하게 어우러진다. 음식을 파는 가판대를 빠르게 지나면서 판 둘세 빵 하나를 집어 들고 주인에게 동전을 던져 준다.

---

shine box 구두닦이 통 head 움직이다, 이동하다 make one's way 이동하다, 걷다 sweep 쓸다 stoop 현관 입구의 계단 Hola [스페인어] 안녕 air guitar 기타 치는 흉내 내기 further 더 멀리 layer (층으로) 쌓이다 food stand 음식 가판대 pan dulce 판 둘세 (중남미 빵의 일종) toss 던져 주다 vendor 행상인, 노점상

MIGUEL	Muchas gracias!
STREET VENDOR	De nada, Miguel!

As Miguel passes all these scenes, the music synthesizes and he can't help but tap out rhythms along a table of alebrijes. The fantastical wooden animal sculptures each play a different tone like a marimba. Miguel finishes with a SMACK on a trash can, out of which pops up a scrappy hairless Xolo dog, Dante.

MIGUEL	Hey, hey! Dante!

Miguel holds the pan dulce over Dante's head.

MIGUEL	Sit. Down. Roll over. Shake. Fist bump.

Dante obeys to the best of his ability.

| 미구엘 | 감사합니다! |

| 가판대 주인 | 천만에, 미구엘! |

미구엘이 이곳들을 지날 때 음악도 함께 어우러진다. 미구엘은 흥을 주체하지 못하고 알레브리헤들이 놓여 있는 탁자를 두드리며 리듬을 탄다. 신비로운 목재 동물 조각품들이 다양한 소리를 내는데 마치 마림바를 연주하는 듯하다. 미구엘이 쓰레기통을 쾅 하고 내리치며 연주를 마치는데, 그 속에서 지저분하고 털이 없는 멕시코 토착 개 품종인 숄로가 튀어나온다. 그 개의 이름은 단테이다.

| 미구엘 | 야! 단테! |

미구엘이 단테의 머리 위로 판 둘세 빵을 들어 올린다.

| 미구엘 | 앉아. 엎드려. 굴러. 흔들어. 주먹 인사. |

단테가 최선을 다해 시키는 대로 한다.

Muchas [스페인어] 많은, 매우, 아주 De nada [스페인어] 천만에 alebrije 알레브리헤 (나무로 만든 멕시코 공예 동물 인형) scrappy 허접스러운 hairless 털이 없는 xolo 숄로견 (털이 없는 품종의 멕시코 토종견) fist bump 주먹을 부딪혀 하는 인사 obey 복종하다

MIGUEL Good boy, Dante!

Miguel tosses the pan dulce to his furless friend who topples back into the trash can.

CUT TO:

MARIACHI PLAZA — MOMENTS LATER
Miguel rounds the corner toward the town square. Vendors sell sugar skulls and marigolds, and musicians fill the square with music.

MIGUEL (V.O.) I know I'm not supposed to love music – but it's not my fault! (beat) It's his : Ernesto de la Cruz...

Miguel approaches a statue of a handsome mariachi at the heart of the plaza.

MIGUEL (V.O.) ...The greatest musician of all time.

A tour group and their TOUR GUIDE are gathered around the base of the statue.

TOUR GUIDE And right here, in this very plaza, the young Ernesto de la Cruz took his first steps toward becoming the most beloved singer in Mexican history!

미구엘   잘했어, 단테!

미구엘이 판 둘세 빵을 던져 주자 털 없는 강아지 친구는 빵을 찾으러 다시 쓰레기통 안으로 들어간다.

장면 전환:
마리아치 광장 - 잠시 후
미구엘이 모퉁이를 돌아 마을 광장으로 향한다. 행상인들이 해골 공예품과 금잔화를 팔고 있고, 뮤지션들이 음악으로 광장을 채운다.

미구엘   음악을 사랑하면 안 된다는 걸 알아요 – 하지만 제 잘못은 아니에
(목소리)   요! (정적) 바로 이분 때문이라구요: 에르네스토 델라 크루즈…

미구엘이 광장 중앙에 있는 잘생긴 마리아치 동상을 향해 다가간다.

미구엘   … 전 시대를 통틀어 가장 위대한 뮤지션이죠.
(목소리)
관광객들과 가이드가 동상 주변에 모여 있다.

여행 가이드 바로 여기, 이 광장에서 젊은 에르네스토 델라 크루즈가 멕시코 역사상 가장 사랑받는 가수가 되는 첫걸음을 내딛었답니다!

---

furless 털이 없는 topple 넘어지다 trash can 쓰레기통 plaza 광장 round 돌다 square 광장 sugar skull 해골 모양의 멕시코 공예품 marigold 금잔화 statue 조각상 mariachi (거리의) 악사 heart 중심 base 아래, 밑 beloved 사랑받는

CUT TO:

CLIPS of de la Cruz in his heyday: playing as a young man in the plaza, serenading bystanders in a train car...

MIGUEL (V.O.)
He started out a total nobody from Santa Cecilia, like me. But when he played music, he made people fall in love with him.

MORE CLIPS from de la Cruz's films. He leaps from a tree branch onto a galloping horse. He plays his signature skull guitar with flourish and flair.

MIGUEL (V.O.)
He starred in movies. He had the coolest guitar... He could fly!

A CLIP features de la Cruz dressed as a hovering priest, held up by strings, in front of a cycling sky flat.

MIGUEL (V.O.)
And he wrote the best songs! But my all-time favorite? It's—

A CLIP of de la Cruz performing in a fancy nightclub.

장면 전환:

델라 크루즈의 전성기 시절 영상: 젊은 에르네스토가 광장에서 연주하고, 기차에 앉아 있는 사람들에게 노래를 불러 준다…

**미구엘
(목소리)**
이분도 산타 세실리아에서 무명으로 시작했어요, 저처럼 말이죠. 하지만 그가 음악을 연주하면 다들 그와 사랑에 빠지게 되었죠.

델라 크루즈의 영상이 계속된다. 그가 나뭇가지에서 맹렬히 질주하는 말 위로 뛰어내린다. 멋진 폼으로 자신의 상징인 해골 기타를 연주한다.

**미구엘
(목소리)**
그는 영화에도 출연했어요. 제일 멋진 기타를 가지고… 하늘을 날기도 했죠!

하늘 배경 그림이 뒤에서 움직이는 가운데 신부 옷을 입은 델라 크루즈가 줄에 매달려 공중을 날아가는 영상이 나타난다.

**미구엘
(목소리)**
그리고 그는 정말 최고의 노래들을 만들었어요! 하지만 제가 제일 좋아하는 건요. 바로-

화려한 나이트클럽에서 공연을 하는 델라 크루즈의 영상이 나타난다.

---

heyday 전성기 bystander 구경꾼, 행인 fall in love 사랑에 빠지다 gallop 질주하다 signature 자기만의 독특한 flourish 과장된 동작 flair 멋짐 star 출연하다 feature 보여 주다 hover 하늘 위를 날다 priest 신부 string 줄 perform 공연하다 fancy 멋진

DE LA CRUZ   (singing)
              REMEMBER ME
              THOUGH I HAVE TO SAY GOODBYE
              REMEMBER ME
              DON'T LET IT MAKE YOU CRY
              FOR EVEN IF I'M FAR AWAY
              I HOLD YOU IN MY HEART
              I SING A SECRET SONG TO YOU
              EACH NIGHT WE ARE APART
              REMEMBER ME
              THOUGH I HAVE TO TRAVEL FAR
              REMEMBER ME
              EACH TIME YOU HEAR A SAD GUITAR
              KNOW THAT I'M WITH YOU THE ONLY WAY
              THAT I CAN BE
              UNTIL YOU'RE IN MY ARMS AGAIN

MIGUEL   He lived the kind of life you dream about... Until 1942 ...
(V.O.)

              As the audience swoons over de la Cruz, an absent-minded
              stagehand leans on a lever. Ropes and pulleys go flying.

델라 크루즈	(노래한다)
	기억해 줘
	작별 인사를 해야 하지만
	기억해 줘
	제발 울지 말아 줘
	멀리 있어도
	넌 내 마음속에 있어
	조용히 노래해 줄게
	매일 밤 우리 멀리 있어도
	기억해 줘
	난 가야 하지만
	기억해 줘
	슬픈 기타 소리 들을 때마다
	우리 함께한다는 걸 알아 줘
	그렇게 해 줘
	다시 너를 안을 때까지
미구엘 (목소리)	이분은 누구나 꿈꾸는 삶을 살았어요… 1942년에…

관객들이 델라 크루즈의 매력에 흠뻑 빠져 있다. 무대 담당자가 정신을 놓고 공연을 감상하다가 레버에 몸을 기댄다. 밧줄과 도르래가 공중으로 날아간다.

---

far away 멀리 떨어진 swoon 황홀해하다 absent-minded 정신이 팔린 stagehand 무대 담당자 lever 큰 손잡이, 레버 pulley 도르래

DE LA CRUZ (singing)

> REMEMBER ME!

> De la Cruz is subsequently crushed by a giant bell.

MIGUEL
(V.O.)
> When he was crushed by a giant bell.

> **CUT TO:**
>
> **MARIACHI PLAZA — DAY**
>
> Miguel gazes up at the statue of de la Cruz in awe.

MIGUEL
(V.O.)
> I wanna be just like him.

> **CUT TO:**
>
> **EXT. CEMETERY — MOMENTS LATER**
>
> Miguel weaves up to de la Cruz's mausoleum and peeks in the window. He catches a glimpse of de la Cruz's signature skull guitar.

MIGUEL
(V.O.)
> Sometimes, I look at de la Cruz and I get this feeling... like we're connected somehow. Like, if HE could play music, maybe someday I could too...

델라 크루즈	(노래한다)
	기억해 줘!

그러고는 델라 크루즈가 거대한 종에 깔린다.

미구엘 (목소리)	커다란 종에 깔려 버릴 때까지 말이죠.

장면 전환:
마리아치 광장 - 낮
미구엘이 감명받은 표정으로 동상을 올려다본다.

미구엘 (목소리)	저도 이분같이 되고 싶어요.

장면 전환:
실외. 공동묘지 - 잠시 후
미구엘이 묘 사이를 지나 델라 크루즈의 묘로 다가가 창문 안을 들여다본다. 델라 크루즈의 상징인 해골 기타가 보인다.

미구엘 (목소리)	가끔 델라 크루즈를 보고 있으면 이런 느낌이 들어요… 어쩐지 우리가 서로 연결된 것 같은 느낌이요. 이분도 음악을 했으니까 언젠간 저도 그렇게 할 수 있을 거라는…

---

subsequently 뒤에, 나중에 **crush** 깔아뭉개다 **gaze** 바라보다 **in awe** 존경하며, 경외하며 **weave** 요리조리 움직이다, 엮다 **mausoleum** (중요 인물, 가문의) 묘, 능 **peek** (훔쳐) 보다 **glimpse** 잠깐 봄 **connected** 연결된

EXT. MARIACHI PLAZA — DAY

MIGUEL (CONT'D) ...If it wasn't for my family. [6]

PLAZA MARIACHI (playful) Ay, ay, ay, muchacho.

MIGUEL Huh?

PLAZA MARIACHI I asked for a shoe shine, not your life story.

Miguel comes out of his reverie and looks up at the PLAZA MARIACHI whose shoes he is shining.

MIGUEL Oh, yeah, sorry.

He goes back to scrubbing the man's shoe. As Miguel shines, the mariachi plucks his guitar idly.

MIGUEL I just can't really talk about any of this at home so...

PLAZA MARIACHI Look, if I were you, I'd march right up to my family and say, "Hey! I'm a musician. Deal with it!" [7, 8]

MIGUEL I could never say that...

실외. 마리아치 광장 - 낮

미구엘
(계속)   … 우리 가족만 아니라면 말이죠.

거리 악사   (장난스럽게) 어이, 어이, 어이, 꼬마야.

미구엘   네?

거리 악사   구두를 닦아 달랬지, 네 인생사를 듣고 싶다고 했어?

몽상에서 깨어난 미구엘, 구두를 닦아 주던 거리 악사를 올려다본다.

미구엘   오, 네, 죄송해요.

미구엘은 다시 남자의 구두를 닦는다. 미구엘이 구두를 닦는 동안 거리 악사는 한가하게 기타를 친다.

미구엘   이런 얘기를 집에서는 전혀 할 수 없어서요…

거리 악사   이봐, 내가 너라면 가족들에게 가서 당당하게 말할 거야. "보세요! 난 뮤지션이에요. 그런 줄 아세요!"

미구엘   전 절대 그런 말 못해요…

---

playful 장난스러운 muchacho [스페인어] 소년, 젊은이 reverie 몽상, 생각 scrub 닦다 pluck (기타 등의 현을) 퉁기다, 치다 idly 한가로이 march (당당히) 걷다

PLAZA MARIACHI	You ARE a musician, no?
MIGUEL	I don't know. I mean... I only really play for myself—
PLAZA MARIACHI	Ah! Did de la Cruz become the world's best musician by hiding his sweet, sweet skills? No! He walked out onto that plaza and he played out loud!

The mariachi gets an idea. He points to the gazebo where organizers are setting up for a show. They unfurl a canvas poster which reads "TALENT SHOW."

PLAZA MARIACHI (CONT'D)	Ah, mira, mira! They're setting up for tonight. The music competition for Día de Muertos. You wanna be like your hero? You should sign up!
MIGUEL	Uh-uh, my family would freak!

| 거리 악사 | 너 뮤지션이지, 아니야? |

| 미구엘 | 잘 모르겠어요. 사실은… 혼자 있을 때만 연주를 해서- |

| 거리 악사 | 아! 델라 크루즈가 자신의 훌륭한 재능을 숨겨서 세상에서 가장 위대한 음악가가 됐겠니? 아니야! 광장으로 당당히 걸어 나와서 큰 소리로 노래를 했기 때문이야! |

어떤 생각이 떠오른 거리 악사는 사람들이 행사를 준비하고 있는 정자를 가리킨다. 그들은 "장기 자랑"이라고 적힌 현수막 포스터를 펼친다.

| 거리 악사 (계속) | 자, 보라고! 오늘 밤 행사 준비를 하고 있네. '죽은 자의 날' 음악 경연 대회야. 네 음악 영웅처럼 되고 싶어? 그럼 신청해! |

| 미구엘 | 아니에요, 우리 가족들이 까무러칠 거에요! |

hide 숨기다 gazebo (정원의) 정자 organizer (대회 등을) 조직하는 사람, 운영자 set up 설치하다 unfurl 펼치다 canvas 천, 캔버스 talent show 장기 자랑, 탤런트 쇼 mira [스페인어] 보다 competition 대회, 경연 sign up 신청하다 freak 질겁하다

PLAZA MARIACHI	Look, if you're too scared, then, well... have fun making shoes.

Miguel considers this.

PLAZA MARIACHI (CONT'D)	C'mon. What did de la Cruz always say?
MIGUEL	...Seize your moment?

The mariachi appraises Miguel, then offers his guitar.

PLAZA MARIACHI	Show me what you got, muchacho.[9] I'll be your first audience.

Miguel's brows rise, surprised. He reaches to take the instrument, regarding it as if holding a holy relic. Miguel spreads his fingers across the strings anticipating his chord and...

ABUELITA (O.S.)	**MIGUEL!**

Startled, Miguel impulsively throws the guitar back onto the mariachi's lap. He turns to see Abuelita marching toward him. Miguel's TÍO BERTO (40s) and PRIMA ROSA (16), follow with supplies from the market.

MIGUEL	Abuelita!

거리 악사   이봐, 그게 두려우면, 그냥… 신발이나 만들면서 재미있게 살아.

미구엘, 고민한다.

거리 악사
(계속)   이런, 델라 크루즈가 항상 뭐라고 했지?

미구엘   … 기회를 잡아라?

악사가 미구엘을 찬찬히 바라보더니 자신의 기타를 건넨다.

거리 악사   실력을 보여 줘, 꼬마야. 내가 첫 관객이 되어 줄게.

놀란 미구엘, 눈썹이 올라간다. 마치 성스러운 유물을 들어 올리듯 손을 뻗어 악기를 집어 든다. 코드를 생각하며 손가락을 펴서 기타 줄 위에 올리려는데…

할머니
(화면 밖)   미구엘!

깜짝 놀란 미구엘은 거리 악사의 무릎 위로 잽싸게 기타를 던진다. 돌아보니 할머니가 자신에게 다가오고 있다. 베르토 삼촌(40대)과 사촌 로사(16세)가 시장에서 구입한 물건들을 들고 뒤따라온다.

미구엘   할머니!

---

appraise 살펴보다   regard 여기다   relic 유물, 유적   spread 펼치다   string 줄   anticipate 생각하다, 예상하다   chord (음악) 코드
startle 깜짝 놀라게 하다   impulsively 재빨리, 충동적으로   tío [스페인어] 삼촌   prima [스페인어] (여성) 사촌   supply 재료, 보급품

ABUELITA: What are you doing here?

MIGUEL: Um...uh...

Miguel quickly packs away his shine rag and polishes. Abuelita barrels up to the mariachi. She hits his hat with her shoe and waves him away.

ABUELITA: You leave my grandson alone!

PLAZA MARIACHI: Doña please – I was just getting a shine!

ABUELITA: I know your tricks, mariachi! (to Miguel) What did he say to you?

MIGUEL: He was just showing me his guitar.

Gasps from the family.

TÍO BERTO: Shame on you! [10]

Abuelita lords over the mariachi, shoe aimed directly between his eyes.

ABUELITA: My grandson is a sweet little angelito querido Cielito. He wants no part of your music, mariachi! You keep away from him!

할머니	여기서 뭐 하는 거야?
미구엘	음… 어…

미구엘이 재빨리 구두닦이 헝겊과 구두약을 집어넣는다. 할머니가 악사에게 달려든다. 그녀는 신발을 벗어 그의 모자를 때리며 쫓아내듯 손짓한다.

할머니	우리 손자 건드리지 마!
거리 악사	부인, 제발 – 전 구두를 닦으려고 했을 뿐이에요!
할머니	무슨 수작인지 다 알아, 악사 놈아! (미구엘에게) 이 작자가 뭐라고 하던?
미구엘	그냥 기타만 보여 주신 거예요.

가족들이 '헉' 하며 놀란다.

베르토 삼촌	창피한 줄 알아요!

할머니가 악사의 눈 바로 앞에 신발을 들이대며 그를 위협한다.

할머니	우리 손자는 순하고 착한 천사 같은 애라고. 네 음악 따위는 필요 없어, 이 악사 놈아! 애 근처에 얼씬거리지 말어!

pack away (짐을) 싸다 barrel 빠르게 움직이다, 쏜살같이 달리다 wave away 손을 흔들어 몰아내다 doña [스페인어] 여사님, 사모님 shine 광 trick 속임수 gasp 헉하고 놀라다 shame 창피함 lord 위협하다, 호령하다 aim 목표로 하다, 가리키다 angelito [스페인어] 천사 querido [스페인어] 사랑스러운 cielito [스페인어] 우리 애기, 자기

The mariachi scrambles away, snatching his hat off the ground before he goes. Abuelita hugs Miguel protectively to her bosom.

ABUELITA   Ay, pobrecito! Estás bien, mijo?

She peppers him with kisses then releases him from the embrace. He gasps for air.

ABUELITA   (distressed) You know better than to be here in this place![11] You will come home. Now.

Abuelita turns toward home. Miguel sighs and gathers his shine box. Then, seeing a flyer for the plaza "TALENT SHOW", he can't help but pocket it. He follows Abuelita.

악사는 바닥에 떨어진 모자를 챙기고 줄행랑친다. 할머니가 미구엘을 보호하는 듯 자신의 가슴으로 끌어당겨 포옹한다.

할머니   아이고, 불쌍한 것! 괜찮니, 아가?

할머니가 뽀뽀 세례를 퍼붓더니 꼭 안고 있던 미구엘을 놓아준다. 미구엘은 참았던 숨을 크게 쉰다.

할머니   (속상해하며) 이런 곳에 오면 안 되는 거 잘 알잖니! 집에 가자. 당장.

할머니는 집으로 향한다. 미구엘은 한숨을 쉬며 구두통을 챙긴다. 그리고 광장에서 열리는 "장기 자랑" 전단지를 보고 주머니에 집어넣는다. 미구엘은 할머니 뒤를 따라간다.

scramble 재빨리 움직이다 **snatch** 낚아채다 **protectively** 보호하듯 **bosom** (여자의) 가슴 **pobrecito** [스페인어] 불쌍한 것 **Estás bien** [스페인어] 괜찮니? **pepper** 마구 뿌리다 **release** 놓아주다 **embrace** 포옹 **gasp** 크게 숨을 쉬다 **distressed** 화난, 괴로워하는 **sigh** 한숨을 쉬다 **gather** 주워 담다, 모으다, 챙기다 **flyer** 전단지 **pocket** 주머니에 넣다

CHAPTER 3

Family Comes First

EXT. STREET — MOMENTS LATER
Miguel catches up to his family.

TÍO BERTO　　How many times have we told you – that plaza is crawling with mariachis! [12]

MIGUEL　　Yes, Tío Berto.

Dante ambles up to Miguel, sniffing and whining for a treat.

MIGUEL　　No, no, no!

Abuelita shoos him away.

ABUELITA　　Go away, you! Go!

03. mp3

실외. 거리 - 잠시 후
미구엘이 식구들 뒤를 따라간다.

베르토 삼촌 도대체 몇 번을 말했니 - 그 광장엔 거리 악사들이 득실거린다고!

미구엘 네, 베르토 삼촌.

미구엘에게 다가오는 단테, 코를 킁킁거리더니 먹을 것을 구걸하며 칭얼댄다.

미구엘 안 돼, 안 돼, 안 된다고!

할머니가 단테를 쫓아낸다.

할머니 저리 가, 이놈아! 가라고!

catch up to ~를 따라잡다 crawl with ~으로 가득하다 amble (천천히) 걷어다 sniff 냄새를 맡다 whine 칭얼거리다 shoo ~ away 팔을 휘두르며 ~을 쫓아내다

Dante darts off, scared.

MIGUEL It's just Dante...

Abuelita throws her shoe at the dog.

ABUELITA Never name a street dog. They'll follow you forever. (beat) Now, go get my shoe. ¹³

CUT TO:

INT. RIVERA WORKSHOP

The Rivera workshop is abuzz with family making shoes. WHOMP! Miguel is plopped onto a stool, ready for a lecture.

ABUELITA I found your son in Mariachi Plaza!

PAPÁ (disappointed) Miguel...

MAMÁ You know how Abuelita feels about the plaza.

MIGUEL I was just shining shoes!

TÍO BERTO A musician's shoes!

단테가 겁을 먹고 줄행랑친다.

미구엘   쟤는 단테예요…

할머니가 개를 향해 신발을 던진다.

할머니   길에 사는 개한테는 이름을 붙여 주지 마. 평생을 따라다닌다고. (정적) 이제, 가서 내 신발 가져오렴.

장면 전환:
실내. 리베라 가족의 공방
리베라 가족의 공방은 가족들이 신발 만드는 소리로 떠들썩하다. 털썩! 미구엘이 설교를 들을 각오를 하고 스툴 의자에 털썩 앉는다.

할머니   마리아치 광장에 있던 네 아들 데려왔어!

아빠   (실망하며) 미구엘…

엄마   할머니가 광장을 어떻게 생각하시는지 너도 잘 알잖니.

미구엘   전 그냥 구두 닦고 있었다고요!

베르토 삼촌   거리 악사의 구두였지!

---

dart off 줄행랑치다　**name** 이름을 지어 주다　**abuzz** 떠들썩한　**whomp** 털썩하는 소리　**plop** 털썩 앉히다, 털썩 놓다　**stool** (등받이와 팔걸이가 없는) 스툴 의자　**lecture** 잔소리, 강연　**disappointed** 실망한, 낙담한

Gasps from the family. PRIMO ABEL (19) is so shocked he loses his grip on the shoe he is polishing, which zips away from the polisher and lodges itself in the roof.

MIGUEL
But the plaza's where all the foot traffic is. [14]

PAPÁ
If Abuelita says no more plaza, then no more plaza.

MIGUEL
(blurting) But what about tonight?

PAPÁ FRANCO
What's tonight?

MIGUEL
Well, they're having this talent show-

Abuelita perks her ear, suspicious. Miguel squirms, deciding whether to go on.

가족들이 화들짝 놀란다. 사촌 아벨(19세)은 너무 놀라서 광택을 내던 신발을 놓치는데 신발이 광택기에서 휙 하고 날아가 천장에 꽂힌다.

미구엘 하지만 광장에 사람들이 많이 모이잖아요.

아빠 할머니께서 더 이상 광장에 가지 말라고 하시면, 이제 광장은 안 되는 거야.

미구엘 (불쑥 말을 내뱉으며) 그럼 오늘 밤은요?

프랑코 할아버지 오늘 밤에 뭐가 있는데?

미구엘 장기 자랑이 열린단 말이에요-

할머니가 의심스러운 눈초리로 귀를 쫑긋한다. 미구엘은 어떻게 말을 할지 고민하며 우물쭈물한다.

---

primo [스페인어] (남자) 사촌　**lose one's grip on** ~을 놓치다　**polish** 광을 내다　**zip** 잽싸게 움직이다　**polisher** 광을 내는 기계　**lodge** 꽂히다, 박히다　**roof** 지붕, 천장　**foot traffic** 유동인구, 인파　**blurt** 불쑥 말하다　**suspicious** 의심하는　**squirm** (불안하게) 몸을 움직이다, 꿈틀대다

MIGUEL And I thought I might...

Mamá looks at Miguel, curious.

MAMÁ ...Sign up?

MIGUEL Well, maybe?

PRIMA ROSA (laughing) You have to have talent to be in a talent show.

PRIMO ABEL What are YOU going to do, shine shoes?

The shoe from the ceiling falls back down on Abel's head.

ABUELITA It's Día de los Muertos – no one's going anywhere. Tonight is about family.

She deposits a pile of marigolds in Miguel's arms.

ABUELITA Ofrenda room. Vámonos.

CUT TO:
INT. OFRENDA ROOM — MOMENTS LATER
Miguel follows his Abuelita to the family ofrenda, holding the pile of flowers.

| 미구엘 | 제 생각엔…

엄마는 궁금한 표정으로 미구엘을 바라본다.

| 엄마 | … 참가하려고?

| 미구엘 | 글쎄, 아마도요?

| 사촌 로사 | (웃으며) 장기가 있어야 장기 자랑에 나가지.

| 사촌 아벨 | 나가서 뭘 할 건데, 구두 닦으려고?

천장에 꽂혀 있던 신발이 다시 아벨의 머리에 떨어진다.

| 할머니 | 오늘은 죽은 자의 날이야 – 절대 어디 갈 생각들 하지 마라. 오늘 밤은 가족끼리 보내야 해.

할머니가 미구엘의 팔에 금잔화 한 다발을 안겨 준다.

| 할머니 | 제단실로 와. 어서.

장면 전환:
실내. 제단실 - 잠시 후
미구엘이 꽃다발을 들고 할머니를 따라 제단실로 들어간다.

---

curious 궁금한 ceiling 천장 deposit 두다, 놓다 pile 다발, 쌓여 있는 물건 vámonos [스페인어] 가자

ABUELITA	Don't give me that look. Día de los Muertos is the one night of the year our ancestors can come visit us. (beat) We've put their photos on the ofrenda so their spirits can cross over. That is very important! If we don't put them up, they can't come! (beat) We made all this food – set out the things they loved in life, mijo. All this work to bring the family together. I don't want you sneaking off to who-knows-where. [15]

She turns to find Miguel sneaking away.

ABUELITA (CONT'D)	Where are you going?

MIGUEL	I thought we were done...

ABUELITA	Ay, Dios mío... Being part of this family means being HERE for this family... I don't want to see you end up like—

Abuelita looks up to the photo of the faceless musician.

MIGUEL	Like Mamá Coco's papá?

| 할머니 | 그렇게 쳐다보지 마. 죽은 자의 날은 조상님들이 일 년에 딱 하룻밤 우리를 찾아오시는 날이야. (정적) 조상님들 영혼이 이 세상으로 건너올 수 있도록 그분들 사진을 제단에 올려 두는 거야. 이건 정말 중요한 일이야! 사진을 올려놓지 않으면 오실 수가 없어! (정적) 음식을 준비하고 – 생전에 좋아하셨던 것들도 차려 놓았지. 가족을 한 자리에 모이게 하려고 이러는 거야. 그러니까 이상한 곳으로 슬그머니 도망가면 안 돼. |

할머니가 고개를 돌리니 미구엘이 몰래 도망가고 있다.

할머니 (계속)	어디 가는 거냐?
미구엘	다 끝나신 줄 알고…
할머니	맙소사… 가족이 된다는 건 가족을 위해서 여기에 함께하겠다는 뜻이야… 나중에 네가 저렇게 되는 꼴을 보고 싶지 않아—

할머니가 얼굴 없는 뮤지션의 사진을 올려다본다.

| 미구엘 | 코코 할머니의 아빠처럼요? |

---

ancestor 조상 spirit 영혼, 귀신 cross over 건너오다 in life 생전에 sneak 슬그머니 나가다 dios mío [스페인어] 맙소사! end up 결국 ~이 되다 faceless 얼굴 없는

ABUELITA   Never mention that man! He's better off forgotten.[16]

MIGUEL   But you're the one who—

ABUELITA   Ta, ta, ta-tch!

MIGUEL   I was just—

ABUELITA   Tch-tch!

MIGUEL   But—

ABUELITA   Tch!

MIGUEL   I—

ABUELITA   Tch-tch!

MAMÁ COCO   Papá?

They look to find Mamá Coco agitated.

| 할머니 | 그 사람 애기는 꺼내지도 마! 잊어버리는 게 더 좋으니까. |

| 미구엘 | 하지만 할머니가 먼저— |

| 할머니 | 쉬, 쉬, 쉬-잇! |

| 미구엘 | 전 그냥— |

| 할머니 | 쉿-쉿! |

| 미구엘 | 하지만— |

| 할머니 | 쉿! |

| 미구엘 | 전— |

| 할머니 | 쉿-쉿! |

| 코코 할머니 | 아빠? |

두 사람은 코코 할머니가 불안해하는 모습을 바라본다.

mention 말하다, 언급하다   agitated 불안해하는

MAMÁ COCO Papá is home...?
(CONT'D)

ABUELITA Mamá, cálmese, cálmese.

MAMÁ COCO Papá is coming home?

ABUELITA No Mamá. It's okay, I'm here.

Mamá Coco looks up at Abuelita.

MAMÁ COCO Who are you?

Sadness rises in Abuelita; she swallows it down.

ABUELITA Rest, Mamá.

Abuelita returns to the ofrenda.

ABUELITA I'm hard on you because I care, Miguel.[17] (beat) Miguel...
(CONT'D) Miguel?

She looks around the room. Miguel is nowhere to be found. Abuelita steps up to the ofrenda.

코코 할머니 (계속)	아빠가 집에 왔어…?
할머니	엄마, 진정해요, 진정해.
코코 할머니	아빠가 집에 온다고?
할머니	아니에요 엄마. 괜찮아요, 제가 있잖아요.

코코 할머니가 할머니를 올려다본다.

코코 할머니	누구세요?

할머니에게 슬픔이 밀려든다; 그러나 이내 마음속으로 삭힌다.

할머니	쉬세요, 엄마.

할머니가 다시 제단이 있는 곳으로 다가간다.

할머니 (계속)	너를 위해서 이렇게 엄하게 하는 거야, 미구엘. (정적) 미구엘… 미구엘?

그녀가 방을 둘러본다. 미구엘의 모습은 보이지 않는다. 할머니가 제단을 향해 걸어간다.

cálmese [스페인어] 진정해요. swallow 삼키다, 억누르다 rest 쉬다 hard 엄한, 엄격한 step up to ~에 다가가다, ~에 올라서다

ABUELITA (CONT'D) (sigh) What are we going to do with that boy...?

She looks to the photo of Mamá Imelda. Abuelita's eyes brighten with an idea.

ABUELITA (CONT'D) You're right. That's just what he needs!

할머니 (계속)	(한숨 쉬며) 저 아이를 어떻게 해야 할까요…?

　　　　　　　이멜다 할머니의 사진을 바라보는 그녀. 좋은 생각이 떠오른 듯 눈이 반짝인다.

할머니 (계속)	맞아요. 미구엘은 그게 필요해요!

brighten 밝아지다, 반짝이다

CHAPTER 4

Seize Your Moment!

CUT TO:

EXT. SIDE STREET

Tío Berto unloads rolls of leather from a truck bed. Nearby, Dante sleeps under the shade of a tree. He startles awake by a faint TWANGING. The dog scrambles up to the roof. He reaches a shoe sign advertising the Rivera Family business and lifts it up.

INT. ROOFTOP HIDEOUT

Dante pokes his head in. Miguel turns and gasps.

MIGUEL Oh, it's you. Get in here, c'mon, Dante. Hurry up.

04. mp3

장면 전환:
실외. 길가

베르토 삼촌이 트럭 짐칸에서 가죽 뭉치들을 내린다. 근처 나무 그늘 아래에서 자고 있던 단테가 '팅' 하는 작은 소리에 놀라 잠에서 깬다. 지붕 위로 기어 올라간다. 단테는 리베라 가족의 사업을 알리는 신발 모양의 간판으로 다가가더니 이를 들어 올린다.

실내. 지붕 위 아지트

단테가 안으로 고개를 내민다. 미구엘이 돌아보며 화들짝 놀란다.

미구엘 아, 너구나. 어서 들어와, 단테. 빨리.

unload (짐 등을) 내리다　roll 두루마리　leather 가죽　truck bed 트럭 짐칸　awake 잠에서 깬　scramble 재빨리 움직이다
advertise 광고하다　hideout 비밀 은신처　poke one's head 머리를 쑥 내밀다

Dante wriggles into the hideout. Miguel is huddled over something. The dog peeks around his shoulder.

MIGUEL (CONT'D)
You're gonna get me in trouble, boy. [18] Someone could hear me!

Miguel reveals a makeshift guitar, cobbled together from a beat-up old soundboard and random other items. He takes a china marker and sketches a nose on what appears to be his own version of a skull guitar head.

MIGUEL (CONT'D)
I wish someone wanted to hear me...

Miguel tunes the guitar.

MIGUEL (CONT'D)
Other than you...

Dante gives Miguel a big sloppy lick. Miguel gives a grossed-out chuckle. He lifts his guitar and strums.

MIGUEL (CONT'D)
Perfecto!

He crawls to the far side of the attic where he's built his own ofrenda to Ernesto de la Cruz. Posters, candles, and songbooks are arranged with care. Miguel lights the candles with reverence, illuminating an album cover of de la Cruz holding his skull guitar.

단테가 힘들게 아지트 안으로 들어온다. 미구엘이 몸을 움츠리고 무언가에 열중하고 있다. 단테가 그의 어깨 너머로 슬쩍 바라본다.

미구엘
(계속)
너 때문에 내가 곤란해질 수 있어. 누가 들을 수도 있잖아!

미구엘이 낡아 빠진 공명판과 여러 잡동사니를 임시방편으로 엮어서 기타를 만들었다. 유성펜을 들고 코를 그려 넣자 미구엘 버전의 해골 기타 머리가 완성된다.

미구엘
(계속)
누군가 내 노래를 듣고 싶어 하면 얼마나 좋을까…

미구엘이 기타를 조율한다.

미구엘
(계속)
너 말고…

단테가 침을 잔뜩 묻혀 미구엘의 얼굴을 핥는다. 미구엘은 역겨워하지만 키득 웃는다. 미구엘이 기타를 들고 튕긴다.

미구엘
(계속)
완벽해!

미구엘이 다락 끝으로 기어간다. 자신이 직접 만든 에르네스토 델라 크루즈의 제단이 보인다. 포스터, 양초, 악보들이 정성스럽게 진열되어 있다. 미구엘이 경건하게 초에 불을 붙이자 해골 기타를 들고 있는 델라 크루즈의 앨범 커버에 불이 비친다.

---

wriggle (몸을) 꿈틀거리다　huddle (~ oneself나 수동형으로) 몸을 웅크리다　reveal 드러내다　makeshift 대충 만든, 임시방편의　cobble 만들다　beat-up 낡아 빠진, 다 낡은　soundboard (현악기의 나무판) 공명판　random 무작위의, 닥치는 대로　china marker 유성펜　sloppy 질퍽한　grossed-out 역겨워하는　chuckle 키득 웃다, 키득 웃음　strum (기타 등을) 치다　perfecto [스페인어] 완벽해 (perfect)　crawl 기어가다　arrange 배열하다　reverence 존경, 숭배　illuminate 빛을 비추다, 빛을 내다

Miguel compares the head of his guitar to the album cover. Then he imitates de la Cruz's pose and smile. He switches on a beat-up old TV and pushes a tape into the VCR, "Best of de la Cruz" scrawled on the spine. A montage of the greatest moments from de la Cruz's films plays out.

A clip from "A QUIEN YO AMO"

DE LA CRUZ
(FILM CLIP)
I have to sing. I have to play. The music, it's – it's not just in me. It is me.

Miguel strums his guitar as de la Cruz imparts his wisdom. More clips run in the background as Miguel plays:

DE LA CRUZ
(FILM CLIP)
When life gets me down, I play my guitar.

In a clip from "A QUIEN YO AMO"

DE LA CRUZ
(FILM CLIP)
The rest of the world may follow the rules, but I must follow my heart!

De la Cruz kisses a woman passionately. Miguel cringes.
Another clip from "A QUIEN YO AMO"

DE LA CRUZ
(FILM CLIP)
You know that feeling? Like there's a song in the air and it's playing just for you...

미구엘은 앨범 커버에 있는 기타와 자신이 만든 기타를 비교한다. 그러고는 델라 크루즈의 포즈와 미소를 따라한다. 낡은 TV를 켜고 비디오 플레이어에 테이프를 넣는다. 테이프 옆면에는 "델라 크루즈 베스트 모음집"이라고 적혀 있다. 델라 크루즈의 영화에서 최고의 장면들을 모은 영상이 화면에 나타난다.

"우리 주님께"라는 영화의 한 장면이 보인다.

델라 크루즈
(영상)
난 노래해야 해요. 기타를 쳐야 하죠. 음악, 그건 – 단지 내 안에 있는 것이 아니에요. 음악이 나예요.

델라 크루즈가 자신의 생각을 말하는 동안 미구엘은 기타를 친다. 미구엘이 기타를 연주하는 동안 더 많은 영상들이 배경으로 나타난다.

델라 크루즈
(영상)
사는 게 우울할 때 난 기타를 쳐요.

"우리 주님께"의 한 장면.

델라 크루즈
(영상)
세상 사람들은 규칙을 따를지도 모르겠지만, 난 내 심장을 따르죠!

델라 크루즈가 정열적으로 한 여인에게 키스한다. 미구엘은 오글거려한다.
"나의 주님께"의 또 다른 장면.

델라 크루즈
(영상)
그런 느낌 알아요? 어디선가 노래가 들리는데 그게 오직 낭신을 위한 것 같은…

---

imitate 모방하다, 흉내 내다　VCR 비디오 재생기　scrawl 휘갈겨 쓰다　spine 척추, 등뼈, (책의) 등　montage 몽타주 화면 (여러 장면을 담은 화면)　strum (기타 등을) 치다　impart (정보, 지식 등을) 전하다　passionate 열정적인　cringe (겁이 나서) 움츠리다, 민망하다, 오글거려하다

As Miguel watches de la Cruz play guitar in the video, he repeats the melody on his own guitar.

DE LA CRUZ
(FILM CLIP)

(singing)

A FEELING SO CLOSE
YOU COULD REACH OUT AND TOUCH IT
I NEVER KNEW I COULD
WANT SOMETHING SO MUCH
BUT IT'S TRUE...

As a good-natured priest in "NUESTRA IGLESIA"

DE LA CRUZ
(FILM CLIP)

You must have faith, sister.

NUN
(FILM CLIP)

Oh but Padre, he will never listen.

DE LA CRUZ
(FILM CLIP)

He will listen... to MUSIC!

(singing)

ONLY A SONG
ONLY A SONG
HAS THE POWER TO CHANGE A HEART...

미구엘은 화면에서 델라 크루즈가 기타 치는 모습을 보면서 자신의 기타로 같은 멜로디를 따라한다.

델라 크루즈
(영상)
(노래한다)
아주 가까워
손으로 만질 수 있을 것 같아
전혀 몰랐네
이렇게 간절해질 줄은
허나 사실이야…

"우리 교회"라는 영화 속에서 인성 바른 신부의 역할을 하는 델라 크루즈

델라 크루즈
(영상)
믿음을 가져야 해요, 수녀님.

수녀
(영상)
하지만 신부님, 제 기도를 듣지 않으실 거예요.

델라 크루즈
(영상)
들으실 겁니다… 음악이라면!
(노래한다)
노래만이
노래만이
마음을 움직이는 힘이 있어…

---

repeat 반복하다　good-natured 온화한, 성격이 좋은　priest 신부, 사제　nuestra [스페인어] 우리의　iglesia [스페인어] 교회　faith 믿음, 신념　padre [스페인어] 신부

Miguel loses himself in the music.

DE LA CRUZ Never underestimate the power of music...
(FILM CLIP)

Miguel's tune intertwines with the melodies on the TV set. The clip jumps forward:

LOLA But my father, he will never give his permission.
(FILM CLIP)

DE LA CRUZ I am done asking permission. [19] When you see your moment you mustn't let it pass you by, you must seize it!
(FILM CLIP)

The tape ends with an interview clip.

INTERVIEWER Señor de la Cruz, what did it take for you to seize your moment?
(FILM CLIP)

미구엘은 음악에 푹 빠져 있다.

델라 크루즈   음악의 힘을 무시해서는 안 돼요…
(영상)

                   미구엘의 연주가 TV에서 나오는 멜로디와 함께 섞인다. 영상이 계속된다:

롤라   그러나 신부님, 절대 허락하지 않을 거예요.
(영상)

델라 크루즈   난 더 이상 허락을 구하지 않겠어요. 기회가 왔을 때 그냥 지나치면
(영상)   안 돼요. 꼭 잡아야 합니다!

                   테이프는 인터뷰 영상으로 끝을 맺는다.

인터뷰 진행자   델라 크루즈 씨, 기회를 잡기 위해서 어떻게 하셨나요?
(영상)

---

lose oneself 몰입하다 underestimate 과소평가하다 intertwine 섞이다, 얽히다 forward 앞으로 permission 허락 seize 붙잡다 señor [스페인어] (남자) 선생님, 신사

DE LA CRUZ
(FILM CLIP)
I had to have faith in my dream. No one was going to hand it to me. It was up to me to reach for that dream, grab it tight, and make it come true. [20]

MIGUEL
...and make it come true.

The tape ends. The words sink into Miguel. He reaches for the flyer for the plaza "TALENT SHOW."

MIGUEL
No more hiding, Dante. I gotta seize my moment!

Dante wags his tail, panting happily.

MIGUEL (CONT'D)
I'm gonna play in Mariachi Plaza if it kills me!

CUT TO:

EXT. RIVERA COMPOUND — SUNSET

Children run by with sparklers as Abuelita opens the doors the family compound.

ABUELITA
Día de los Muertos has begun!

In the courtyard, two TODDLER COUSINS haphazardly scatter marigold petals from their baskets.

델라 크루즈 (영상)	제 꿈에 대한 믿음을 가져야 했죠. 아무도 기회를 그냥 주지 않았어요. 꿈을 향해 손을 뻗고, 꽉 붙잡고, 그 꿈을 실현시키는 것은 저 자신에게 달려 있었죠.
미구엘	… 꿈을 실현시키는 것
	테이프가 끝난다. 그 말이 미구엘의 마음을 울린다. 미구엘은 광장에서 열리는 "장기자랑" 전단지를 집어 든다.
미구엘	더 이상 숨지 않을 거야, 단테. 나도 기회를 잡아야 해!
	단테가 즐거운 듯 헐떡이며 꼬리를 흔든다.
미구엘 (계속)	죽는 한이 있어도 난 마리아치 광장에서 노래할 거야!

장면 전환:
실외. 리베라 가족의 복합공간 - 해가 질 무렵
아이들이 스파클러 폭죽을 들고 뛰어가고 할머니는 가족 복합공간의 대문을 연다.

할머니	죽은 자의 날이 시작되었군!
	마당에서 막 걸음마를 배우기 시작한 어린 사촌 둘이 바구니에서 금잔화 꽃잎을 꺼내 아무렇게 뿌리고 있다.

hand 주다　tight 단단히　flyer 전단지　wag one's tail 꼬리를 흔들다　pant (숨을) 헐떡이다　compound 복합공간, 주택 지구
sparkler 스파클러 폭죽　courtyard 마당　toddler 걸음마를 뗀 아이　haphazardly 무턱대고, 되는 대로　scatter 뿌리다

MAMÁ No, no, no, no, no.

Mamá corrects them, creating a path from the ofrenda room to the front gate.

MAMÁ (CONT'D) We have to make a clear path. The petals guide our ancestors home. We don't want their spirits to get lost. We want them to come, and enjoy all the food and drinks on the ofrenda, sí?

As Mamá teaches, Miguel and Dante sneak across the roof and drop to the sidewalk outside the compound, Miguel clutching his guitar. Suddenly Tío Berto and Papá round the corner carrying a small table from storage.

PAPÁ Mamá, where should we put this table?

Miguel and Dante back up to avoid the adults, only to find Abuelita sweeping the sidewalk behind them! Miguel and Dante jump into the back, into the Rivera courtyard before she sees them.

ABUELITA In the courtyard, mijos.

PAPÁ You want it down by the kitchen?

ABUELITA Sí. Next to the other one.

| 엄마 | 아니, 아니, 아니, 아니, 안 돼.

엄마가 아이들의 실수를 바로잡으며 제단실에서 정문까지 길을 만든다.

| 엄마
(계속) | 길을 분명하게 내야 해. 꽃잎들이 조상님들을 집으로 안내하거든. 그분들의 영혼이 길을 잃으면 안 되잖아. 오셔서 제단에 있는 모든 음식을 즐기시도록 해야지, 그치?

엄마가 아이들을 가르치는 동안 미구엘과 단테는 몰래 지붕을 가로질러 복합공간 밖에 있는 인도로 내려온다. 미구엘은 기타를 움켜쥐고 있다. 이때 갑자기 베르토 삼촌과 아빠가 창고에서 작은 탁자를 꺼내 들고 모퉁이를 돌아 나온다.

| 아빠 | 어머니, 이 탁자는 어디에 둘까요?

미구엘과 단테가 어른들을 피하려고 뒤로 물러서는데, 뒤에서 할머니가 인도를 쓸고 있다! 미구엘과 단테는 할머니 눈을 피해 얼른 리베라 가족의 마당으로 뛰어 들어간다.

| 할머니 | 마당에 둬, 얘들아.

| 아빠 | 주방 옆에요?

| 할머니 | 그래. 다른 탁자 옆에 말이야.

---

correct 수정하다 path 길 guide 안내하다 spirit 영혼, 귀신 get lost 길을 잃다 sidewalk 인도, 보도 clutch 움켜쥐다 storage 보관 창고 back up 뒤로 물러나다 avoid 피하다 sweep 쓸다

CHAPTER 5

De La Cruz is My Great-great Grandfather!

INT. OFRENDA ROOM

Miguel backs out of the courtyard and into the family ofrenda room. Nearly cornered, he ushers Dante past a sleeping Mamá Coco. He stashes the dog and the guitar under the ofrenda table.

MIGUEL   Get under, get under!

ABUELITA   Miguel!
(O.S.)

Miguel straightens up to notice the doorway of the ofrenda room darkened by three figures.

MIGUEL   Nothing!

His Abuelita and parents stare straight at him. A pit grows in his stomach; he's been caught.

05. mp3

실내. 제단실

미구엘은 마당에서 뒷걸음질치며 가족의 제단실로 들어간다. 거의 구석으로 몰려서 단테를 데리고 주무시고 있는 코코 할머니를 지나간다. 미구엘은 제단이 마련된 탁자 아래로 단테와 기타를 숨긴다.

미구엘   밑으로 들어가, 밑으로!

할머니
(화면 밖)   미구엘!

미구엘은 자세를 바로 한다. 세 사람이 서 있어서 제단실 입구가 어두워 보인다.

미구엘   아무것도 아니에요!

할머니와 부모님이 그를 뚫어지게 바라본다. 미구엘은 매우 긴장한다; 들킨 것 같다.

cornered 구석에 몰린 usher 안내하다, 데려가다 stash 숨기다 straighten up 자세를 똑바로 하다 figure 인물, 사람 stare 바라보다 straight 똑바로 a pit grows in one's stomach 긴장하다

MIGUEL (CONT'D)
Mamá – Papá, I –

PAPÁ
Miguel... (beat) Your Abuelita had the most wonderful idea! (beat) We've all decided – it's time you joined us in the workshop!

Abuelita hands Papá a leather apron, which he hangs over Miguel's shoulders.

MIGUEL
What?!

PAPÁ
No more shining shoes – you will be making them! Every day after school!

Abuelita shuffles toward Miguel squealing. She squeezes his cheeks, full of pride.

미구엘
(계속)
엄마 – 아빠, 저는 –

아빠
미구엘… (정적) 할머니가 정말 멋진 생각을 하셨단다! (정적) 우리 모두 결정했어 – 이젠 너도 공방에서 같이 일하는 거야!

할머니가 아빠에게 가죽 앞치마를 건네주자 아빠가 미구엘의 어깨 위로 입혀 준다.

미구엘
네?!

아빠
이제 구두닦이는 안 해도 돼 – 너도 신발을 만드는 거야! 학교 끝나고 매일!

할머니는 탄성을 지르며 미구엘에게 다가간다. 그녀는 뿌듯한 마음으로 미구엘의 뺨을 세게 꼬집는다.

---

apron 앞치마 shuffle 천천히 걸어오다 squeal 끼악 하는 소리를 내다 squeeze 꽉 쥐다 cheek 뺨 pride 자긍심

ABUELITA Our Migueli-ti-ti—ti-to carrying on the family tradition! And on Día de los Muertos! Your ancestors will be so proud!

She gestures to the shoes adorning the ofrenda.

ABUELITA (CONT'D) You'll craft huaraches just like your Tía Victoria.

PAPÁ And wingtips, like your Papá Julio—

Miguel crosses away from the ofrenda.

MIGUEL But what if I'm no good at making shoes?

PAPÁ Ah, Migue... You have your family here to guide you... (beat) You are a Rivera. And a Rivera is...?

MIGUEL ...A shoemaker. Through and through. [21]

Papá swells.

PAPÁ That's my boy! (calling out) Berto, break out the good stuff, I wanna make a toast!

Papá heads out of the room. Mamá follows. Last is Abuelita, who smothers Miguel with tons of kisses as she leaves. With the family gone, Miguel deflates.

할머니	우리 미구엘 귀염둥이가 가족의 전통을 이어가는구나! 그것도 죽은 자의 날에 말이다! 조상님들께서 정말 자랑스러워하실 거야!

할머니가 제단에 장식되어 있는 신발들을 가리킨다.

할머니 (계속)	너도 빅토리아 고모처럼 가죽 샌들을 만드는 거야.
아빠	훌리오 할아버지처럼 윙팁 구두도 만들고-

미구엘은 제단이 있는 곳에서 멀어진다.

미구엘	하지만 제가 신발 만드는 데 소질이 없으면요?
아빠	아, 미구에… 너를 이끌어 줄 가족이 여기 있잖니… (정적) 넌 리베라 자손이야. 리베라 사람들은 말이야…
미구엘	…신발 장인이죠. 뼛속 깊은 곳까지.

아빠가 감격한다.

아빠	역시 우리 아들이야! (큰 목소리로) 베르토, 좋은 술을 따야겠어, 건배해야지!

아빠가 제단실을 나가고 엄마도 따라간다. 마지막으로 할머니가 숨이 막히도록 미구엘에게 마구 키스를 하고 제단실을 나간다. 가족들이 모두 나간 뒤 미구엘은 풀이 죽은 모습을 하고 있다.

adorn 장식하다 craft 제작하다 huarache 가죽끈 샌들 tía [스페인어] 고모, 이모 wingtip 윙팁 신발 (끈으로 묶는 가죽 신발)
through and through 뼛속까지, 철저히 swell 가슴이 벅차다 make a toast 건배하다 smother 숨 막히게 하다 deflate 기가 꺾이다

Suddenly, a noise comes from the ofrenda. Miguel turns to find Dante on the bottom tier, licking a plate of mole to his heart's content. Miguel is horrified!

MIGUEL
Dante! No, Dante, stop!

Miguel pulls the dog away from the ofrenda, but the table shakes. The frame with Mamá Imelda's photo sways back and forth, then topples to the ground with a sickening crack.

MIGUEL (CONT'D)
No, no, no, no, no! No...

Miguel picks up the old photo of Mamá Imelda, which unfolds to reveal another portion, hidden all these years; the man with no face is revealed to be holding a familiar skull-headed guitar.

MIGUEL
De la Cruz's guitar...?

MAMÁ COCO
Papá?

Miguel turns, startled. Mamá Coco points a crooked finger at the picture in his hand.

이때 제단이 있는 곳에서 소리가 들린다. 미구엘이 돌아보니 단테가 맨 아래 단에서 접시에 담긴 몰레 소스를 마구 핥고 있다. 미구엘은 경악한다!

미구엘 단테! 안 돼, 단테, 멈춰!

미구엘이 제단에서 단테를 떼어 내려고 하자 탁자가 흔들린다. 이멜다 할머니의 사진이 담긴 액자가 흔들거리더니 바닥에 떨어져 끔찍한 소리를 내며 깨진다.

미구엘
(계속) 아냐, 안 돼, 안 돼, 안 돼, 안 돼! 안 돼…

미구엘이 이멜다 할머니의 낡은 사진을 집어 올리는데 오래 숨겨져 있던 사진의 또 다른 부분이 펼쳐진다; 얼굴이 없는 남자가 눈에 익은 해골 머리 기타를 들고 있다.

미구엘 델라 크루즈의 기타…?

코코 할머니 아빠?

미구엘이 놀라서 돌아본다. 코코 할머니가 구부정한 손가락으로 그가 들고 있는 사진을 가리킨다.

---

tier 단, 단계 **mole** 멕시코 소스 몰레 **to one's heart's content** 마음껏, 실컷 **horrified** 겁을 먹은, 놀란 **sway** 흔들리다, 흔들다 **topple** 넘어지다 **sickening** 소름 끼치는 **crack** 깨짐, 깨지는 소리 **unfold** 펴다, 펼치다, 펴지다 **reveal** 드러내다, 밝히다 **portion** 부분 **hidden** 숨겨진 **startled** 놀란 **crooked** 구부러진

MAMÁ COCO (CONT'D)
: Papá?

Miguel's eyes go wide as the connection dawns on him. Could it possibly be true?

MIGUEL
: Mamá Coco, is your papá... Ernesto de la Cruz?

MAMÁ COCO
: Papá! Papá!

CUT TO:

INT. ROOFTOP HIDEOUT

Miguel goes to his secret ofrenda, to the record album of Ernesto de la Cruz. He compares the guitar in the family photo with the guitar on the sleeve. An exact match!

MIGUEL
: Ha, ha!

EXT. ROOFTOP

Miguel runs to the edge of the roof, overlooking the courtyard, photo in one hand, guitar in the other.

MIGUEL
: Papá! Papá!

| 코코 할머니 | 아빠? |
| (계속) | |

두 사람의 관계를 알아내고 미구엘의 눈이 휘둥그레진다. 이게 정말 사실일까?

미구엘 코코 할머니, 할머니의 아빠가… 에르네스토 델라 크루즈예요?

코코 할머니 아빠! 아빠!

장면 전환:
실내. 지붕 위의 아지트
자신이 만든 비밀 제단으로 다가가는 미구엘, 에르네스토 델라 크루즈의 앨범을 집어든다. 음반 커버에 있는 기타와 가족 사진 속 기타를 비교한다. 정확하게 일치한다!

미구엘 하, 하!

실외. 지붕
미구엘이 지붕 끝으로 뛰어가더니 한 손에는 사진을, 다른 손에는 기타를 들고 마당을 내려다본다.

미구엘 아빠! 아빠!

---

connection 관계, 연결 **dawn on somebody** ~에게 분명해지다, ~가 깨닫게 되다 **compare** 비교하다 **sleeve** 음반의 재킷, 소매 **exact** 정확한 **edge** 가장자리, 끝 **overlook** 내려다보다 **courtyard** 마당

His parents stop, looking up at Miguel.

MIGUEL (CONT'D): It's him! I know who my great-great grandfather was!

MAMÁ: Miguel! Get down from there!

MIGUEL: Mamá Coco's father was Ernesto de la Cruz!

PAPÁ: What are you talking about?

Miguel whips off his shoemaker's apron, striking a pose with the guitar.

MIGUEL: I'm gonna be a musician!

CUT TO:

EXT. COURTYARD – EARLY EVENING

Miguel's guitar is cast at his feet, along with his de la Cruz albums. The whole family encircles the boy.

ABUELITA: What is all this? You keep secrets from your own family?

TÍO BERTO: It's all that time he spends in the plaza…

TÍA GLORIA: …Fills his head with crazy fantasies!

부모님이 하던 일을 멈추고 미구엘을 올려다본다.

미구엘
(계속)   그분이에요! 제 고조할아버지가 누구였는지 알아요!

엄마   미구엘! 거기서 내려와!

미구엘   코코 할머니의 아빠는 에르네스토 델라 크루즈였어요!

아빠   무슨 소리야?

미구엘이 신발 장인의 앞치마를 벗어 버리더니 기타를 들고 포즈를 잡는다.

미구엘   전 뮤지션이 될 거예요!

장면 전환:
실외. 마당 - 초저녁
미구엘의 기타가 델라 크루즈 음반들과 함께 그의 발 앞에 내동댕이쳐진다. 가족 모두가 미구엘을 둘러싸고 있다.

할머니   이게 다 뭐야? 가족들한테 비밀을 숨긴 거니?

베르토 삼촌   허구한 날 광장에 있더니만…

글로리아 고모 … 머리가 미친 공상으로 가득 찼군!

---

whip off 홱 벗다 strike a pose 포즈를 취하다 cast 내던지다 (cast-cast-cast) along with ~과 함께 encircle 에워싸다 fantasy 공상, 상상

MIGUEL   It's not a fantasy!

             Miguel hands Papá the photo and points to the skull guitar.

MIGUEL   That man was Ernesto de la Cruz! The greatest musician of
(CONT'D)   all time!

PAPÁ   We've never known anything about this man. But whoever
             he was, he still abandoned his family. This is no future for
             my son.

MIGUEL   But Papá, you said my family would guide me! Well, de la
             Cruz IS my family! I'm supposed to play music!

ABUELITA   Never! That man's music was a curse! I will not allow it!

MIGUEL   If you would just let—

MAMÁ   (warning) Miguel—

PAPÁ   You will listen to your family. No more music.

MIGUEL   Just listen to me play—

PAPÁ   End of argument.

미구엘	공상이 아니에요!

미구엘이 아빠에게 사진을 건네며 해골 기타를 가리킨다.

미구엘 (계속)	이분은 에르네스토 델라 크루즈예요! 역사상 가장 위대한 뮤지션 말이에요!
아빠	우린 이 사람에 대해 전혀 몰라. 하지만 누구였든 간에 자기 가족을 버린 건 변하지 않아. 우리 아들의 미래는 절대 이래선 안 돼.
미구엘	하지만 아빠, 가족이 저를 이끌어 줄 거라고 했잖아요! 델라 크루즈는 우리 가족이에요! 난 음악을 해야 한다고요!
할머니	절대 안 돼! 그 인간의 음악은 저주였어! 절대 허락 못 해!
미구엘	제발 한 번이라도-
엄마	(경고하는 말투로) 미구엘-
아빠	가족들 말 들어. 음악은 더 이상 안 돼.
미구엘	제가 연주하는 걸 들어 주시면-
아빠	그 얘긴 그만해.

hand 건네주다　abandon 버리다, 유기하다　curse 저주, 욕, 악담　allow 허락하다　warn 경고하다　argument 논쟁

Miguel lifts his guitar to play when Abuelita snatches the instrument away. She points to the man in the photo.

ABUELITA You want to end up like that man? [22] Forgotten? Left off your family's ofrenda?!

MIGUEL I don't care if I'm on some stupid ofrenda! [23]

Gasps from the family. Abuelita's brow hardens. She lifts the guitar in the air.

MIGUEL No!

PAPÁ Mamá...

Abuelita smashes it to bits!

미구엘이 기타를 들고 연주를 시작하자 할머니가 기타를 확 잡아챈다. 그리고 사진에 있는 남자를 가리킨다.

할머니 너도 저 남자처럼 되고 싶어? 잊혀지고 싶니? 가족의 제단에서 제외되고 싶은 거야?!

미구엘 바보 같은 제단에 있건 말건 상관없어요!

가족들, 헉하고 놀란다. 인상을 쓰는 할머니, 눈썹이 굳어진다. 기타를 머리 위로 들어 올린다.

미구엘 안 돼요!

아빠 어머니…

할머니가 기타를 산산조각 낸다!

---

snatch 잡아채다 instrument 악기 be left off (~에서) 제외되다 harden 굳어지다 in the air 공중으로, 하늘 위로 smash 부수다 to bits 산산이

ABUELITA   There. No guitar, no music. (softening) Come. You'll feel better after you eat with your family.

She reaches out to comfort Miguel, but he is hurt beyond repair.

MIGUEL   I don't wanna be in this family!

He snatches the photo from Papá and bolts out of the hacienda.

PAPÁ   Miguel! MIGUEL!

| 할머니 | 됐다. 기타가 없으니 음악도 못 하겠지. (부드러운 말투로) 이리 와. 식구들과 밥을 먹으면 기분이 나아질 거야.

할머니가 미구엘을 위로하려고 다가가지만, 그는 마음에 큰 상처를 입었다.

| 미구엘 | 난 이 가족이 되고 싶지 않아요!

미구엘이 아빠에게서 사진을 낚아채더니 집을 뛰쳐나간다.

| 아빠 | 미구엘! 미구엘!

---

soften 부드러워지다　**comfort** 위로하다　**hurt** 마음이 다친　**beyond repair** 복구가 불가능하게　**bolt** 황급히 뛰어가다, 달아나다
hacienda [스페인어] 농장

CHAPTER 6

The Skull Guitar

EXT. SIDE STREET

Miguel bursts out of the compound, desperate to get away. Dante, nose buried in a trash bag, hears Miguel and chases after him. Miguel runs past a poster for the plaza "TALENT SHOW."

EXT. MARIACHI PLAZA – EVENING

Miguel approaches a STAGE MANAGER in the gazebo.

MIGUEL
I wanna play in the plaza. Like de la Cruz! Can I still sign up?

STAGE MANAGER
You got an instrument?

06. mp3

실외. 골목
미구엘은 가족의 복합공간을 뛰쳐나간다. 이곳을 빨리 도망치고 싶다. 쓰레기봉투에 코를 박고 있던 단테가 미구엘의 소리를 듣고 그를 쫓아간다. 미구엘은 광장에서 열리는 "장기 자랑" 포스터를 빠르게 지나간다.

실외. 마리아치 광장 - 저녁
미구엘이 정자에 있는 무대 감독에게 다가간다.

미구엘	저도 광장에서 노래하고 싶어요. 델라 크루즈처럼요! 아직 신청할 수 있나요?
무대 감독	악기는 있니?

---

desperate 필사적인 get away 도망가다 bury 파묻다 chase after ~을 쫓아가다 approach 다가가다 stage manager 무대 감독 gazebo (정원의) 정자 sign up 신청하다 instrument 악기

MIGUEL No... But if I can borrow a guitar–

STAGE MANAGER Musicians gotta bring their own instruments... (walking away) You find a guitar, kid, I'll put you on the list.

MIGUEL looks distraught.

MOMENTS LATER:
Miguel approaches any musician he can find.

MIGUEL Excuse me, can I borrow your guitar?

MUSICIAN #1 Sorry, muchacho.

CUT TO:

MIGUEL You guys have a spare guitar?

MUSICIAN #2 No.

CUT TO:

MIGUEL I need a guitar, just for a little bit–

미구엘	아뇨… 하지만 기타를 빌릴 수 있으면-
무대 감독	뮤지션들은 자기 악기를 가져와야 해… (자리를 뜨며) 얘야, 기타를 구해 오면 참가시켜 줄게.

미구엘, 심란한 표정이다.

잠시 후:
미구엘이 아무 뮤지션들에게 다가간다.

미구엘	실례지만, 기타 좀 빌릴 수 있을까요?
뮤지션#1	미안하다, 얘야.

장면 전환:

미구엘	혹시 기타 남는 거 있나요?
뮤지션#2	아니.

장면 전환:

미구엘	기타가 필요해요, 아주 잠깐만-

borrow 빌리다　distraught 심란한　spare 여분의

MUSICIAN #3   Get outta here, kid!

Disheartened, Miguel walks away. He finds himself facing the statue of de la Cruz.

MIGUEL   Great-great grandfather... What am I supposed to do? 24

No answer. Miguel's gaze falls on a plaque at the base of the statue that reads "Seize Your Moment!" Miguel looks at the photo in his hand. He moves his thumb to reveal the skull head guitar. Then, a firework illuminates the skull head guitar that the statue holds. Miguel gets an idea.

EXT. CEMETERY – MOMENTS LATER
A sea of candles and flowers, families gathered at graves. Miguel sneaks through the cemetery unnoticed, slipping from one shadow to the next. Dante suddenly catches up to Miguel. He barks excitedly.

MIGUEL   No, no, no, no, no, Dante stop! Cállate! Shhh!

Miguel swipes a chicken leg off a neighboring grave, and chucks it. Dante bounds after the food.

뮤지션#3	저리 가, 꼬맹아!

낙심한 미구엘, 발걸음을 옮기다가 델라 크루즈 동상을 마주한다.

미구엘	고조할아버지… 전 이제 어떻게 해야 하죠?

답이 없다. 미구엘의 시선이 동상 아래 "기회를 잡아라!"라고 쓰여 있는 명판에 머문다. 미구엘은 손에 들고 있는 사진을 바라본다. 엄지손가락을 치우니 해골 머리 기타가 보인다. 그 순간, 폭죽이 터지면서 동상이 들고 있는 해골 머리 기타를 밝게 비춘다. 미구엘에게 좋은 생각이 떠오른다.

실외. 공동묘지 - 잠시 후
수많은 초와 꽃들, 그리고 가족들이 무덤들을 가득 채웠다. 미구엘이 어두운 곳에서 사람들 눈에 띄지 않게 슬그머니 공동묘지를 지나간다. 갑자기 단테가 미구엘을 쫓아와 흥분하며 짖는다.

미구엘	아니, 아니, 아니, 아니, 안 돼, 단테 그만해! 조용하라고! 쉿!

미구엘이 옆에 있는 무덤에서 닭다리 하나를 재빨리 슬쩍해 던진다. 단테가 그것을 쫓아간다.

---

disheartened 낙담한 statue 동상 gaze 시선 plaque 명판 base 밑 thumb 엄지손가락 illuminate 비추다 a sea of 수많은 gather 모이다 unnoticed 들키지 않은, 눈에 띄지 않는 slip 미끄러지듯 움직이다 bark 짖다 excitedly 흥분하여, 격분하여 cállate [스페인어] 조용히 해! swipe 훔치다, 슬쩍하다 chuck 던지다 bound 껑충껑충 뛰다

EXT. DE LA CRUZ'S MAUSOLEUM

Miguel slinks around the side of the tomb. He looks in one of the windows. Inside, the famous guitar hangs above the crypt. Fireworks pop; bursts of light glint off the instrument. It seems to beckon him. He tries the window but it's locked. More fireworks shoot into the sky.

MIGUEL
I'm sorry...

Timing to the explosions, Miguel throws his shoulder into the rusted-shut window pane and forces it open with a scraping KRRRR-LAKK! He slinks inside the tomb.

INT. DE LA CRUZ'S MAUSOLEUM

Miguel drops down to the mausoleum floor. The noise from outside is muffled. He climbs onto the crypt, slightly moving the lid. He stifles a gasp.

He crawls over the marble sarcophagus and comes face-to-face with the famed guitar. Miguel wipes away a layer of dust, revealing the rich painted wood beneath. He looks up to the portrait of de la Cruz.

실외. 델라 크루즈의 묘

미구엘이 무덤 옆으로 슬그머니 다가선다. 창문 안을 들여다본다. 묘 안에는 그 유명한 기타가 대리석 관 위에 걸려 있다. 폭죽이 터진다; 반짝이는 불빛이 기타에 비친다. 마치 미구엘에게 손짓하는 듯하다. 창문을 확인하는데 잠겨 있다. 더 많은 폭죽들이 하늘로 올라간다.

미구엘	죄송해요…

폭죽이 터지는 타이밍에 맞춰 미구엘이 녹이 슬어 굳게 닫힌 창문을 어깨로 세게 밀치자 크르락- 긁히는 소리를 내며 창문이 열린다. 미구엘이 묘 안으로 조용히 들어간다.

실내. 델라 크루즈의 묘

미구엘이 묘의 바닥으로 뛰어내린다. 바깥 소음은 희미하게 들린다. 미구엘이 대리석 관 위에 올라서자 뚜껑이 살짝 움직인다. 헉하는 소리를 삼킨다.
미구엘은 대리석 관 위로 기어올라가 그 유명한 기타를 마주한다. 기타에 쌓인 먼지를 닦아 내자 멋지게 칠한 나무판이 나타난다. 미구엘은 델라 크루즈의 초상화를 올려다본다.

---

mausoleum (중요 인물, 가문의) 묘, 능 slink 슬그머니 움직이다 hang 걸려 있다 pop 터지다 glint 반짝이다 beckon (손짓으로) 부르다 explosion 폭발 rusted-shut 많이 녹슨 상태로 닫혀 버린 window pane 창문 유리 muffle (소리를) 죽이다 slightly 약간 stifle 억누르다 sarcophagus 석관 gasp 헉하는 소리 wipe 닦다 dust 먼지 rich 진한

MIGUEL   Señor de la Cruz? Please, don't be mad. I'm Miguel, your great-great grandson... I need to borrow this.

Heart in his throat, Miguel lifts the guitar off its mount. Unbeknownst to him, some marigold petals in the mausoleum begin to sparkle.

MIGUEL (CONT'D)   Our family thinks music is a curse. None of them understand, but I know you would have. You would've told me to follow my heart. [25] To seize my moment!

He backs up, in full view of the painting.

MIGUEL (CONT'D)   So if it's all right with you, I'm gonna play in the plaza, just like you did!

Confidence building, he strums it once. The air around him vibrates — radiating like a shock wave. The petals on the ground whirl and surge with light for just a moment. Miguel is visibly taken aback. What just happened? Suddenly, a flashlight shines in the window of the mausoleum.

VOICES (O.S.)   The guitar! It's gone! Somebody stole de la Cruz's guitar! The window's broken, look.

미구엘	델라 크루즈 씨? 제발, 화내지 마세요. 전 미구엘이에요, 할아버지의 손자의 손자라고요… 이거 좀 빌릴게요.
	매우 긴장한 미구엘, 거치대 위에 올려져 있는 기타를 들어 올린다. 묘 안에 있던 금잔화 꽃잎 몇 개가 반짝이기 시작하는데 미구엘은 전혀 눈치채지 못한다.
미구엘 (계속)	우리 가족은 음악이 저주라고 생각해요. 아무도 저를 이해하지 못하지만 할아버지는 이해하실 거라고 믿어요. 내 마음이 가는 대로 하라고 하셨을 거예요. 기회를 잡으라고 말이죠!
	미구엘이 뒤로 물러서자 초상화의 전체 모습이 보인다.
미구엘 (계속)	괜찮으시다면 저도 광장에서 노래를 하려고요. 할아버지가 그랬던 것처럼요!
	자신감이 생긴 미구엘은 기타를 한번 쳐 본다. 마치 충격파가 발생한 것처럼 그의 주변 공기가 진동한다. 바닥에 있던 꽃잎들이 회오리처럼 날아오르더니 잠시 빛을 발한다. 미구엘은 매우 놀란다. 방금 무슨 일이 있었던 거지? 이때 갑자기 묘의 창문 안으로 손전등 불빛이 비친다.
목소리들 (화면 밖)	기타! 기타가 없어졌다! 누가 델라 크루즈의 기타를 훔쳐 갔어! 창문이 부서졌어, 봐.

borrow 빌리다 mount 거치대 unbeknownst to ~가 모르게 sparkle 반짝이다, 광채가 나다 confidence 자신감 strum (기타 등을) 튕기다, 치다 vibrate 진동하다 radiate (빛 등을) 발하다 shock wave 충격파 surge 밀려들다 visibly 눈에 띄게 taken aback 깜짝 놀란 flashlight 손전등

Miguel hears keys jangling and the door unlocking. A GROUNDSKEEPER enters with a flashlight.

GROUNDS-KEEPER
Alright, who's in there?

Startled, Miguel puts down the guitar.

MIGUEL
I... I'm sorry! It's not what it looks like! [26] De la Cruz is my...

The groundskeeper walks straight through Miguel! He doesn't even see him!

GROUNDS-KEEPER
There's nobody here!

미구엘은 열쇠가 덜그럭거리고 문이 열리는 소리를 듣는다. 관리인이 손전등을 들고 들어온다.

관리인   거기, 안에 누구야?

미구엘은 깜짝 놀라 기타를 내려놓는다.

미구엘   죄… 죄송해요! 그런 게 아니에요! 델라 크루즈가 제…

관리인이 걸어오는데 미구엘의 몸을 그대로 통과해 버린다! 그의 눈에 미구엘은 보이지 않는다!

관리인   아무도 없군!

---

jangle 덜그럭거리다 groundskeeper (공원, 구장의) 관리인 straight 바로, 곧장

CHAPTER 7

I See the Dead People

EXT. CEMETERY — NIGHT
A panicked Miguel runs out, trying to figure out what's going on! But the people in the cemetery walk through him too. Suddenly he hears a familiar voice.

MAMÁ
Miguel!

Miguel turns to see Papá and Mamá still searching for him.

MIGUEL
Mamá!

PAPÁ
Miguel! Come home!

He reaches for his parents, but goes straight through them.

PAPÁ
Where are you, Miguel?!

07. mp3

실외. 공동묘지 - 밤
겁에 질려 뛰쳐나오는 미구엘, 어떻게 된 일인지 파악하려고 한다! 그러나 공동묘지에 있는 사람들도 그를 통과해 버린다. 이때 그의 귀에 익숙한 목소리가 들린다.

| 엄마 | 미구엘! |

미구엘이 돌아보니 아빠와 엄마가 여전히 그를 찾고 있다.

| 미구엘 | 엄마! |

| 아빠 | 미구엘! 집으로 돌아와! |

미구엘이 부모님에게 손을 뻗지만 그냥 통과해 버린다.

| 아빠 | 어디 있는 거니, 미구엘?! |

cemetery 묘지　panicked 겁에 질린　figure out 알아내다　familiar 낯익은, 익숙한　search for ~을 찾다

Frantic, Miguel trips and falls into an open grave. A nearby woman gasps and peeks over the ledge of the grave.

WOMAN
Dios mío! Little boy, are you okay?

She reaches into the grave.

WOMAN (CONT'D)
Here, let me help you.

Miguel takes her hand and she pulls him out.

MIGUEL
Thanks, I–

They see each other face to face. The woman is a skeleton! Miguel screams! She does too!
Miguel backs away. He turns to see another skeleton. He falls backwards and scoots away frantically. He bumps into another skeleton whose head falls off and lands in Miguel's hands.

미구엘은 제정신이 아니다. 발이 걸려 넘어져 아직 흙을 덮지 않은 무덤 속으로 떨어진다. 근처에 있던 여자가 놀라서 무덤 안을 들여다본다.

여인   맙소사! 꼬마야, 괜찮니?

그녀가 무덤 안으로 손을 뻗는다.

여인
(계속)   자, 내가 도와줄게.

미구엘이 손을 잡자 여자가 그를 꺼내 올린다.

미구엘   고마워요, 전-

두 사람, 서로의 얼굴을 마주한다. 그 여자는 해골이다! 미구엘은 비명을 지른다! 그녀도 마찬가지다!
미구엘은 뒤로 물러선다. 뒤를 돌아보니 또 다른 해골이 있다. 뒤로 쓰러지며 미친 듯 도망친다. 미구엘이 또 다른 해골과 부딪히는데 해골 머리가 분리되어 미구엘의 손에 떨어진다.

---

frantic 두려워하는, 제정신이 아닌 **trip** 발이 걸려 넘어지다 **grave** 무덤 **peek over** 너머로 보다 **ledge** 튀어나온 곳, 언덕 **face to face** 얼굴을 마주하고 **skeleton** 해골 **scream** 비명을 지르다 **backwards** 뒤로 **scoot** 도망가다, 떠나다 **frantically** 미친 듯이 **bump into** ~에 부딪히다

SKELETON HEAD Do you mind?

MIGUEL Ahhh!

SKELETON HEAD Ahhh!

MIGUEL AHHH!

Miguel tosses the head away from him and turns to see the whole cemetery is teeming with skeletons! And they can all see him! He races off and hides behind a grave. After a moment, he peeks over the headstone to watch the skeletons engaging with their living families. One couple dances. Another man reaches for offerings on his grave, which solidify in his hands when he takes them. A couple of skeletons coo over a toddler.

SKELETON ABUELA Look how big she's getting!

Suddenly Dante surprises Miguel and licks him on the cheek. Miguel screams.

MIGUEL Dante?! You can see me? W-wait! What's going on?!

Dante barks, points, and bounds through the crowd.

MIGUEL Dante! Dante!

해골 머리	이봐요!

미구엘	아아아!

해골 머리	아아아!

미구엘	아아아!

머리를 던져 버리는 미구엘, 뒤를 돌아보는데 공동묘지 전체가 해골로 득실거린다! 그들 모두 미구엘을 볼 수 있다! 미구엘은 황급히 무덤 뒤로 뛰어가 숨는다. 잠시 후, 묘비 위로 고개를 내미는 미구엘은 해골들이 살아 있는 가족들과 함께 있는 장면을 목격한다. 한 부부는 춤을 춘다. 어떤 해골 남자가 자신의 무덤에 놓인 제물을 향해 손을 뻗는데 제물이 손에 잡힌다. 해골 부부가 아이를 보며 다정하게 말한다.

할머니 해골	쟤 큰 것 좀 봐!

이때 갑자기 단테가 뺨을 핥으며 미구엘을 놀라게 한다. 미구엘은 비명을 지른다.

미구엘	단테?! 넌 내가 보이니? 자-잠깐! 어떻게 된 거지?!

단테가 짖으며 무언가를 가리키더니 해골들 사이를 뛰어간다.

미구엘	단테! 단테!

---

teem with ~으로 바글거리다 **race off** 황급히 뛰어가다 **headstone** 묘비 **engage with** ~와 함께하다, ~와 관계를 맺다 **offering** 제물 **solidify** 굳어지다 **coo** (갓난애 등에게) 부드럽게 말을 걸다 **cheek** 뺨 **bound** 껑충껑충 뛰다

Miguel gives chase until – BAM! He runs smack into a mustached skeleton and falls to the ground. The skeleton's bones break apart and scatter. The head pops up.

MIGUEL
I'm sorry, I'm sorry...

PAPÁ JULIO
Miguel?!

Miguel tries to gather the scattered bones.

TÍA ROSITA
Miguel?

TÍA VICTORIA
Miguel?

The bones magically pull away from Miguel.

PAPÁ JULIO
You're here! HERE, here!

PAPÁ JULIO reconstitutes himself.

PAPÁ JULIO (CONT'D)
And you can see us?!

TÍA ROSITA charges through Papá Julio, sending his bones scattering again. She grabs Miguel, hugging him tight.

TÍA ROSITA
Our Migueli-ti-ti-ti-ti-to!

미구엘이 단테를 쫓아가는데 - 쾅! 하고 콧수염이 있는 해골과 세게 부딪혀 넘어진다. 해골 뼈가 산산이 부서져 흩어진다. 갑자기 머리 하나가 나타난다.

미구엘 죄송, 죄송해요…

훌리오 할아버지 미구엘?!

미구엘은 흩어진 뼈들을 모으려고 한다.

로지타 고모할머니 미구엘?

빅토리아 고모할머니 미구엘?

뼈들이 마법처럼 미구엘의 품에서 빠져나온다.

훌리오 할아버지 네가 웬일이니? 네가 여기에 왜!

훌리오 할아버지가 원상태로 돌아간다.

훌리오 할아버지 (계속) 넌 우리가 보이니?!

로지타 고모할머니가 훌리오 할아버지를 뚫고 지나가자 그의 뼈가 다시 산산이 흩어진다. 그녀가 미구엘을 붙잡고 꽉 껴안는다.

로지타 고모할머니 우리 꼬마 미구엘이야!

give chase 쫓아가다 run smack into ~와 정면충돌하다 mustached 콧수염이 있는 pop up 튀어나오다, 불쑥 나타나다 gather 모으다 scattered 흩어진 reconstitute 복원하다 charge 돌격하다, 달려가다 hug tight 꽉 껴안다

Miguel, smothered by Rosita's ample ribcage, struggles for air.

MIGUEL   (muffled) Remind me how I know you? [27]

TÍA ROSITA   We're your family, mijo!

Tía Rosita's ofrenda photo flashes in Miguel's memory.

MIGUEL   Tía Rosita?

TÍA ROSITA   Si!

He looks at Papá Julio, whose head is still turned the wrong way. TÍA VICTORIA straightens it.

MIGUEL   Papá Julio?

PAPÁ JULIO   Hola.

MIGUEL   Tía Victoria?

Tía Victoria pokes Miguel's cheek, skeptical.

미구엘은 로지타 고모할머니의 풍만한 갈비뼈에 묻혀서 숨을 제대로 쉴 수가 없다.

미구엘 (입이 막혀 소리가 잘 안 들리며) 근데 저랑 어떻게 아시는 사이죠?

로지타 고모할머니 우린 가족이란다, 애야!

순간 미구엘은 제단 위에 있던 로지타 고모할머니의 사진을 떠올린다.

미구엘 로지타 할머니?

로지타 고모할머니 그래!

그가 훌리오 할아버지를 바라보는데 머리가 반대로 돌아가 있다. 빅토리아 고모할머니가 머리를 바로잡아준다.

미구엘 훌리오 할아버지?

훌리오 할아버지 안녕.

미구엘 빅토리아 할머니?

빅토리아 고모할머니는 의심스러운 듯 미구엘의 볼을 찔러 본다.

---

smother 숨 막히게 하다 ample 충분한, 풍만한 ribcage 갈비뼈 struggle 몸부림치다 muffled 소리가 작아진 remind 상기시키다
flash 번쩍하다, (생각이) 불현듯 들다 straighten 똑바르게 하다, 곧게 하다 poke 쿡 찌르다 skeptical 의심 많은, 회의적인

TÍA VICTORIA He doesn't seem entirely dead.

A living person ambles through Miguel's non-corporeal form.

TÍA ROSITA He's not quite alive either...

PAPÁ JULIO We need Mamá Imelda. She'll know how to fix this!

Suddenly twin skeleton gents run, huffing, toward the family.

TÍO FELIPE (huffing) Oye!

TÍO OSCAR (winded) It's Mamá Imelda–

TÍO FELIPE (huffing) –She couldn't cross over!

The others gasp.

빅토리아 고모할머니	얘 완전히 죽은 것 같지 않은데.

살아 있는 사람 하나가 형체가 보이지 않는 미구엘의 몸을 느릿느릿 통과해 지나간다.

로지타 고모할머니	완전히 살아 있는 것도 아니지…
훌리오 할아버지	마마 이멜다가 있어야겠어. 어떻게 해야 할지 아실 거야!

이때 갑자기 쌍둥이 해골 남자 둘이 헉헉거리며 가족들을 향해 뛰어온다.

펠리페 고모할아버지	(헉헉거리며) 이봐!
오스카 고모할아버지	(숨을 헐떡이며) 마마 이멜다가—
펠리페 고모할아버지	(헉헉거리며) — 못 건너왔어!

다른 가족들, 허걱 놀란다.

---

entirely 완전히, 전적으로 amble 느긋하게 걷다 non-corporeal 형체 없는 fix 고치다 twin 쌍둥이 gent (= gentleman) 남자, 신사 huff (숨이 거칠어) 헉헉거리다 winded 숨이 찬 cross over 건너오다

TÍO OSCAR   She's stuck–

TÍO FELIPE   –On the other side!

Miguel sees pictures of his TÍO OSCAR and TÍO FELIPE flash in his memory.

MIGUEL   TÍO OSCAR? TÍO FELIPE?

TÍO OSCAR   Oh, hey Miguel.

Tía Victoria turns her gaze on Miguel.

TÍA VICTORIA   I have a feeling this has something to do with you. [28]

TÍA ROSITA   But if Mamá Imelda can't come to us...

PAPÁ JULIO   ...Then we are going to her! Vámonos!

Papá Julio grabs Miguel by the arm and the family rushes through the cemetery, trailed by Dante.

오스카 고모할아버지	잡혀 있다고-

펠리페 고모할아버지	-저 세상에!

미구엘은 오스카 고모할아버지와 펠리페 고모할아버지의 사진 속 모습을 재빨리 기억해 낸다.

미구엘	오스카 할아버지? 펠리페 할아버지?

오스카 고모할아버지	오, 안녕 미구엘.

빅토리아 고모할머니가 미구엘을 바라본다.

빅토리아 고모할머니	이게 너 때문인 것 같은데.

로지타 고모할머니	마마 이멜다가 우리에게 올 수 없다면…

훌리오 할아버지	… 그렇다면 우리가 그쪽으로 가야지! 빨리 가자!

훌리오 할아버지가 미구엘의 팔을 잡는다. 가족들이 공동묘지를 재빠르게 지나가고 단테가 그 뒤를 따라간다.

---

stuck 꼼짝 못 하는, 잡힌 on the other side 반대편에 gaze 시선 grab 잡다 rush 급히 움직이다 trail 따라가다, 뒤쫓다

CHAPTER 8

The Land of the Dead

EXT. CEMETERY — MOMENTS LATER
Miguel and his family weave through the graves, rounding a corner. His gaze falls upon a glowing MARIGOLD BRIDGE arching before them.

MIGUEL
Whoa...

The bridge extends into the mist. A stream of skeletons amble across for the holiday. The family passes through an invisible barrier onto the bridge. Their bodies change from ghostly to solid. Miguel hesitates at the threshold.

PAPÁ JULIO
Come on, Miguel. It's ok.

Miguel follows after the family, the petals glowing under his feet. Dante takes off.

08. mp3

실외. 공동묘지 - 잠시 후

미구엘과 가족들이 무덤 사이를 지나 모퉁이를 돌아간다. 미구엘은 그들 앞에 아치 형태로 펼쳐진 황금빛 금잔화 다리를 바라본다.

미구엘 와···

다리가 안개 속으로 뻗어 있다. 많은 해골들이 명절을 맞아 느릿느릿 다리를 건너고 있다. 가족들이 다리 위에 있는 보이지 않는 벽을 지나가자 유령에서 단단한 몸으로 변한다. 미구엘은 그 앞에서 망설인다.

**훌리오
할아버지** 어서, 미구엘. 괜찮아.

가족들을 따라가는 미구엘, 꽃잎들이 발 아래에서 밝게 빛난다. 단테가 뛰어간다.

---

weave 사이로 움직이다, 누비고 지나가다 **arch** 아치 형태를 하다 **extend** 뻗어가다, 이어지다 **mist** 안개 **stream** 행렬 **amble** 천천히 걷다 **invisible** 보이지 않는 **barrier** 장벽, 장애물 **ghostly** 유령 같은 **solid** 형체가 있는, 단단한 **hesitate** 망설이다, 주저하다 **threshold** 문턱 **take off** 급하게 움직이다, 떠나다

MIGUEL　　　　Dante! Dante! Dante, wait up!

　　　　　　　Miguel runs after Dante, finally catching up to the dog as he rolls in the petals at the crest of the bridge. He sneezes some petals into Miguel's face.

MIGUEL　　　　You gotta stay with me, boy. We don't know... where...
(CONT'D)

　　　　　　　Out of the mist, the sparkling cityscape of the Land of the Dead emerges. It's breathtaking. His family sidles up.

MIGUEL　　　　This isn't a dream, then. You're all really out there...

TÍA VICTORIA　You thought we weren't?

MIGUEL　　　　Well, I don't know, I thought it might've been one of those made-up things that adults tell kids... like... vitamins.

미구엘	단테! 단테! 단테, 기다려!
	미구엘이 단테를 쫓아간다. 결국 다리 위에서 꽃잎 속을 뒹구는 단테를 따라잡는다. 단테가 재채기를 하자 미구엘의 얼굴을 향해 꽃잎들이 날아간다.
미구엘 (계속)	내 옆에 있어, 단테. 여기가 어딘지… 모르잖아…
	안개를 헤치고 죽은 자들의 세계의 도시 경관이 휘황찬란하게 펼쳐진다. 숨이 멎을 정도로 멋진 광경이다. 가족들이 옆으로 다가온다.
미구엘	꿈이 아닌 거였네요. 정말 다들 저기에 계시는 거였어요…
빅토리아 고모할머니	우리가 없는 줄 알았니?
미구엘	글쎄요, 이것도 어른들이 애들에게 꾸며서 말하는 그런 거라고 생각했죠. 그러니까… 비타민처럼 말이죠.

Wait up! 기다려!, 같이 가! **crest** 맨 위, 꼭대기 **sneeze** 재채기를 하다 **cityscape** 도시의 광경 **emerge** 나타나다 **breathtaking** 숨 막힐 정도로 멋진 **sidle** 다가가다 **made-up** 만들어진, 지어낸

TÍA VICTORIA Miguel, vitamins are a real thing.

MIGUEL Well, now I'm thinking maybe they could be...

As skeletons pass in the other direction, Miguel receives some strange looks. A little skeleton girl gasps, pointing at him.

SKELETON MOTHER Mija, it's not nice to stare at— (seeing Miguel) Ay! Santa Maria!

The woman gees wide-eyed, her head turning backwards to gawk at Miguel as she walks in the opposite direction. Miguel puts up his hood.
The Riveras continue on toward an arrivals area on the far side of the bridge. Miguel sees fantastical creatures crawling, flying, making nests in the nearby architecture.

MIGUEL Are those...? Alebrijes! But those are–

TÍO OSCAR REAL alebrijes. Spirit creatures...

TÍA ROSITA They guide souls on their journey...

TÍO FELIPE Watch your step, they make caquitas everywhere.

They get to the far edge of the Marigold Bridge.

빅토리아 고모할머니	미구엘, 비타민은 진짜 있는 거야.
미구엘	이제는 그럴 수도 있겠다는 생각이 드네요…

해골들이 반대 방향으로 지나가는데 미구엘을 보고 이상한 시선을 보낸다. 어린 해골 소녀가 질겁하며 그를 가리킨다.

어머니 해골	얘야, 그렇게 계속 쳐다보는 건 예의가 아니- (미구엘을 보며) 으아! 맙소사!

여자의 눈이 휘둥그레진다. 맞은편으로 가면서도 머리를 뒤로 돌리고 얼빠진 듯 미구엘을 바라본다. 미구엘은 후드를 뒤집어쓴다.
리베라 가족은 다리 끝에 있는 입국장을 향해 계속 발걸음을 옮긴다. 미구엘은 신비한 동물들이 기어가고, 날아다니며, 근처 건물에 둥지를 틀고 있는 모습을 바라본다.

미구엘	저건…? 알레브리헤! 하지만 저것들은-
오스카 고모할아버지	진짜 알레브리헤지. 영혼의 동물이야…
로지타 고모할머니	저들이 영혼들에게 길을 안내해 준단다…
펠리페 고모할아버지	발밑 조심해, 재네들이 여기저기 똥을 싸지른다고.

이들이 금잔화 다리 끝에 도착한다.

---

direction 방향 Santa Maria! [스페인어] 맙소사! wide-eyed 눈이 휘둥그레진 gawk at (얼빠진 듯) ~을 바라보다 opposite 반대의 fantastical 신비로운, 환상의 nest 둥지 architecture 건물, 건축물 caquitas [스페인어] 똥, 배설물

EXT. MARIGOLD GRAND CENTRAL STATION

CANNED LOOP (V.O.)
Welcome back to the Land of the Dead. Please have all offerings ready for re-entry. We hope you enjoyed your holiday!

A sign reads RE-ENTRY.

ARRIVALS AGENT
Welcome back! Anything to declare? [29]

TRAVELER
Some churros... from my family.

ARRIVALS AGENT
How wonderful! Next!

CANNED LOOP (V.O.)
...If you are experiencing travel issues, agents at the Department of Family Reunions are available to assist you.

Miguel and family get into the line for RE-ENTRY, along with other skeletons returning from the Land of the Living. Nearby, skeletons exit the Land of the Dead through a gate marked DEPARTURES. Miguel watches.

DEPARTURES AGENT
Next family, please!

An ELDERLY COUPLE steps in front of a camera-mounted monitor. The monitor scans their faces and returns an image of their photos on an altar in the Land of the Living.

실외. 금잔화 그랜드 센트럴 역

자동 안내 방송 (목소리) 죽은 자들의 세계로 돌아오신 걸 환영합니다. 재입국을 위해 가져오신 제물들을 미리 준비해 두십시오. 즐거운 명절이 되셨기를 바랍니다!

표지판에 '재입국'이라고 쓰여 있다.

입국 심사관 돌아오신 걸 환영합니다! 신고하실 것이 있나요?

여행자 츄러스가 있어요… 가족들이 준 거죠.

입국 심사관 멋지네요! 다음 분!

자동 안내 방송 (목소리) … 여행에 어려운 점이 있으시면, 가족 상봉부 직원이 도와드릴 것입니다.

미구엘과 가족들은 산 자들의 세계에서 돌아온 다른 해골들과 함께 재입국 심사 줄에 선다. 옆에서 해골들이 '출국'이라고 쓰여 있는 게이트를 통과해 죽은 자들의 세계를 떠난다. 미구엘이 이를 지켜 본다.

출국 심사관 다음 가족, 오세요!

한 노부부가 카메라가 장착된 모니터 앞에 선다. 모니터가 얼굴을 스캔하자 산 자들의 세계의 제단에 올려진 이들의 사진이 나타난다.

---

canned 녹음된 loop 계속 반복되는 영상/음향 offering 제물 re-entry 재입국, 재진입 declare 세관 신고하다 churros 츄러스 reunion 상봉, 다시 모임 assist 돕다 along with ~와 함께 marked 표시가 된 departure 출국 elderly 연세가 있는 -mounted ~이 장착된, ~에 설치된 scan 스캔하다, 살펴보다

DEPARTURES AGENT (CONT'D) Oh, your photos are on your son's ofrenda. Have a great visit!

ELDERLY COUPLE Gracias.

The couple unites with the rest of their family.

CANNED LOOP (V.O.) ...And remember to return before sunrise. Enjoy your visit!

DEPARTURES AGENT Next!

A skeleton man, a smile full of braces, steps up to the monitor.

DEPARTURES AGENT (CONT'D) Your photo's on your dentist's ofrenda. Enjoy your visit!

JUAN ORTODONCIA Grashiash!

DEPARTURES AGENT Next!

HÉCTOR (early 20s), a ragged fellow, steps up to the monitor, disguised as Frida Kahlo.

HÉCTOR Yes, it is I. Frida Kahlo. (beat) Shall we skip the scanner? I'm on so many ofrendas, it'll just overwhelm your blinky thingie... [30]

| 출국 심사관
(계속) | 오, 아드님이 만든 제단에 사진이 있네요. 즐거운 여행 되세요! |

| 노부부 | 고맙습니다. |

노부부가 다른 가족들과 만난다.

| 자동 안내
방송 (목소리) | … 해 뜨기 전에 돌아오도록 하십시오. 즐겁게 잘 다녀오세요! |

| 출국 심사관 | 다음 분! |

한 해골 남자가 치아 교정기가 다 보일 정도로 환히 웃으며 모니터 앞에 선다.

| 출국 심사관
(계속) | 당신의 치과 제단에 사진이 있네요. 잘 다녀오세요! |

| 후안
치과 교정의 | 감사합니다! |

| 출국 심사관 | 다음이요! |

초라한 행색의 헥터(20대 초반)가 모니터로 다가서는데, 프리다 칼로로 변장했다.

| 헥터 | 네, 저예요. 프리다 칼로. (정적) 스캔은 안 해도 되잖아요? 내 사진은 너무 많은 제단에 올라가 있어서, 저기 저 깜빡이는 뭐시기가 감당을 못할 것 같은데… |

---

unite 모이다, 연합하다　braces 치아 교정기　ortodoncia [스페인어] 치아 교정사　ragged 허름한　disguise 변장하다　overwhelm 압도하다　blinky 깜빡이는

The monitor scans him, but an "X" appears, accompanied by a negative buzzing sound.

DEPARTURES AGENT   Well, shoot. Looks like no one put up your photo, Frida...

Héctor peels off his unibrow and throws off his frock.

HÉCTOR   Okay, when I said I was Frida... just now? That... that was a lie. And I apologize for doing that.

DEPARTURES AGENT   No photo on an ofrenda, no crossing the bridge.

HÉCTOR   You know what, I'm just gonna zip right over, you won't even know I'm gone.

Héctor bolts for the bridge. A security guard blocks the gate. Héctor splits in two and slides past the guard, half going over, half under.

HÉCTOR   Ha HA!

모니터가 그를 스캔하자 불가 판정을 하는 경고음과 함께 "X" 표시가 나타난다.

출국 심사관   오, 이런. 당신 사진을 올려 둔 사람은 없는 것 같군요, 프리다 씨…

헥터가 일자 눈썹을 뜯어내고 입고 있던 여자 옷도 벗어 던진다.

헥터   방금 프리다라고 했나요? 그건… 거짓말이에요. 거짓말해서 죄송해요.

출국 심사관   제단에 사진이 없으면, 다리를 건널 수 없어요.

헥터   저기요, 잽싸게 쓱 하고 건너갈게요, 쥐도 새도 모르게 말이죠.

헥터가 다리를 향해 달려간다. 보안요원이 게이트를 막는다. 헥터의 몸이 반으로 갈라져 반은 보안요원의 위로, 반은 아래로 재빨리 지나간다.

헥터   하하!

accompany 동반하다   **negative** 부정적인   **buzzing sound** 부저 소리   **peel off** 떼어내다, 벗기다   **unibrow** 일자 눈썹   **throw off** 벗어 던지다   **frock** 드레스   **apologize** 사과하다   **zip over** 재빠르게 이동하다   **bolt** 재빨리 달아나다   **split** 갈라지다

	Héctor reaches the bridge at a sprint, but the magic doesn't engage; he sinks right into the petals.
HÉCTOR	Almost there, just a little further...!
	The guards saunter to the bridge and casually pull Héctor back toward the Land of the Dead.
OFFICER	Upsy-daisy...
HÉCTOR	Fine, okay. Fine, who cares... Dumb flower bridge! [31]
	Miguel watches as the guards haul him out. Tía Rosita looks up in time to see his back.
TÍA ROSITA	I don't know what I'd do if no one put up my photo.
ARRIVALS AGENT (O.S.)	Next!
TÍA ROSITA	Oh! Come mijo, it's our turn.
	The arrivals line moves forward. The Dead Riveras crowd around the gate. The arrivals agent leans out from his window.
ARRIVALS AGENT	Welcome back, amigos! Anything to declare?

헥터가 재빨리 다리에 도착하지만 마술은 통하지 않는다; 그가 꽃잎 속으로 가라앉는다.

헥터   거의 다 왔어, 조금만 더…!

보안요원들이 느긋하게 다리로 다가와서 별일 아니라는 듯 헥터를 죽은 자들의 세계로 끌고 간다.

경찰   자 일어나…

헥터   그래, 알았다고요. 됐다 그래요… 멍청한 꽃 다리 같으니라고!

미구엘은 보안요원들이 헥터를 끌고 가는 모습을 바라본다. 때마침 로지타 고모할머니도 헥터의 뒷모습을 바라본다.

로지타 고모할머니   내 사진을 올려 둔 사람이 아무도 없다면 정말 끔찍할 것 같아.

입국 심사관 (화면 밖)   다음 분이요!

로지타 고모할머니   오! 이리와 아가, 우리 차례야.

입국 줄이 앞으로 움직인다. 죽은 리베라 가족들이 게이트 주변으로 몰려든다. 입국 심사관이 창문 밖으로 몸을 내민다.

입국 심사관   돌아오신 것을 환영합니다, 동지 여러분! 신고할 것 있으신가요?

---

sprint 전력 질주   engage 효력을 발휘하다, 관여하다   saunter 천천히 이동하다, 한가로이 걷다   casually 무심코, 편하게   haul 끌어내다   in time 시간에 맞춰, 때마침   crowd 모여들다, 몰려들다   lean out 몸을 굽혀 내밀다   amigo [스페인어] 친구

PAPÁ JULIO As a matter of fact, yes.

The family pushes Miguel to the front, very much alive.

MIGUEL Hola.

The arrivals agent's jaw literally drops.

훌리오 할아버지	사실, 있습니다.

가족들이 생생하게 살아 있는 미구엘을 앞으로 떠민다.

미구엘	안녕하세요.

입국 심사관의 턱이 툭 하고 떨어진다.

alive 살아 있는 Hola [스페인어] 안녕하세요 jaw 턱, 아래턱 literally 말 그대로

CHAPTER 9

How to Send Him Home

CUT TO:
INT. MARIGOLD GRAND CENTRAL STATION
Miguel and his family are escorted by a security guard across an arching second floor walkway.

VOICE OVER
P.A.

Paging Marta Gonzales-Ramos. Marta Gonzales-Ramos, please report to Level 7.

Dante happily trots alongside. Miguel looks up to see gondolas traveling by.

MIGUEL

Whoa.

Skeletons stare at Miguel as he walks by. Suddenly Miguel notices TÍO OSCAR staring at his face in deep contemplation.

09. mp3

장면 전환:
실내. 금잔화 그랜드 센트럴 역

보안요원이 미구엘과 가족들을 데리고 아치 형태의 2층 통로를 지나간다.

장내 방송   마르타 곤잘레스-라모스 호출합니다. 마르타 곤잘레스-라모스, 7층으로 와 주세요.

단테가 옆에서 흥겹게 걸어간다. 미구엘이 위를 보는데 곤돌라가 지나간다.

미구엘   우와.

미구엘이 지나가자 해골들이 그를 빤히 쳐다본다. 순간 미구엘은 오스카 고모할아버지가 자신의 얼굴을 보고 깊은 생각에 잠긴 것을 알아챈다.

---

escort 호위하다   arching 아치를 이루는   walkway 통로, 보도   page 호출하다   trot 경쾌하게 걷다   alongside 옆에   gondola 곤돌라   contemplation 생각, 명상

TÍO OSCAR   I miss my nose...

At the end of the walkway are doors emblazoned with "DEPARTMENT OF FAMILY REUNIONS." The family passes through.

INT. DEPARTMENT OF FAMILY REUNIONS
Inside, they find case workers helping travelers work out holiday snafus.

DISTRESSED TRAVELER   C'mon! Help us out amigo... We gotta get to a dozen ofrendas tonight...

CUT TO:

MIFFED WIFE   We are NOT visiting your ex-wife's family for Día de Muertos!

CUT TO:
In a far corner, one traveler in particular is raising hell.

MAMÁ IMELDA   I demand to speak to the person in charge!

| 오스카 고모할아버지 | 내 코가 그립군…

통로의 끝에는 문이 있는데 "가족 상봉부"라고 적혀 있다. 가족들이 문을 통과한다.

실내. 가족 상봉부
안으로 들어가니 담당자들이 여행자들의 명절과 관련된 복잡한 업무를 도와주고 있다.

| 짜증 난 여행자 | 제발! 좀 도와줘 친구… 오늘 밤에 가야 할 제단이 십여 군데라고…

장면 전환:

| 토라진 아내 | 이번 죽은 자의 날에는 당신 전처 집에 절대 못 가!

장면 전환:
한쪽 구석에서, 한 여행객이 불같이 화를 낸다.

| 이멜다 할머니 | 책임자 데려오라고!

---

emblazon 선명히 새기다 case worker (특정한 개인이나 가정을 돕는) 사례별 사회복지사 work out 해결하다 snafu 대혼란 dozen 십여 개, 12개 묶음 raise hell 크게 화를 내다 demand 요구하다 in charge 책임을 지는

A beleaguered CASE WORKER cringes as Mamá Imelda tears into her.

CASE WORKER
I'm sorry, senõra, it says here no one put up your photo–

Mamá Imelda coldly eyes the Macintosh 128k on the woman's desk.

MAMÁ IMELDA
My family always – ALWAYS – puts my photo on the ofrenda! That devil box tells you nothing but lies!

In a swift movement, Mamá Imelda removes her shoe and smacks the computer.

PAPÁ JULIO
Mamá Imelda?

She turns her shoe on Papá Julio, who leans back and yelps. Mamá Imelda softens.

이멜다 할머니가 달려들자 당황한 담당자가 움찔한다.

담당자 죄송해요, 아무도 여사님 사진을 올려 두지 않았다고 되어 있네요—

이멜다 할머니가 담당자의 책상에 있는 매킨토시 128k 컴퓨터를 매섭게 째려본다.

이멜다 할머니 우리 가족은 항상 – 항상 – 제단에 내 사진을 올려 둔다고! 저 사악한 상자가 거짓말하는 거야!

이멜다 할머니가 재빨리 신발을 벗어 컴퓨터를 내리친다.

훌리오 할아버지 마마 이멜다?

그녀가 돌아서며 신발을 훌리오 할아버지 코 앞에 들이밀자 할아버지가 뒤로 피하면서 비명을 지른다. 이멜다 할머니의 말투가 부드러워진다.

---

beleaguer 공격하다, 둘러싸다 **cringe** 움츠리다, 움찔하다 **senõra** [스페인어] 여사님, 부인 **eye** 쳐다보다 **devil** 악마의 **nothing but** 오직 **swift** 신속한, 빠른 **movement** 동작 **remove** 벗다 **smack** 때리다 **yelp** 소리 지르다 **soften** 부드러워지다

MAMÁ IMELDA Oh, mi familia! They wouldn't let me cross the bridge! Tell this woman and her devil box that my photo is on the ofrenda.

PAPÁ JULIO Well, we never made it to the ofrenda...

MAMÁ IMELDA What?

PAPÁ JULIO We ran into... um... [32]

Mamá Imelda's eyes fall on Miguel. Miguel looks at Mamá Imelda. Her photo flashes before him.

MAMÁ IMELDA Miguel?

MIGUEL Mamá Imelda...

MAMÁ IMELDA What is going on?

Just then, a door opens and a CLERK pokes his head out.

CLERK You the Rivera family?

The computer short circuits.

이멜다 할머니	아, 우리 가족이네! 이 사람들이 내가 다리를 건너지 못하게 하는 거야! 이 여자하고 저 사악한 상자에게 내 사진이 제단에 놓여 있다고 말해 줘.
훌리오 할아버지	근데요, 우리도 제단에 못 갔어요…
이멜다 할머니	뭐라고?
훌리오 할아버지	우연히 누굴 만나서요… 음…

이멜다 할머니의 시선이 미구엘을 향한다. 미구엘도 이멜다 할머니를 바라보는데 그녀의 사진이 불현듯 떠오른다.

이멜다 할머니	미구엘?
미구엘	이멜다 할머니…
이멜다 할머니	이게 무슨 일이니?

바로 그때, 문이 열리며 한 직원이 고개를 내민다.

직원	리베라 가족들인가요?

컴퓨터가 합선되어 번쩍한다.

---

mi [스페인어] 나의 familia [스페인어] 가족 make it 도달하다, 해내다 run into (우연히) 만나다, 겪다 flash 번쩍이다, (생각이) 불현듯 들다 clerk 직원 short circuit 합선이 생기다

CUT TO:

INT. CLERK'S OFFICE

CLERK Well, you're cursed.

The family gasps.

MIGUEL What?!

The clerk searches through a huge stack of papers.

CLERK Día de los Muertos is a night to GIVE to the dead. You STOLE from the dead.

MIGUEL But I wasn't stealing the guitar!

MAMÁ IMELDA Guitar...?

MIGUEL It was my great-great grandfather's. He would have wanted me to have it–

MAMÁ IMELDA Ah-ah-ah! We do not speak of that... (disgust) ...musician! He is DEAD to this family!

MIGUEL Uh, you're all dead.

장면 전환:
실내. 직원의 사무실

직원   흠, 저주를 받았네.

가족들이 헉하고 놀란다.

미구엘   뭐라고요?!

직원은 산더미처럼 쌓인 서류들을 뒤진다.

직원   죽은 자의 날은 죽은 자에게 무언가를 헌납하는 밤이야. 넌 되레 죽은 자에게서 물건을 훔친 거지.

미구엘   하지만 그 기타를 훔친 게 아니에요!

이멜다 할머니   기타…?

미구엘   그건 우리 고조할아버지 거였다고요. 그분은 제가 그걸 가지길 원하셨을 거예요-

이멜다 할머니   아-아-아! 말도 하기 싫어, 그… (혐오스러워하며)… 뮤지션 놈은 말이야! 그 자는 우리 가족에게 죽은 사람이라고!

미구엘   어, 여기 있는 분들도 다들 돌아가셨잖아요.

---

cursed 저주받은 gasp 헉하고 놀라다 search through ~을 뒤지다 stack 무더기, 더미 steal 훔치다 disgust 혐오감

Dante balances his paws at the edge of the clerk's desk and tries to reach a plate of food.

CLERK ACHOO! I am sorry, whose alebrije is that?

Miguel steps up, trying to pull Dante away from the treats.

MIGUEL That's just Dante.

TÍA ROSITA He sure doesn't look like an alebrije.

Tía Rosita gestures to the fantastical creatures fluttering on the other side of the window.

TÍO OSCAR He just looks like a plain old dog...

TÍO FELIPE ...Or a sausage someone dropped in a barbershop.

CLERK Whatever he is, I am – ACHOO! – terribly allergic.

MIGUEL But Dante doesn't have any hair.

CLERK And I don't have a nose, and yet here we are – ACHOO!!

MAMÁ IMELDA But none of this explains why I couldn't cross over.

단테가 직원의 책상 끝에 발을 올리고 음식이 담긴 접시를 탐하려고 한다.

직원   에취! 죄송해요, 저건 누구 알레브리헤인가요?

미구엘이 나서서 음식으로부터 단테를 떼어 놓으려고 한다.

미구엘   얘는 그냥 단테예요.

로지타 고모할머니   확실히 알레브리헤로 보이진 않는구나.

로지타 고모할머니가 창문 반대편에서 날갯짓하는 신비로운 동물들을 가리킨다.

오스카 고모할아버지   그냥 평범한 늙은 개처럼 생겼네…

펠리페 고모할아버지   … 이발소에서 누가 먹다가 흘린 소시지 같기도 하고.

직원   이게 뭐든 간에, 전 – 에취! – 심한 알레르기가 있어요.

미구엘   하지만 단테는 털도 하나 없는데요.

직원   닌 코도 없는데, 이렇게 – 에취!!

이멜다 할머니   이거하고 내가 다리를 못 건너는 거는 상관이 없잖아요.

---

balance 균형을 잡다　**paw** (동물의 발톱이 달린) 발　**achoo** (재채기 소리) 에취　**treat** 간식, 음식　**fantastical** 신비로운, 환상적인
flutter 펄럭이다, 날개치다　**plain** 평범한　**barbershop** 이발소　**allergic** 알레르기가 있는　**and yet** 그래도, 그럼에도 불구하고

Miguel realizes something. He sheepishly pulls out the folded photo.

MIGUEL
Oh...

He unfolds the photo.

MAMÁ IMELDA
You took my photo off the ofrenda?!

MIGUEL
It was an accident!

Mamá Imelda turns to the clerk, fire in her eyes.

MAMÁ IMELDA
How do we send him back?!

CLERK
Well, since it's a family matter... The way to undo a family curse is to get your family's blessing.

뭔가를 깨닫는 미구엘, 접혀 있는 사진을 소심하게 꺼낸다.

미구엘 오…

미구엘이 사진을 펼친다.

이멜다 할머니 네가 제단에서 내 사진을 치운 거니?!

미구엘 일부러 그런 건 아니에요!

이멜다 할머니가 눈에 쌍심지를 켜고 직원에게 돌아선다.

이멜다 할머니 얘를 어떻게 하면 돌려보낼 수 있죠?!

직원 글쎄요, 이건 집안 문제이니까… 가족의 저주를 풀려면 가족의 축복을 받으면 돼요.

---

sheepishly 소심하게 **pull out** 꺼내다 **folded** 접힌 **family matter** 가정사, 가족 문제 **undo** 무효로 하다, 돌리다

MIGUEL   That's it?

CLERK   Get your family's blessing, and everything SHOULD go back to normal. But you gotta do it by sunrise!

MIGUEL   What happens at sunrise?

PAPÁ JULIO   Híjole! Your hand!

> Miguel looks at his hand. The tip of one of his fingers has started to turn skeletal. He turns pale. He starts to faint when Papá Julio picks him up and gently slaps him awake.

PAPÁ JULIO   Whoa, Miguel. Can't have you fainting on us.

CLERK   But not to worry! [33] Your family's here, you can get your blessing right now.

> The clerk searches the ground near Tía Rosita.

CLERK   Cempasúchil, cempasúchil Aha! Perdón, senõra.

> Tía Rosita titters. The clerk plucks a marigold petal from the hem of her dress. He hands the petal to Mamá Imelda.

CLERK   (to Imelda) Now, you look at the living and say his name.

미구엘	그게 다예요?

직원	가족의 축복을 받으면 모든 게 원래대로 돌아가죠. 하지만 해가 뜨기 전에 해야만 해요!

미구엘	해가 뜨면 어떻게 되는데요?

훌리오 할아버지	이런! 네 손 좀 봐!

미구엘이 자신의 손을 바라본다. 한 손가락의 끝이 해골로 변하기 시작했다. 얼굴이 창백해진다. 미구엘이 기절하려고 하자 훌리오 할아버지가 받쳐 일으키고 뺨을 살짝 때리며 정신을 차리게 한다.

훌리오 할아버지	워, 미구엘. 기절하면 안 되지.

직원	하지만 걱정하지 마! 가족들이 여기 있으니까 지금 당장 축복을 받을 수 있어.

직원이 로지타 고모할머니의 주변 바닥을 살핀다.

직원	금잔화, 금잔화. 아하! 실례합니다, 부인.

로지타 고모할머니가 키득거린다. 직원이 할머니의 드레스 밑단에 붙어 있던 금잔화 꽃잎을 떼어 낸다. 그러고는 그 꽃잎을 이멜다 할머니에게 건네준다.

직원	(이멜다에게) 이제, 살아 있는 자를 바라보고 이름을 말하세요.

---

híjole [스페인어] 맙소사 tip 끝 pale 창백한 faint 기절하다 slap 찰싹 때리다 awake 깨어난 ground 바닥 cempasúchil [스페인어] 금잔화 Perdón [스페인어] 실례합니다 titter 킥킥거리다 pluck 뽑다 hem (옷 등의) 단 hand 건네다

                    Imelda turns to Miguel.

MAMÁ   Miguel.
IMELDA

CLERK   Nailed it.³⁴ Now say: I give you my blessing.

                    The marigold petal glows in her fingers. Miguel brightens. But
                    Mamá Imelda is not finished.

MAMÁ   I give you my blessing to go home...
IMELDA
(CONT'D)
                    The glow of the marigold petal surges.

MAMÁ   To put my photo back on the ofrenda...
IMELDA
(CONT'D)
                    Each added condition makes the petal glow brighter. Imelda
                    delivers it like a scolding, but Miguel nods.

MAMÁ   And to never play music again!
IMELDA
(CONT'D)
                    The petal surges one last time.

MIGUEL   What? She can't do that!

CLERK   Well, technically she can add any conditions she wants.

이멜다가 고개를 돌려 미구엘을 바라본다.

이멜다 할머니 미구엘.

직원 아주 잘하셨어요. 이제 이렇게 말하세요: 너를 축복하노라.

금잔화 꽃잎이 그녀의 손가락 안에서 빛난다. 미구엘의 모습이 밝아진다. 이멜다 할머니가 말을 계속 이어간다.

이멜다 할머니
(계속) 집으로 가도록 축복하노라…

금잔화 꽃잎이 더 밝게 빛난다.

이멜다 할머니
(계속) 내 사진을 제단 위에 다시 올려 두고…

조건이 더해질 때마다 꽃잎이 점점 더 밝아진다. 이멜다는 야단치는 듯이 축복을 하는데 미구엘은 고개를 끄덕인다.

이멜다 할머니
(계속) 절대 다시는 음악을 하지 말거라!

꽃잎이 마지막으로 환하게 밝아진다.

미구엘 뭐라고요? 저러시면 안 되잖아요!

직원 엄밀히 말하면 원하는 조건은 다 걸 수 있어.

---

nail 잘 해내다 blessing 축복 brighten (표정이) 밝아지다 surge 밀려들다, 커지다 scold 잔소리하다 nod 고개를 끄덕이다
technically 엄밀히 따지면 condition 조건, 요구

Miguel stares her down. Imelda is firm in her resolve.

MIGUEL Fine.

CLERK (to Imelda) Then you hand the petal to Miguel.

Imelda extends the petal to Miguel, who reaches for it. He grabs the petal. WHOOOOSH! He's consumed by a whirlwind of petals and disappears.

DE LA CRUZ'S MAUSOLEUM – NIGHT

He reappears in a whirlwind of petals. It seems like he's solid. He runs to the window and looks out.

MIGUEL No skeletons!

Miguel laughs, relieved. Then, a mischievous smile on his face, he turns and eyes de la Cruz's guitar. Miguel quickly grabs the guitar.

MIGUEL Mariachi Plaza, here I come–

미구엘이 그녀를 똑바로 쳐다본다. 이멜다의 결심은 확고하다.

미구엘 알겠어요.

직원 (이멜다에게) 이제 꽃잎을 미구엘에게 주세요.

이멜다가 꽃잎을 내밀자 미구엘이 손을 뻗는다. 꽃잎을 붙잡자 쉬이익! 꽃잎이 회오리처럼 미구엘을 감싸더니 그가 사라진다.

델라 크루즈의 묘 - 밤
미구엘이 꽃잎 회오리 속에서 다시 나타난다. 완전한 인간이 된 듯하다. 창문으로 달려가 밖을 내다본다.

미구엘 해골이 안 보여!

미구엘이 안도하며 웃는다. 잠시 후 장난스러운 미소를 짓더니 고개를 돌려 델라 크루즈의 기타를 바라본다. 미구엘이 재빠르게 기타를 잡는다.

미구엘 마리아치 광장아, 내가 간다-

firm 확고한, 확실한 resolve 결심 extend 내밀다 grab 움켜잡다 consume 휩싸다 whirlwind 회오리, 회오리바람 disappear 사라지다 reappear 다시 나타나다 relieved 안도하는 mischievous 장난스러운, 짓궂은

He takes two steps toward the door, then WHOOOOSH!

CLERK'S OFFICE – SAME TIME
Miguel appears back in the clerk's office in another flash of the marigold whirlwind, without the guitar. The family turns, shocked to see him back so soon. Miguel realizes his hands are still in guitar-holding position.

MAMÁ IMELDA
Two seconds and you already break your promise!

MIGUEL
This isn't fair, it's my life! [35] You already had yours!

Miguel grabs another petal, he marches over to Papá Julio.

MIGUEL
Papá Julio, I ask for your blessing.

Papá Julio shakes his head and pulls his hat down.

MIGUEL (CON'D)
Tía Rosita? Oscar? Felipe? Tía Victoria?

They all shake their heads.

MAMÁ IMELDA
Don't make this hard, mijo. You go home my way, or no way.

그가 문 쪽으로 두 발짝 움직이는데, 쉬이익!

직원의 사무실 – 같은 시간

번쩍 하고 금잔화 회오리가 불더니 미구엘이 직원의 사무실에 다시 나타난다. 손에 기타는 없다. 뒤를 돌아보는 가족들, 그가 너무 빨리 돌아왔다는 사실에 놀란다. 미구엘은 양손으로 여전히 기타를 들고 있는 자세를 하고 있는 자신을 발견한다.

이멜다 할머니 딱 2초 만에 약속을 어기는구나!

미구엘 불공평해요, 내 인생이잖아요! 할머니는 이미 할머니 인생을 사셨잖아요!

미구엘이 꽃잎을 집어 들고, 훌리오 할아버지에게 다가간다.

미구엘 훌리오 할아버지, 절 축복해 주세요.

훌리오 할아버지는 고개를 저으며 모자를 눌러쓴다.

미구엘 (계속) 로지타 할머니? 오스카 할아버지? 펠리페 할아버지? 빅토리아 할머니?

모두 고개를 젓는다.

이멜다 할머니 괜히 일을 어렵게 만들지 마라, 얘야. 내 말대로 집에 가, 아님 말고.

take a step 걸음을 내딛다 shocked 놀란 break one's promise 약속을 어기다 fair 공평한, 공정한 shake one's head 고개를 젓다 hard 힘든, 어려운

MIGUEL   You really hate music that much?

MAMÁ IMELDA   I will not let you go down the same path he did. [36]

> Miguel gets an idea. He pulls the photo out and turns from the group.

MIGUEL   The same path he did.

> He gazes at the man with no face.

MIGUEL (CON'D)   (to himself) He's family…

TÍA VICTORIA   Listen to your Mamá Imelda.

TÍO OSCAR   She's just looking out for you. [37]

TÍA ROSITA   Be reasonable.

> Miguel starts back toward the door.

MIGUEL   Con permiso, I… need to visit the restroom. Be right back!

> Miguel sees himself out. The family waits for a bit.

CLERK   Uh, should we tell him there are no restrooms in the Land of the Dead?

미구엘	음악이 그렇게 싫으세요?
이멜다 할머니	네가 그 작자와 같은 길을 가게 하지 않을 거야.

미구엘에게 어떤 생각이 떠오른다. 사진을 꺼내 드는 미구엘, 가족들에게서 돌아선다.

미구엘	같은 길을 간다고?

미구엘은 얼굴이 없는 남자를 바라본다.

미구엘 (계속)	(혼잣말로) 이분도 가족이잖아…
빅토리아 고모할머니	마마 이멜다 말씀 들어.
오스카 고모할아버지	다 널 위해서 그러시는 거야.
로지타 고모할머니	현명하게 생각하렴.

미구엘이 문을 향해 뒷걸음질친다.

미구엘	실례지만, 화장실에 가려고요. 금방 올게요!

미구엘이 자리를 뜬다. 가족들은 잠시 기나린다.

직원	어, 죽은 자들의 세계에는 화장실이 없다고 말해 줘야 할까요?

path 길 gaze 바라보다 look out for ~를 돌보다, ~를 보살피다 reasonable 타당한, 합리적인 Con permiso [스페인어] 실례합니다 restroom 화장실 land 땅, 세계

CHAPTER 10

Miguel Meets Héctor

INT. STAIRCASE – MOMENTS LATER

Miguel hustles down a staircase with Dante. Once on the ground floor, they huddle beneath the staircase. He looks to the upper floor. The Dead Riveras are there. TÍO OSCAR asks a PATROLWOMAN about a boy of Miguel's height. The patrolwoman picks up her walkie-talkie. Miguel scopes the ground floor and spies a revolving door exit.

MIGUEL   Vámonos.

Miguel puts up his hood, tightening it and heads out. Dante pads after him.

10. mp3

실내. 계단 - 잠시 후

미구엘이 단테와 함께 황급하게 계단을 내려간다. 1층에 도착하자 계단 밑에 몸을 웅크리고 숨는다. 미구엘이 위층을 올려다본다. 죽은 리베라 가족들의 모습이 보인다. 오스카 고모할아버지가 여자 순찰관에게 미구엘의 키쯤 되는 남자아이에 대해 묻는다. 순찰관이 무전기를 꺼내 든다. 1층을 둘러보는 미구엘은 회전문 출구를 발견한다.

미구엘 가자.

미구엘은 후드를 뒤집어 쓰고 꽉 조여 매더니 발걸음을 옮긴다. 단테가 조용히 그를 따른다.

staircase 계단 hustle 서둘러 가다, 재촉하다 huddle 웅크리다 patrolwoman 여자 순찰관 height 키 walkie-talkie 무전기 scope 살펴보다 spy (갑자기) 보다, 알아채다, 찾아내다 revolving door 회전문 Vámonos [스페인어] 가자 tighten 조이다 pad 조용히 걷다

PATROL-WOMAN: We got a family looking for a LIVING BOY.

MIGUEL: If I wanna be a musician, I need a MUSICIAN'S blessing. We gotta find my great-great grandpa.

The exit gets closer when Miguel is stopped by a PATROLMAN.

PATROLMAN: Hold it, muchacho.

Miguel's hoodie loosens to reveal his living face.

PATROLMAN: Ahh!

The patrolman frantically grabs for his walkie-talkie.

PATROLMAN: I've found that living boy!

A large family passes between Miguel and the officer, chatty, arms full of offerings.

PATROLMAN: Uh whoa, excuse me, excuse me folks! Excuse me–

Once the family clears, Miguel is nowhere to be seen.

여자 순찰관	가족이 살아 있는 남자아이를 찾고 있습니다.
미구엘	뮤지션이 되고 싶으면 뮤지션의 축복을 받아야지. 고조할아버지를 찾으러 가야겠어.

출구가 점점 가까워지는데 남자 순찰관이 미구엘을 막아선다.

남자 순찰관	거기 서, 꼬마야.

미구엘의 후드가 느슨해지면서 살아 있는 얼굴이 보인다.

남자 순찰관	아아!

남자 순찰관이 흥분하며 무전기를 집어 든다.

남자 순찰관	살아 있는 소년을 찾았다!

이때 대가족이 양팔 가득 제물을 들고 수다를 떨면서 미구엘과 순찰관 사이를 지난다.

남자 순찰관	어 워, 잠깐, 잠시만요 여러분! 실례합니다 -

가족들이 모두 지나갔는데 미구엘이 보이지 않는다.

---

patrolman 남자 순찰관 **Hold it.** 멈춰. **muchacho** [스페인어] 어린 남자 아이 **frantically** 정신 없이, 극도로 흥분하여 **chatty** 수다스러운, 재잘거리는 **full of** ~으로 가득한 **folks** 사람들, 여러분 **clear** 사라지다

CUT TO:

INT. NEARBY CORRIDOR

Miguel and Dante hide from the patrolman. But Dante wanders off to inspect a side room.

MIGUEL No, no – Dante!

INT. DEPARTMENT OF CORRECTIONS

Miguel catches up to Dante. He overhears an exchange in a nearby cubicle.

CORRECTIONS OFFICER ...disturbing the peace, fleeing an officer, falsifying a unibrow...

HÉCTOR That's illegal?

CORRECTIONS OFFICER VERY illegal. You need to clean up your act, amigo. [38]

HÉCTOR Amigo? (verklempt) Oh, that's so nice, to hear you say that, because... (misty) I've just had a really hard Día de Muertos, and I could really use an amigo right now.

Héctor leans gratefully toward the officer, overwhelmed with mock emotion.

장면 전환:
실내. 인근 복도
미구엘과 단테가 순찰관을 피해 숨는다. 그런데 단테가 어슬렁거리더니 옆에 있는 방으로 들어간다.

미구엘   안 돼, 안 돼 - 단테!

실내. 교정부
미구엘이 단테를 따라간다. 미구엘은 근처 칸막이가 있는 공간에서 흘러나오는 대화를 엿듣는다.

교정부 경찰관   … 공공질서 위반, 경찰관으로부터 도주, 일자 눈썹 위조까지…

헥터   그게 불법인가요?

교정부 경찰관   아주 불법이지. 행실을 바로 해야겠어, 친구.

헥터   친구요? (감격하며) 오, 그렇게 불러 주시니 완전 감격스럽네요. 왜냐하면… (눈물이 맺히며) 너무 힘든 죽은 자의 날을 보내고 있어서요, 지금 친구가 정말 필요해요.

헥터는 거짓으로 감격하며 경찰관을 향해 고마운 듯 몸을 숙인다.

corridor 복도, 통로 wander off 어슬렁거리다, 돌아다니다 inspect 살펴보다, 조사하다 side room 협실, 작은 방 overhear 엿듣다 nearby 근처 cubicle 칸막이 disturb 방해하다 flee (사람, 장소에서) 달아나다, 도망치다 falsify 위조하다 amigo [스페인어] 친구 verklempt 감정이 북받치는 misty 눈가가 촉촉한 mock 가짜의

HÉCTOR
(CONT'D)
And amigos, they help their amigos. Listen, you get me across that bridge tonight and I'll make it worth your while. [39]

Héctor spies a de la Cruz poster at the officer's workstation.

HÉCTOR
(CONT'D)
Oh, you like de la Cruz? He and I go way back! I can get you front row seats to his Sunrise Spectacular Show!

Miguel perks at the mention of de la Cruz.

CORRECTIONS OFFICER
Uh–

HÉCTOR
I'll – I'll get you backstage, you can meet him! (beat) You just gotta let me cross that bridge!

The corrections officer pulls away.

CORRECTIONS OFFICER
I should lock you up for the rest of the holiday... (beat) But my shift's almost up, and I wanna visit my living family... so I'm letting you off with a warning. [40]

HÉCTOR
Can I at least get my costume back? [41]

CORRECTIONS OFFICER
Uh, no.

In a huff, Héctor marches out of the room.

헥터 (계속)	친구는 서로 돕는 거잖아요. 저기, 오늘 밤 저 다리를 건너가게 해 주시면 꼭 보답할게요.

헥터는 경찰서에 붙어 있는 델라 크루즈 포스터를 바라본다.

헥터 (계속)	오, 델라 크루즈 좋아하세요? 저하고는 옛날부터 친한 친구죠! 저 친구가 하는 "환상의 해돋이 쇼" 앞 좌석을 구해 드릴 수 있어요.

미구엘은 델라 크루즈의 이야기가 나오자 관심을 보인다.

교정부 경찰관	어-

헥터	제가 - 제가 무대 뒤에도 모셔다드리죠, 델라 크루즈와 만날 수 있도록 말이죠! (정적) 그냥 저 다리만 건너게 해 줘요!

교정부 경찰관이 뒤로 물러난다.

교정부 경찰관	남은 명절 기간 동안 자네를 가둬 둬야 해… (정적) 하지만 근무 시간도 거의 끝났고, 나도 살아 있는 가족들을 보러 가야지… 그러니까 경고 처리만 하고 보내 주겠어.

헥터	제 의상만이라도 돌려받을 수 있을까요?

교정부 경찰관	어, 안 돼.

헥터가 씩씩거리며 방을 나간다.

workstation 사무실, 작업실 spectacular 장관인, 멋진 perk 귀를 쫑긋하다 lock up 가두다 swift 근무 시간 up (기간이) 다 끝난, 다 된 let ~ off ~를 보내 주다 at least 적어도 costume 복장 huff 씩씩거리는 소리

HÉCTOR   Some amigo...

              Miguel follows him.

INT. HALLWAY

MIGUEL   Hey. Hey! You really know de la Cruz?

HÉCTOR   Who wants to— (noticing Miguel) Ah! You're alive!

MIGUEL   Shhh!

CUT INTO:
INT. PHONEBOOTH
Miguel pulls Héctor into a phone booth to avoid suspicion.

MIGUEL
(CONT'D)   Yeah, I'm alive. And if I wanna get back to the Land of the Living, I need de la Cruz's blessing.

HÉCTOR   That's weirdly specific.

MIGUEL   He's my great-great-grandfather. [42]

HÉCTOR   He's your wha-whaat...?

헥터 무슨 친구가 저래…

미구엘이 그를 따라간다.

실내. 복도

미구엘 이봐요. 이봐요! 정말로 델라 크루즈를 아세요?

헥터 누가- (미구엘을 보고서) 아! 살아 있잖아!

미구엘 쉬잇!

장면 전환:
실내. 공중전화 박스
미구엘은 주변의 눈을 피해서 공중전화 박스 안으로 헥터를 끌고 들어간다.

미구엘 네, 살아 있는 거 맞아요. 그리고 산 자들의 세계로 돌아가려면 델
(계속) 라 크루즈의 축복을 받아야만 해요.

헥터 그거 참 이상할 정도로 구체적이네.

미구엘 제 고조할아버지시거든요.

헥터 너의 뭐-뭐라고…?

---

hallway 복도 notice 알아보다 phone booth 공중전화 박스 avoid 피하다 suspicion 의혹, 의심 weirdly 괴상하게 specific 구체적인, 분명한

Héctor's eyes drop into his mouth. He pops them back up with a punch to his jaw. Miguel is a little grossed out. Héctor turns to conference with himself.

HÉCTOR (CONT'D)
Wait, wait, wait, wait, wait. Wait, wait... (gasp) Wait, no, wait, wait, wait. Wait, wait, wait, wait, wait, wait? (beat) Yes! You're going back to the Land of the Living?!

MIGUEL
D'ya know what, maybe this isn't such a g–

Héctor snaps his fingers rapidly.

HÉCTOR
No, niño, niño, niño, I can help you! You can help me. We can help each other! But most importantly, you can help ME.

Miguel suddenly spies his family hurrying down a staircase. Mamá Imelda spots Miguel.

헥터의 눈알이 입 안으로 떨어진다. 턱을 쳐 올리니 눈알이 다시 제자리로 돌아간다. 미구엘은 약간 소름 끼쳐 한다. 헥터는 고개를 돌리고 혼자 생각한다.

헥터
(계속)   잠깐, 잠깐, 잠시, 잠깐, 기다려. 잠깐만, 잠깐… (헉 놀란다) 잠깐, 안 돼, 잠깐, 잠시, 잠깐. 잠깐, 잠깐, 잠깐, 잠깐, 잠시, 잠깐만? (정적) 그래! 넌 산 자들의 세계로 돌아가는 거야?!

미구엘   저기요, 이건 좋은 생각이 아닌—

헥터가 손가락을 빠르게 튕긴다.

헥터   아니야, 꼬마야. 내가 도와줄게! 너도 날 도와주는 거야. 서로 돕기로 해! 근데 더 중요한 건 네가 날 도와주는 거지만.

이때 미구엘은 계단을 황급히 내려오는 가족들을 바라본다. 이멜다 할머니가 미구엘을 발견한다.

---

punch 치기, 때리기 jaw 턱 grossed out 역겨운 conference with oneself 혼자 생각하다 snap fingers 손가락을 튕겨 소리 내다 rapidly 빠르게 niño [스페인어] 꼬마, 아이 hurry down 서둘러 내려오다 spot 발견하다

MAMÁ IMELDA   Miguel.

MIGUEL   AH!

Héctor extends his hand.

HÉCTOR   I'm Héctor.

MIGUEL   That's nice!

Miguel grabs Héctor by the wrist and drags him to the exit, away from his family.

EXT. MARIGOLD GRAND CENTRAL STATION
Miguel and Dante burst out the door and rush down the stairs. Héctor's arm snaps to get Miguel's attention. Miguel realizes it's no longer attached to Héctor's body. The arm signals backwards to Héctor who is ten paces behind.

HÉCTOR   Espérame chamaco!

Miguel gives the arm back to Héctor and they disappear into a dense crowd.

이멜다 할머니	미구엘.
미구엘	아!

헥터가 손을 내민다.

헥터	난 헥터야.
미구엘	좋아요!

미구엘이 헥터의 손목을 잡고 가족에게서 도망치며 출구 쪽으로 그를 끌고 간다.

실외. 금잔화 그랜드 센트럴 역

미구엘과 단테가 문을 박차고 나와 계단을 빠르게 내려간다. 헥터의 팔이 손가락을 튕기며 미구엘의 관심을 끈다. 미구엘은 헥터의 팔이 몸에 붙어 있지 않다는 것을 알게 된다. 팔이 뒤를 가리키는데 열 걸음 정도 뒤에 헥터가 있다.

헥터	같이 가, 꼬마야!

미구엘이 헥터에게 팔을 돌려주고 두 사람은 인파 속으로 자취를 감춘다.

extend 내밀다 grab 붙잡다 burst 갑자기 들어오다/뛰어나가다 attention 주목, 관심 attach 붙이다 signal 신호를 보내다 pace 걸음 espérame [스페인어] 기다리다 dense 밀집한

Moments later, the Dead Riveras burst, from the revolving doors. Mamá Imelda scours the crowd for Miguel. He's nowhere to be found.

MAMÁ IMELDA
Ay, he is going to get himself killed... I need my spirit guide, Pepita.

Mamá Imelda looks to the night sky, puts two fingers to her mouth, and lets out a piercing whistle. FWOOOMP! A giant winged jaguar lands in front of Mamá Imelda. She turns to the family.

MAMÁ IMELDA
Who has that petal Miguel touched?

PAPÁ JULIO
Here!

Papá Julio steps forward with a marigold petal. He creeps forward, jittery, holding it out for Pepita.

PAPÁ JULIO
Nice alebrije...

잠시 후, 죽은 리베라 가족들이 회전문에서 튀어나온다. 이멜다 할머니가 미구엘을 찾으려고 사람들을 살펴본다. 하지만 그의 모습은 보이지 않는다.

이멜다 할머니 아아, 쟤 저러다가 죽겠어… 내 영혼의 안내자, 페피타가 있어야겠어.

이멜다 할머니가 밤하늘을 바라보더니 손가락 두 개를 입에 대고 '휘이입!' 하고 아주 큰 휘파람 소리를 낸다. 날개가 달린 거대한 재규어가 이멜다 할머니 앞에 나타난다. 할머니가 고개를 돌려 가족들을 바라본다.

이멜다 할머니 미구엘이 만졌던 꽃잎을 누가 가지고 있지?

훌리오 할아버지 여기요!

훌리오 할아버지가 금잔화 꽃잎을 들고 나온다. 꽃잎을 들고 덜덜 떨면서 페피타에게 살금살금 다가간다.

훌리오 할아버지 착한 알레브리헤로구나…

---

scour 샅샅이 뒤지다 let out (소리를) 내다 piercing 날카로운, 찢을 듯한 winged 날개 달린 jaguar 재규어, 아메리카 표범 creep 살금살금 움직이다 forward 앞으로 jittery 초조한

Pepita sniffs the petal's scent. Suddenly Pepita's head darts, narrowing in on the scent. She takes to the air.

EXT. UNDERPASS TUNNEL — NIGHT

Miguel sits on a wooden crate. Héctor uses his thumb to smudge black and white shoe polish on the boy's face.

HÉCTOR
Hey, hey, hold still. (beat) Look up. Look up. A ver, a ver...look up. Up, UP!... Ta-da!

Héctor opens a small mirror. Miguel's face is painted to look like a skeleton.

HÉCTOR
(CONT'D)
Dead as a doorknob.⁴³ (beat) So listen, Miguel. This place runs on memories. When you're well-remembered, people put up your photo and you get to cross the bridge and visit the living on Día de Muertos. (beat) Unless you're me.

MIGUEL
You don't get to cross over?

킁킁거리며 꽃잎의 냄새를 맡는 페피타, 갑자기 머리를 휙 움직이더니 냄새를 따라간다. 그러고는 하늘 위로 날아간다.

실외. 다리 밑 터널 - 밤

미구엘이 나무 상자 위에 앉아 있다. 헥터가 엄지손가락으로 미구엘의 얼굴에 흑백 구두약을 묻힌다.

헥터	야, 야, 가만히 있어. (정적) 위를 봐. 위를. 어디 보자… 다시 위로!… 짜잔!

헥터가 작은 거울을 펼친다. 구두약을 칠한 미구엘의 얼굴이 해골처럼 보인다.

헥터 (계속)	완전히 죽은 사람 모습이네. (정적) 내 말 들어 봐, 미구엘. 여기는 기억으로 흘러가는 곳이야. 네가 제대로 기억되면 사람들이 네 사진을 올려 둘 거고 그럼 넌 죽은 자의 날에 다리를 건너 살아 있는 사람들을 만나러 가지. (정적) 나처럼 안 되면 말이야.
미구엘	아저씨는 건너갈 수가 없어요?

---

sniff 킁킁거리며 냄새 맡다 dart 갑자기 앞으로 내밀다 narrow in 좁히며 쫓아가다 take to the air 날아가다 underpass 다리 아래 crate 나무 상자 smudge 묻히다, 번지게 하다 shoe polish 구두 광택제 hold still 가만히 있다 run on ~으로 작동하다, ~에 의존하다

HÉCTOR	No one's ever put up my picture... (beat) But you can change that!

He unfolds an old picture. In it is a young, living Héctor.

MIGUEL	This is you?

HÉCTOR	Muy guapo, eh?

MIGUEL	So you get me to my great-great grandpa, then I put up your photo when I get home?

HÉCTOR	Such a smart boy! [44] Yes! Great idea, yes! (beat) One hiccup: de la Cruz is a tough guy to get to. [45] And I need to cross that bridge soon. Like TONIGHT. (upbeat) So, you got any other family here, you know? Someone a bit more... accessible?

MIGUEL	Mmm, nope.

HÉCTOR	Don't yank my chain, chamaco. [46] You gotta have SOME other family.

MIGUEL	ONLY de la Cruz. If you can't help me, I'll find him myself.

| 헥터 | 아무도 내 사진을 올려 두지 않아서… (정적) 하지만 네가 그걸 바꿀 수 있다고! |

그가 오래된 사진 하나를 펼친다. 살아 있는 젊은 헥터의 모습이다.

| 미구엘 | 이게 아저씨예요? |

| 헥터 | 아주 잘생겼지, 응? |

| 미구엘 | 그러니까 아저씨는 저를 고조할아버지한테 데려다주고, 저는 집에 가서 아저씨 사진을 올려 두면 되는 거죠? |

| 헥터 | 정말 똑똑한 아이네! 그래! 좋은 생각이야, 그래! (정적) 근데 작은 문제가 있어: 델라 크루즈는 만나기 힘든 사람이야. 그리고 난 저 다리를 빨리 건너야 해. 오늘 밤 당장. (밝은 목소리로) 너 여기에 다른 가족이 또 있니? 그러니까, 좀 더… 만나기 쉬운 사람으로 말야. |

| 미구엘 | 음, 없어요. |

| 헥터 | 장난치지 말고, 꼬마야. 다른 가족이 한 명도 없을 리가 없잖아. |

| 미구엘 | 델라 크루즈밖에 없어요. 아저씨가 도와줄 수 없다면, 제가 직접 찾아 나설게요. |

---

muy [스페인어] 아주, 매우 guapo [스페인어] 잘생긴 hiccup 작은 문제, 딸꾹질 upbeat 쾌활한 accessible 접근이 용이한 Don't yank my chain. 장난치지 마.

Miguel marches out of the alley, whistling for Dante to follow.

HÉCTOR
Okay, okay, kid, fine – fine! I'll get you to your great-great grandpa...!

CUT TO:

EXT. BUSTLING STREET

They make their way through a pedestrian path.

HÉCTOR (CONT'D)
...It's not gonna be easy, you know? He's a busy man. (beat) What are you doing?

Miguel slink-walks next to Héctor goofily.

MIGUEL
I'm walking like a skeleton. Blending in.[47]

HÉCTOR
No, skeletons don't walk like that.

MIGUEL
It's how you walk.

HÉCTOR
No, I don't.

Miguel keeps walking funny.

HÉCTOR (CONT'D)
Stop it!

미구엘은 단테에게 따라오라고 휘파람을 불고 골목을 빠져나간다.

헥터   알았어, 알았어, 꼬마야, 좋아 – 좋다고! 너희 고조할아버지에게 데려다줄게…!

장면 전환:
실외. 북적이는 거리
두 사람이 인도 위로 걸어간다.

헥터
(계속)   … 저기 말야, 쉽지는 않을 거야. 그 사람, 아주 바쁘거든. (정적) 뭐 하니?

미구엘은 헥터 옆에서 나사가 빠진 듯 우스꽝스럽게 걷는다.

미구엘   해골처럼 걷는 거예요. 티 안 나게 하려고요.

헥터   아냐, 해골들은 그렇게 걷지 않아.

미구엘   아저씨는 이렇게 걷잖아요.

헥터   아니, 안 그래.

미구엘이 계속 우습게 걷는다.

헥터
(계속)   그만해!

---

alley 통로, 복도   whistle 휘파람을 불어 신호하다   bustling 부산한, 북적거리는   pedestrian 보행자   slink-walk 껄렁껄렁하게 걷다
goofily 바보같이, 껄렁껄렁하게   blend in 섞여 들다

Miguel notices a billboard advertising "ERNESTO DE LA CRUZ'S SUNRISE SPECTACULAR!" "Remember Me" blares from attached speakers.

MIGUEL   Whoa... "Ernesto de la Cruz's Sunrise Spectacular!" Qué padre!

HÉCTOR   Blech. Every year, your great-great grandpa puts on that dumb show to mark the end of Día de Muertos.

MIGUEL   And you can get us in!

HÉCTOR   Ahhhh–

MIGUEL   Hey, you said you had front row tickets!

HÉCTOR   That... that was a lie. I apologize for that.

미구엘은 "에르네스토 델라 크루즈의 환상의 해돋이 쇼"를 홍보하는 대형 옥외 광고판을 바라본다. "기억해 줘" 노래가 옆에 붙은 스피커에서 크게 울려 퍼진다.

미구엘 우와… "에르네스토 델라 크루즈의 환상의 해돋이 쇼!" 진짜 멋지다!

헥터 우웩! 매년마다 네 고조할아버지가 죽은 자의 날의 대미를 장식한다면서 저런 멍청한 쇼를 하지.

미구엘 그리고 아저씨는 우리가 저기에 들어가게 해 주실 수 있는 거고요!

헥터 아아아-

미구엘 저기요, 앞 좌석 표가 있다면서요!

헥터 그건… 거짓말이었어. 사과할게.

---

billboard advertising 옥외 광고판 **blare** 요란하게 울리다 **attach** 붙이다 **Qué padre** [스페인어] 멋지다! **blech** 우웩 (역겨워서 내는 소리) **put on a show** 공연을 하다 **mark** 기념하다, 축하하다 **front row** 앞줄 **apologize** 사죄하다, 사과하다

Miguel gives Héctor a withering look.

HÉCTOR Cool off, chamaco, come on... I'll get you to him.

MIGUEL How?

HÉCTOR 'Cause I happen to know where he's rehearsing! [48]

미구엘이 원망스러운 눈빛으로 헥터를 쳐다본다.

헥터　　　진정해, 꼬마야, 이봐… 어떻게든 만나게 해 줄게.

미구엘　　어떻게요?

헥터　　　그 사람이 리허설하는 장소를 내가 알고 있거든!

---

give a look 쳐다보다, 째려보다　withering 기를 죽이는　happen to 우연히 ~하다　rehearse 리허설하다

CHAPTER 11

De La Cruz's Rehearsal

CUT TO:

EXT. WAREHOUSE, BENEATH WINDOWS

Héctor uses his suspenders to slingshot his arm to a third floor window. The hand taps on it.

INT. COSTUME ROOM

CECILIA, a costumer, turns from a costume to look at the window. Héctor's hand waves. She rolls her eyes and goes to open the window.

CECILIA   You better have my dress, Héctor!

HÉCTOR   Hola, Ceci!

EXT. BENEATH WINDOW

She lowers a ladder so Héctor, Miguel and Dante can climb up. Héctor grabs his arm and reattaches it.

11. mp3

장면 전환:

실외. 창고, 창문 아래

헥터가 멜빵을 이용해서 자신의 팔을 새총 쏘듯 3층 창문으로 날려 보낸다. 손이 창문을 두드린다.

실내. 분장실

의상을 담당하는 세실리아가 의상을 보다가 창문으로 고개를 돌린다. 헥터의 손이 흔들면서 인사를 한다. 그녀는 못마땅하다는 듯 눈을 굴리더니 다가가 창문을 연다.

세실리아   내 드레스 없기만 해 봐, 헥터!

헥터   안녕, 쎄시!

실외. 창문 아래

그녀가 사다리를 내리자 헥터, 미구엘, 단테가 올라간다. 헥터가 팔을 잡아 다시 몸에 붙인다.

---

warehouse 창고 suspender 멜빵 slingshot 새총으로 쏘다 tap 톡톡 두드리다 costume room 분장실 costumer 의상 담당자 roll one's eyes (못마땅하며) 눈을 굴리다 lower ~을 내리다 climb up 올라가다 reattach 다시 붙이다

INT. COSTUME ROOM

They all crawl in through the window.

MIGUEL
Hola.

HÉCTOR
Ceci, I lost the dress—

CECILIA
Ya lo sabía! I gotta dress forty dancers by sunrise and thanks to you, I'm one Frida short of an opening number!

HÉCTOR
Ceci – I know, Ceci. I know, I know. Ceci – Ceci... Ceci. Ceci...

As Héctor tries to talk her down, Dante wanders away from the costume area.

MIGUEL
Dante... Dante!

Miguel chases after him.

INT. REHEARSAL AREA

MIGUEL
We shouldn't be in here...

실내. 분장실
모두들 창문으로 기어 들어온다.

미구엘 안녕하세요.

헥터 쎄시, 나 그 드레스 잃어버렸어—

세실리아 그럴 줄 알았지! 해 뜨기 전까지 댄서 40명의 옷을 입혀 줘야 하는데 너 때문에 공연 첫 순서에 등장하는 프리다 한 명이 모자란 상황이라고!

헥터 쎄시 – 알아, 쎄시. 안다고, 알아. 쎄시 – 쎄시… 쎄시. 쎄시…

헥터가 그녀를 진정시키는 동안, 단테는 분장실 밖으로 나간다.

미구엘 단테… 단테!

미구엘이 그를 쫓아간다.

실내. 리허설 장소

미구엘 여긴 우리가 오면 안 되는 곳이야…

---

crawl in 기어 들어가다 Ya lo sabia! [스페인어] 그럴 알았어! short of 모자란 opening number 공연 첫 순서 wander 돌아다니다 chase 쫓아가다

Miguel follows Dante through a giant warehouse, divided into different artists' workspaces. He passes papier-mache sculptures, giant paper cut out banners, a skeleton posing nude for a painter. Dante sniffs around. Suddenly an ALEBRIJE MONKEY jumps out at Dante. The monkey starts riding Dante, tormenting him. Miguel hustles after him.

MIGUEL No, no, Dante! Ven acá!

The monkey jumps up onto the shoulder of FRIDA KAHLO, the REAL Frida Kahlo, who stands in front of a rehearsal stage. Miguel reins Dante in just as Frida turns to find them.

FRIDA You! How did you get in here?

MIGUEL I just followed my–

미구엘이 단테를 따라 여러 예술가의 작업 공간으로 나눠진 거대한 창고를 지나간다. 종이 반죽 조각품, 종이를 오려 만든 거대한 현수막, 화가 앞에서 누드로 포즈를 취하고 있는 해골이 보인다.
단테가 킁킁 냄새를 맡으며 이리저리 돌아다닌다. 이때 갑자기 원숭이 알레브리헤가 단테에게 달려든다. 원숭이가 단테 위에 올라타더니 그를 괴롭힌다. 미구엘이 단테를 황급히 쫓아간다.

미구엘 안 돼, 안 돼, 단테! 이리 와!

원숭이가 프리다 칼로, 진짜 프리다 칼로의 어깨 위로 뛰어 오른다. 그녀는 리허설 무대 앞에 서 있다. 미구엘은 단테가 도망가지 못하도록 붙잡는데 이때 프리다가 고개를 돌려 그들을 바라본다.

프리다 너! 여길 어떻게 들어온 거지?

미구엘 그냥 따라왔어요, 제-

---

giant 거대한 be divided into ~으로 나뉘다 workspace 작업 공간 cut-out 오려낸 banner 현수막, 플래카드 pose 포즈를 취하다 sniff around 킁킁거리며 다니다 torment 괴롭히다 hustle 황급히 움직이다, 떠밀다 Ven acá! [스페인어] 이리 왜! shoulder 어깨 rein someone in ~를 자제시키다, ~의 고삐를 잡다

Frida's eyes go wide when she sees Dante. She kneels and takes his head in her hands.

FRIDA
Oh, the mighty Xolo dog! Guider of wandering spirits! (beat) And whose spirit have you guided to me?

Frida takes a closer look at Miguel.

MIGUEL
I don't think he's a spirit guide.

FRIDA
Ah-ah-ah. The alebrijes of this world can take many forms... They are as mysterious as they are powerful...

The patterns on Frida's monkey swirl and he opens his mouth to breath a blue fire. He fumbles at the end with a chesty cough. Then they look to Dante, who is chewing his own leg. Suddenly, Frida turns back to Miguel.

FRIDA (CONT'D)
Or maybe he's just a dog. Come! I need your eyes!

Frida guides him to view the rehearsal space.

FRIDA
You are the audience. (beat) Darkness. And from the darkness... A giant PAPÁYA!

Lights come up on a giant papáya prop.

프리다가 단테를 보자 눈이 휘둥그레진다. 그녀가 무릎을 꿇고 단테의 머리를 쓰다듬는다.

프리다 오, 그 위대하다는 솔로건이구나! 방황하는 영혼의 안내자이지! (정적) 누구의 영혼을 나에게 안내한 거니?

프리다가 미구엘을 자세히 살펴본다.

미구엘 얘는 영혼의 안내자가 아닌 것 같은데요.

프리다 아-아-아. 이 세계의 알레브리헤들은 여러 모습을 하고 있단다… 강력하면서도 신비로운 존재들이지…

프리다의 원숭이 몸에 그려진 문양들이 소용돌이치듯 움직이더니 원숭이가 입에서 푸른색 불꽃을 내뿜는다. 그런데 마지막은 기침으로 어설프게 마무리한다. 두 사람이 단테를 바라보는데, 단테는 자기 다리를 씹고 있다. 이때 갑자기 프리다가 미구엘을 향해 돌아선다.

프리다
(계속) 그냥 개일 수도 있겠네. 이리 와 봐! 네가 좀 봐 주면 좋겠구나!

프리다가 그를 데리고 리허설 장소로 간다.

프리다 넌 관객이야. (정적) 조명이 꺼지고. 어둠 속에서… 거대한 파파야가 등장해!

거대한 파파야 세트 위로 조명이 켜진다.

---

kneel 무릎을 꿇다 **mighty** 강력한, 힘센, 웅장한, 장대한 **wander** 정처없이 거닐다 **take a closer look at** ~을 더 자세히 살펴보다 **mysterious** 불가사의한 **powerful** 강력한 **swirl** 빙빙 돌다, 소용돌이치다 **fumble** 실수를 하다, 어설픈 행동을 하다 **chesty** 기관지가 안 좋은 **cough** 기침 **view** 관람하다 **papaya** 파파야(열대 과일) **prop** (연극, 영화의) 세트, 소품

FRIDA   Dancers emerge from the papáya and the dancers are all me!

Leotarded, unibrowed dancers crawl around the sides of the mesh papáya. Behind the papáya is an even larger half-finished mesh structure.

FRIDA (CONT'D)   And they go to drink from the milk of their mother who is a cactus, but who is also me. And her milk is not milk but tears. (to Miguel) Is it too obvious?

MIGUEL   I think it's just the right amount of obvious? (beat) It could use some music... Oh! What if you did, like, doonk-doonk-doonk-doonk...

Frida, inspired, cues some musicians who start playing the tune.

프리다	파파야 속에서 댄서들이 나오는데 그 댄서들이 다 나야!

타이츠를 입은 일자 눈썹 댄서들이 망사로 된 파파야 옆으로 기어다닌다. 파파야 뒤에는 더 거대한 망사 구조물이 있는데 반쯤 완성된 상태이다.

프리다 (계속)	이들이 선인장 어머니의 젖을 먹으러 가는데 그 선인장도 나야. 그리고 그녀의 젖은 바로 눈물이지. (미구엘에게) 너무 뻔하니?

미구엘	딱 적당하게 뻔한 것 같아요. (정적) 음악이 있으면 더 좋겠어요… 오! 이렇게 하시면 어떨까요? 둥-둥-둥-둥…

프리다가 영감을 받아 뮤지션들에게 신호를 보내자 그 음을 연주한다.

emerge 나타나다 leotarded 타이츠 차림의, 레깅스 형태의 바지를 입은 mesh 그물망, 망사 half-finished 미완성인 structure 구조물 cactus 선인장 obvious 식상한, 뻔한 amount 양, 정도 inspired 영감을 받은 cue 신호를 주다

MIGUEL (CONT'D)
Oh! And then it could go dittle-ittle-dittle-ittle-dittle-ittle-dittle-ittle – WEAAA!

The violins follow; a trombone punctuates.

FRIDA
And... what if everything was on fire? Yes! Fire everywhere!

The dancers gasp and look at each other, now concerned.

FRIDA
Inspired! (leaning in) You... you have the spirit of an artist!

Miguel brightens. Frida turns back to the rehearsal.

FRIDA
The dancers exit, the music fades, the lights go out! And Ernesto de la Cruz rises to the stage!

A silhouette rises from a trap door. Miguel leans forward. A spotlight shines on the silhouette revealing it to be a mannequin.

MIGUEL
Huh?

FRIDA
He does a couple of songs, the sun rises, everyone cheers–

미구엘 (계속)	오! 그 다음에는 디따-따리-디따-따리-디따-따리-디따-따리 – 우우웨이!
	바이올린이 따라 나오고; 트롬본이 마무리를 한다.
프리다	그리고… 모든 것이 불타면 어떨까? 그래! 전체에 불이 붙는 거야!
	헉하고 놀라는 댄서들, 걱정스러운 표정으로 서로를 쳐다본다.
프리다	영감을 얻었어! (미구엘에게 다가가며) 넌… 아티스트의 영혼이 있어!
	미구엘의 표정이 밝아진다. 프리다는 다시 리허설 쪽으로 고개를 돌린다.
프리다	댄서들이 퇴장하고, 음악은 줄어들고, 조명이 꺼지지! 이제 에르네스토 델라 크루즈가 무대에 등장하는 거야!
	무대 바닥에 있는 문에서 실루엣 하나가 올라온다. 미구엘은 몸을 앞으로 기울인다. 실루엣 위로 스포트라이트 조명이 비치는데 알고 보니 마네킹이었다.
미구엘	에잉?
프리다	그가 노래 몇 곡을 부르고, 해가 떠오르면서, 모두들 열광하는 거야–

---

punctuate 마무리를 하다　on fire 불타는　concerned 걱정하는, 염려하는　go out (전등, 조명 등이) 꺼지다　silhouette 검은 윤곽, 실루엣　trap door (바닥, 천장의) 작은 문　spotlight 스포트라이트 조명　mannequin 마네킹　cheer 환호하다

Miguel hustles up to Frida.

MIGUEL   Excuse me, where's the real de la Cruz?

FRIDA   Ernesto doesn't do rehearsals. He's too busy hosting that fancy party at the top of his tower. [50]

She gestures out a large window to a GRAND ESTATE lit up in the distance, atop a steep hill. Suddenly Héctor rounds the corner, out of breath.

HÉCTOR   Chamaco! You can't run off on me like that! [51] C'mon, stop pestering the celebrities... [52]

Héctor pulls Miguel away, but Miguel won't be wrangled.

MIGUEL   You said my great-great grandpa would be here! He's halfway across town, throwing some big party.

HÉCTOR   That bum! Who doesn't show up to his own rehearsal? [53]

MIGUEL   If you're such good friends, how come he didn't invite you? [54]

HÉCTOR   He's YOUR great-great grandpa. How come he didn't invite YOU?

미구엘이 프리다에게 황급히 다가간다.

미구엘 죄송하지만, 진짜 델라 크루즈는 어디 있나요?

프리다 에르네스토는 리허설을 안 해. 자기 타워 꼭대기에서 성대한 파티를 여느라 바쁘거든.

그녀가 큰 창문 밖으로 저 멀리 가파른 언덕 위에 빛나는 웅장한 건물을 가리킨다. 이때 헥터가 숨을 헐떡이며 모퉁이를 돌아 들어온다.

헥터 꼬마야! 날 두고 그렇게 가 버리면 안 되지! 유명 인사들을 성가시게 굴지 말라고…

헥터가 미구엘을 끌고 가지만 미구엘은 말을 듣지 않는다.

미구엘 우리 고조할아버지가 여기 있을 거라고 했잖아요! 그분은 저 너머에서 성대한 파티를 하고 있다고요.

헥터 무책임한 놈! 자기 공연 리허설에 안 나타나는 사람도 있나?

미구엘 그렇게 친한 친구라면서, 왜 아저씨는 초대하지 않으신 거죠?

헥터 너희 고조할아버지라면서, 왜 너는 초대하지 않은 거지?

---

host 주최하다 estate 개인 사유지, 주택 in the distance 저 멀리 atop 꼭대기에, 맨 위에 steep 가파른 out of breath 숨이 가쁜 run off 달아나다 pester 성가시게 하다 celebrity 유명 인사 wrangle 설득하다, 언쟁하다 throw a party 파티를 열다 bum 사기꾼, 게으름뱅이 show up 나타나다

Héctor walks away from Miguel toward the musicians.

HÉCTOR Hey, Gustavo! You know anything about this party?

GUSTAVO It's the hot ticket. But if you're not on the guest list, you're never getting in, Chorizo...

MUSICIANS Hey, it's Chorizo! / Choricito!

HÉCTOR Ha ha, very funny guys. Very funny.

MIGUEL Chorizo?

GUSTAVO (to Miguel, re: Héctor) Oh, this guy's famous! Go on, go on, ask him how he died!

Miguel looks to Héctor, eyebrow cocked.

HÉCTOR I don't want to talk about it.

GUSTAVO He choked on some CHORIZO!

The musicians laugh. Miguel tries to stifle a giggle.

HÉCTOR I didn't choke, okay – I got food poisoning, which is a big difference!

	헥터가 미구엘에게서 멀어지고 뮤지션들에게 다가간다.
헥터	이봐, 구스타보! 파티에 대해서 뭐 아는 거 있어?
구스타보	인싸들만 오는 파티야. 초청 명단에 없으면 절대 못 들어가지, 소시지 양반…
음악가들	어이, 소시지다! / 꼬마 소시지!
헥터	하하, 아주 웃기군, 친구들. 아주 웃겨.
미구엘	소시지요?
구스타보	(미구엘에게, 헥터에 대해 말하며) 오, 이 친구 아주 유명해! 그래, 자기가 어떻게 죽었는지 어서 물어봐!
	미구엘은 눈썹을 치켜올리며 헥터를 바라본다.
헥터	그 얘긴 하고 싶지 않다고.
구스타보	소시지를 먹다가 질식한 거야!
	뮤지션들이 웃는다. 미구엘은 웃음을 참으려고 한다.
헥터	질식한 거 아니야, 실은 - 식중독에 걸린 거라고. 그거랑 그건 완전히 다르지!

hot ticket 인기 있는 사람[것], 인기인, 스타 chorizo [스페인어] 소시지 famous 유명하다 cock 비스듬히 움직이다, 치켜올리다 choke 질식하다, 목에 걸리다 stifle 억누르다, 억압하다 giggle 피식 웃음 food poisoning 식중독

More laughter.

HÉCTOR (to Miguel) This is why I don't like musicians... bunch of self-important jerks!

MIGUEL Hey, I'm a musician.

HÉCTOR You are?

GUSTAVO Well, if you really want to get to Ernesto, there IS that music competition at the Plaza de la Cruz. Winner gets to play at his party...

Miguel's wheels start turning.

HÉCTOR No, no, no, chamaco, you are loco if you think—

Miguel looks to his hands, progressed in their skeletal transformation.

헥터	웃음이 더 커진다.
헥터	(미구엘에게) 이래서 뮤지션들이 싫은 거야… 자기만 잘난 줄 아는 재수 없는 인간들!
미구엘	아저씨, 저도 뮤지션이에요.
헥터	네가?
구스타보	정말 에르네스토를 만나고 싶다면, 델라 크루즈 광장에서 음악 경연 대회가 있어. 우승자는 그의 파티에서 노래할 기회를 얻게 되지…

미구엘이 잠시 생각한다.

헥터	아니, 아니, 안 돼, 꼬마야, 미치지 않고서야 그런 생각-

미구엘이 자신의 손을 바라보는데, 해골로 더 많이 변해 있다.

---

laughter 웃음 a bunch of 몇몇 self-important 젠체하는, 거만한 jerk 얼간이, 바보 competition 경연 loco [스페인어] 미친 progress 진행하다 transformation 변화, 탈바꿈

MIGUEL I need to get my great-great grandfather's blessing.

Miguel looks up to Héctor.

MIGUEL (CONT'D) You know where I can get a guitar?

Héctor sighs.

HÉCTOR I know a guy...

미구엘 난 고조할아버지의 축복을 받아야만 해요.

미구엘이 헥터를 올려다본다.

미구엘 제가 기타를 구할 만한 곳을 아시나요?
(계속)

헥터가 한숨을 쉰다.

헥터 아는 사람이 있긴 한데…

blessing 축복 look up 올려다보다 sigh 한숨을 쉬다

CHAPTER 12

Final Death

CUT TO:

EXT. UNDERPASS TUNNEL — NIGHT

Pepita casts a shadow on the wall, then lurches into the light. She sniffs out the spot where Héctor painted Miguel's face, finding a canister of shoe polish. She lets out a low growl. The Dead Riveras follow after her.

MAMÁ IMELDA
Have you found him, Pepita? Have you found our boy?

Pepita breathes on the ground, revealing a footprint. It glows for a moment. The family leans in to inspect.

TÍA ROSITA
A footprint!

PAPÁ JULIO
It's a Rivera boot!

TÍO OSCAR
Size seven...

12. mp3

장면 전환:
실외. 다리 밑 터널 - 밤
페피타가 벽에 그림자를 드리우며 나타나 몸을 휙 돌리더니 불빛이 있는 곳으로 들어간다. 헥터가 미구엘의 얼굴을 칠해 준 곳의 냄새를 맡고 구두약 통을 발견한다. 페피타가 낮은 소리로 으르렁댄다. 죽은 리베라 가족들이 페피타를 따라온다.

이멜다 할머니	찾았니, 페피타? 우리 손자 찾았냐고?

페피타가 땅에 입김을 뿜으니 발자국 하나가 드러난다. 발자국에서 잠시 빛이 난다. 가족들이 몸을 숙이고 이를 바라본다.

로지타 고모할머니	발자국이야!
훌리오 할아버지	리베라 집안의 신발인데!
오스카 고모할아버지	사이즈는 7…

---

cast a shadow 그림자를 드리우다 lurch 갑자기 움직이다 sniff 냄새 맡다 canister 금속용기, 통 growl 으르렁하는 소리
footprint 발자국 inspect 점검하다, 조사하다

TÍO FELIPE   ...and a half.

TÍA VICTORIA   Pronated.

MAMÁ   Miguel.
IMELDA

Pepita leans forward, breathes again, and the glow spreads to reveal a trail of footprints.

CUT TO:

EXT. NARROW STAIRWAY

Miguel follows Héctor down a steep stairway. Miguel looks to his bony knuckles, concern on his face.

HÉCTOR   Why the heck would you wanna be a musician?

MIGUEL   My great-great grandpa was a musician.

HÉCTOR   ...Who spent his life performing like a monkey for complete strangers. Blech, no, no thank you, guácala, no...

MIGUEL   Whadda you know? [55]

As Miguel descends the staircase, de la Cruz's distant glowing tower is obscured by old forgotten buildings.

펠리페 고모할아버지	… 하고 반.
빅토리아 고모할머니	안짱다리군.
이멜다 할머니	미구엘이야.

페피타가 앞으로 몸을 숙인다. 다시 입김을 뿜자 발자국들이 빛을 발하며 길처럼 이어진다.

장면 전환:
실외. 좁은 계단
미구엘이 헥터를 따라 가파른 계단을 내려간다. 미구엘은 뼈가 훤히 보이는 손가락 관절을 바라보더니 걱정스러운 표정을 짓는다.

헥터	넌 도대체 왜 뮤지션이 되고 싶은 거니?
미구엘	우리 고조할아버지가 뮤지션이셨거든요.
헥터	… 생판 모르는 사람들을 위해서 원숭이처럼 공연하며 일생을 보낸 작자이지. 우웩, 난 별로야, 밥맛이지, 싫어…
미구엘	아저씨가 뭘 안다고 그래요?

미구엘이 계단을 내려간다. 멀리서 빛나는 델라 크루즈의 타워는 오래되어 잊혀진 건물들에 가려져 잘 보이지 않는다.

---

pronated 안짱다리인 trail 흔적, 자취 narrow 좁은 bony 뼈의, 뼈가 다 드러나는 knuckle (손가락) 관절, 마디 perform 공연하다 complete 완전한 stranger 낯선 사람 guácala [스페인어] 우웩, 역겨워 descend 내려가다 obscure 가리다, 덮다

MIGUEL
So, how far is this guitar anyway?

HÉCTOR
We're almost there...

Héctor jumps from the stairway and crashes on the ground below. But his bones reassemble immediately.

HÉCTOR (CONT'D)
Keep up, chamaco, come on!

Héctor leads Miguel through a stone archway.

EXT. SHANTY TOWN

Graffiti on the archway depicts skeletal angels with wings of the color of marigolds. Inside the archway, a group of ratty skeletons huddle around a burning trashcan and laugh raucously. They are gray and dusty, not unlike Héctor, but there's a camaraderie about them.

RATTY GROUP
COUSIN HÉCTOR!!

HÉCTOR
Eh! These guys!

RATTY MEMBER
HÉCTOR!!

HÉCTOR
Hey Tío! Qué onda?

미구엘	그런데 기타를 받으려면 얼마나 가야 해요?

헥터	거의 다 왔어…

계단에서 바닥으로 뛰어내리는 헥터. 온몸이 산산조각 난다. 그러나 곧장 뼈들이 다시 모인다.

헥터 (계속)	계속 가, 꼬마야, 얼른!

헥터는 미구엘을 데리고 돌로 만든 아치 모양의 입구를 지나간다.

실외. 빈민가
아치 모양의 입구에는 금잔화 색깔의 날개를 달고 있는 해골 천사 낙서가 그려져 있다. 입구에 들어서자 초라한 행색의 해골 여러 명이 불이 붙은 쓰레기통 주변에 모여 소란스럽게 웃고 있다. 이들은 헥터처럼 우중충하고 더럽지만 서로를 향한 동지애가 있다.

초라한 행색의 무리들	헥터 형!!

헥터	아! 너희구나!

무리 중 한 명	헥터!!

헥터	아, 삼촌! 별일 없으시죠?

shanty town 빈민가, 판자촌 graffiti 벽에 그린 낙서, 그래피티 depict (말이나 그림으로) 묘사하다, 그리다 ratty 추레한, 지저분한 huddle 모여 있다 raucously 귀에 거슬리게, 크게 camaraderie 동료애, 동지애 Qué onda? [스페인어] 별일 없지?

MIGUEL	These people are all your family?

HÉCTOR	Eh, in a way... [56] We're all the ones with no photos on ofrendas, no family to go home to. Nearly forgotten, you know? (beat) So, we all call each other cousin, or tío, or whatever.

They approach three old ladies playing cards around a wooden crate. One, TÍA CHELO looks up.

TÍA CHELO	Héctor!

HÉCTOR	Tía Chelo! He-hey!

Héctor hands them a bottle.

OLD TÍAS	Muchas gracias!

미구엘	이분들이 다 아저씨 가족이에요?

헥터	어, 어떻게 보면 그런 셈이지… 우린 모두 제단에 사진도, 돌아가서 만날 가족도 없는 사람들이거든. 거의 잊혀진 존재들이라고나 할까? (정적) 그래서 서로를 사촌이나 삼촌, 뭐 그런 식으로 부르는 거지.

두 사람은 나무 상자에 모여 카드 놀이를 하는 세 명의 노파에게 다가간다. 첼로 고모가 두 사람을 올려다본다.

첼로 고모	헥터!

헥터	첼로 고모! 안녕하세요!

헥터가 그들에게 병 하나를 건넨다.

늙은 고모들	정말 고마워!

in a way 어느 정도는, 어떤 면에서는　forgotten 잊혀진　crate 나무 상자　hand 건네다

HÉCTOR	Hey, hey! Save some for me! Is Chicharrón around?
TÍA CHELO	In the bungalow. I don't know if he's in the mood for visitors...
HÉCTOR	Who doesn't like a visit from Cousin Héctor?

INT. SHANTY BUNGALOW TENT

Héctor holds the curtain open. Miguel and Dante walk in.

The tent is cramped, dark, and quiet. Piles are organized everywhere: stacks of old dishes, a drawer full of pocket watches, magazines, records. This place belongs to a collector of things. Miguel almost knocks one stack over.

Héctor spies a hammock piled with old junk, a dusty hat on top. He lifts the hat and finds the grumpy face of CHICHARRÓN.

HÉCTOR	Buenas noches, Chicharrón!
CHICHARRÓN	I don't want to see your stupid face, Héctor.
HÉCTOR	C'mon, it's Día de Muertos! I brought you a little offering!

헥터　　　어, 어! 내 것도 좀 남겨 둬요! 치차론 형님 있어요?

첼로 고모　방갈로에 있지. 누가 찾아오는 걸 반가워할지 모르겠네…

헥터　　　사촌 헥터가 왔는데 싫어할 사람이 누가 있겠어요?

실내. 초라한 방갈로 텐트

헥터가 커튼을 들어 연다. 미구엘과 단테가 안으로 들어간다.
텐트 안은 비좁고 어두우며 적막하다. 여러 물건들이 사방으로 쌓여 정리되어 있다: 낡은 접시들이 쌓여 있고, 서랍 안은 회중 시계로 가득하고, 잡지와 음반들도 보인다. 이곳은 수집가의 집이다. 미구엘은 쌓여 있는 물건을 넘어뜨릴 뻔한다.
헥터는 해먹을 살펴본다. 해먹 안은 오래된 잡동사니투성이인데 먼지가 잔뜩 묻은 모자가 맨 위에 올려져 있다. 헥터가 모자를 들어 올리니 불만 가득한 치차론의 얼굴이 나타난다.

헥터　　　안녕하세요, 치차론 형님!

치차론　　네 한심한 얼굴 보고 싶지 않아, 헥터.

헥터　　　왜 이래요, 오늘은 죽은 자의 날이잖아요! 제가 제물을 좀 가져왔어요!

---

save 남겨 두다 bungalow 방갈로 in the mood for ~할 기분인 cramped 비좁은 organized 정리된 stack 쌓여 있음, 무더기, 더미 collector 수집가 knock over 쓰러뜨리다 spy 보다, 관찰하다 hammock 해먹(나무 등에 달아매는 그물 침대) grumpy 퉁명한, 불만인 Buenas noches! [스페인어] 안녕! (저녁 인사)

CHICHARRÓN   Get out of here...

HÉCTOR   I would, Cheech, but the thing is... me and my friend, Miguel, we really need to borrow your guitar.[57]

CHICHARRÓN   My guitar?!

HÉCTOR   Yes.

CHICHARRÓN   My prized, beloved guitar...?

HÉCTOR   I promise we'll bring it right back.

Chicharrón sits up, incensed.

CHICHARRÓN   Like the time you promised to bring back my van?

HÉCTOR   Uh...

CHICHARRÓN   Or my mini-fridge?

HÉCTOR   Ah, you see–

CHICHARRÓN   Or my good napkins? My lasso? My femur?!

HÉCTOR   No, no, not like those times.

치차론	당장 나가…

헥터	치치 형님, 저도 그러고 싶지만, 실은… 저하고 여기 제 친구 미구엘이 형님 기타를 좀 빌려야겠어요.

치차론	내 기타?!

헥터	네.

치차론	소중하고, 사랑스러운 내 기타 말이야…?

헥터	금방 가져온다고 약속할게요.

치차론은 화를 내며 일어난다.

치차론	내 차를 가져온다고 약속했던 그때처럼 말이지?

헥터	어…

치차론	내 미니 냉장고는?

헥터	아, 저기 말이죠—

치차론	내 고급 손수건은? 내 올가미는? 내 대퇴골은?!

헥터	아니, 아니, 지금은 그때랑 달라요.

---

borrow 빌리다　**prized** 소중한　**beloved** 사랑스러운　**incensed** 몹시 화난, 격분한　**mini-fridge** 소형 냉장고　**lasso** 올가미 밧줄
femur 대퇴골, 넓적다리뼈

CHICHARRÓN Where's my femur?! You—

> Suddenly, he weakens and collapses in his hammock, a golden flicker flashing through his bones. Héctor rushes forward.

HÉCTOR Whoa, whoa – you okay, amigo?

CHICHARRÓN I'm fading. Héctor. I can feel it. (looking to guitar) I couldn't even play that thing if I wanted to. (beat) You play me something.

> Héctor looks surprised.

HÉCTOR You know I don't play anymore, Cheech. The guitar's for the kid–

CHICHARRÓN You want it, you got to earn it...

> Héctor sighs, and then takes the instrument.

HÉCTOR Only for you, amigo. Any requests?

> Héctor begins tuning the guitar.

CHICHARRÓN You know my favorite. Héctor.

치차론	내 대퇴골 어딨어?! 너―
	갑자기 치차론이 힘을 잃고 해먹에 쓰러진다. 뼈 사이로 황금빛 섬광이 스치듯 지나간다. 핵터가 재빨리 앞으로 다가간다.
핵터	워, 워 ― 괜찮으세요?
치차론	난 곧 사라져, 핵터. 느낄 수 있다고. (기타를 바라보며) 치고 싶어도 난 저걸 칠 수가 없어. (정적) 날 위해 연주를 해 줘.
	핵터, 놀란 표정이다.
핵터	제가 기타 안 치는 거 알잖아요, 치치 형. 기타는 저 애가―
치차론	원하는 것을 얻으려면 대가를 치러야지…
	핵터가 한숨을 쉬더니 기타를 집어든다.
핵터	형을 위해 딱 한 번만이에요. 듣고 싶은 거 있어요?
	핵터가 기타를 조율하기 시작한다.
치차론	내가 좋아하는 노래 알잖아. 핵터.

weaken 약해지다, 힘이 빠지다 collapse 쓰러지다 golden 황금빛의 flicker (빛의) 깜박거림 rush 급하게 뛰다, 돌진하다 forward 앞으로 fade 희미해지다, 서서히 사라지다 earn 획득하다 instrument 악기 request 신청곡, 신청

Héctor begins a lovely, lilting tune. Chicharrón smiles. Miguel's eyes go wide at Héctor's skill.

HÉCTOR (singing)
WELL EVERYONE KNOWS JUANITA,
HER EYES EACH A DIFFERENT COLOR.
HER TEETH STICK OUT,
AND HER CHIN GOES IN, AND HER...

Héctor eyes Miguel.

HÉCTOR (CONT'D)
...KNUCKLES THEY DRAG ON THE FLOOR.

CHICHARRÓN Those aren't the words!

HÉCTOR There are children present. (continuing)
HER HAIR IS LIKE A BRIAR,
SHE STANDS IN A BOW-LEGGED STANCE.
AND IF I WEREN'T SO UGLY,
SHE'D POSSIBLY GIVE ME A CHANCE!

Héctor finishes with a soft flourish.

Chicharrón is tickled, joyful. For a moment he's present and bright.

헥터가 사랑스럽고 따스한 음을 연주한다. 치차론이 미소를 짓는다. 헥터의 솜씨에 미구엘의 눈이 커진다.

헥터   (노래하며)
후아니타는 유명해
두 눈 색깔이 달라
이빨은 튀어나오고
턱은 안쪽으로 들어졌지, 그녀의…

헥터가 미구엘을 바라본다.

헥터
(계속)   … 관절은 땅에 닿는다네.

치차론   가사가 틀리잖아!

헥터   애가 있잖아요. (노래를 계속한다)
머리는 가시덤불 같고
오다리로 서 있지
내가 이렇게 못생기지 않았다면
그녀가 내게 기회를 줄 텐데!

헥터가 감미로운 연주로 노래를 마친다.

치차론이 기뻐하며 웃는다. 잠시나마 그는 이 순간을 즐기며 밝은 표정을 하고 있다.

lovely 사랑스러운, 아름다운 lilting 신나는, 경쾌한 stick out 튀어나오다 chin 턱 knuckle 관절, 마디 drag 끌리다 words 가사 present 현재 있는 briar 가시가 있는 풀 bow-legged 오다리 모양의 stance 자세 flourish 과장된 동작, 인상적인 방식 tickled 기뻐하는, 기분 좋은 bright 밝은, 환한, 생기 있는

CHICHARRÓN Brings back memories. Gracias...

His eyes close. He looks at peace. Héctor looks sad. Suddenly, the edges of Chicharrón's bones begin to glow. A soft, beautiful light. Then... he dissolves into dust. Miguel is stunned, concerned. Héctor picks up his shot glass, lifts it in honor, and drinks. He places it rim down next to Chicharrón's glass, which is still full.

MIGUEL Wait... what happened?

HÉCTOR He's been forgotten. (beat) When there's no one left in the living world who remembers you, you disappear from this world. We call it the "Final Death."

MIGUEL Where did he go?

HÉCTOR No one knows.

치차론 옛 추억이 생각나. 고마워…

그가 눈을 감는다. 평온해 보인다. 헥터는 슬퍼 보인다. 이때 치차론의 뼈 가장자리에서 빛이 나기 시작한다. 부드럽고 아름다운 빛이다. 그러고는… 치차론이 먼지가 되어 사라진다. 이를 보고 놀란 미구엘, 걱정스러운 표정을 한다.
헥터가 술잔을 집어 든다. 존경의 의미로 잔을 위로 들어 올리고는 술을 마신다. 그러고는 가득 찬 치차론의 술잔 옆에 자신의 잔을 엎어 둔다.

미구엘 잠시만요… 무슨 일이 일어난 거죠?

헥터 잊혀진 거야. (정적) 산 자들의 세계에서 널 기억하는 사람이 아무도 없게 되면 이 세계에서 사라지는 거야. 그걸 "최후의 죽음"이라고 하지.

미구엘 그분은 어디로 가신 거죠?

헥터 아무도 몰라.

---

bring back memories 추억을 떠오르게 하다 dissolve 없어지다, 분해되다 stunned 놀란 shot glass 작은 유리잔 in honor 경의를 표하며 rim 가장자리, 테두리 full 가득한 forgotten 잊혀진 disappear 사라지다 final 최후의

Miguel has a thought.

MIGUEL
But I've met him... I could remember him, when I go back...

HÉCTOR
No, it doesn't work like that, chamaco. Our memories... they have to be passed down by those who knew us in life – in the stories they tell about us. But there's no one left alive to pass down Cheech's stories...

Miguel is deep in thought. Héctor puts his hand on Miguel's back, suddenly cheerful.

HÉCTOR (CONT'D)
Hey, it happens to everyone eventually.

He gives Miguel the guitar.

HÉCTOR (CONT'D)
C'mon "de la Cruzcito." You've got a contest to win.

Héctor throws open the curtain and exits. Miguel looks back at the glasses, then turns and follows.

미구엘이 생각에 잠긴다.

미구엘 하지만 제가 그분을 뵀으니까… 집에 돌아가서 기억해 드리면 되죠…

헥터 아니, 그런 식으로 되는 건 아니야, 꼬마야. 우리의 기억은… 생전에 우리를 알았던 사람들이 우리 이야기를 하면서 계속 전해 줘야 하는 거야. 이제 치치 형님의 이야기를 전해 줄 사람이 아무도 없는 거지…

미구엘이 깊은 생각에 잠긴다. 미구엘의 등에 손을 얹는 헥터, 갑자기 밝은 목소리로 말한다.

헥터
(계속) 뭐, 결국 누구에게나 일어나는 일이야.

그가 미구엘에게 기타를 준다.

헥터
(계속) 자 가자 "꼬마 델라 크루즈". 대회에서 우승을 해야지.

헥터는 커튼을 열어젖히고 밖으로 나간다. 미구엘은 뒤에 있는 술잔들을 바라보고 돌아서서 따라 나간다.

---

work 일이 진행되다, 작동하다 **pass down** 전해 주다, 물려주다 **deep in thought** 깊은 생각에 잠긴 **cheerful** 발랄한, 쾌활한 **eventually** 결국 **–cito** [스페인어] 꼬마, 소년 **throw open** 열어젖히다

CHAPTER 13

Shake off Those Nerves!

EXT. LAND OF THE DEAD

Héctor and Miguel hang off the back of a moving trolley. Miguel holds Héctor's photo in his hands, scanning it, while Héctor fiddles on the guitar idly.

MIGUEL   You told me you hated musicians, you never said you were one.

HÉCTOR   How do you think I knew your great-great grandpa? We used to play music together. Taught him everything he knows.

Héctor plays a fancy riff, but botches the last note.

MIGUEL   No manches! You played with Ernesto de la Cruz, the greatest musician of all time? [59]

13. mp3

실외. 죽은 자들의 세계
헥터와 미구엘은 움직이는 트롤리 뒤에 매달려 있다. 미구엘은 헥터의 사진을 손에 들고 유심히 바라본다. 헥터는 한가롭게 기타를 친다.

미구엘 저한테는 뮤지션들이 싫다고 해 놓고, 정작 본인이 뮤지션이라는 얘기는 안 하셨네요.

헥터 내가 네 고조할아버지를 어떻게 알았겠니? 우린 함께 음악을 했어. 그 사람이 알고 있는 건 다 내가 가르쳐 준 거야.

헥터가 화려하게 연주를 하다가 끝에 음이탈을 낸다.

미구엘 말도 안 돼요! 아저씨가 에르네스토 델라 크루즈와 같이 음악을 했다고요? 역대 가장 위대한 뮤지션하고요?

---

hang off 매달려 있다, 늘어져 있다 trolley 전차, 트롤리 fiddle (현악기를) 켜다, 연주하다, 만지작거리다 idly 한가롭게 riff (음악에서) 반복되는 구간 botch 망치다 note 음, 음표 No manches! [스페인어] 말도 안 돼!

HÉCTOR   Ha-ha, you're funny! Greatest eyebrows of all time maybe but his music, eh, not so much.

MIGUEL   You don't know what you're talking about... ⁶⁰

The trolley arrives at the stop for the PLAZA DE LA CRUZ. There's a giant statue of Ernesto de la Cruz in the center. Miguel pockets Héctor's photo.

HÉCTOR   Welcome to the Plaza de la Cruz! (beat) Showtime, chamaco!

Héctor hands the guitar to Miguel.

QUICK CUTS – Energetic plaza shots. Lights and colors, beautiful dresses, violins, pyrotechnic bullfight, dancing. A t-shirt vendor is selling "de la Cruz" shirts.

VENDOR   Llévelo! T-shirts! Bobble-heads!

A stage is set up in the plaza.

EXT. ON STAGE
An EMCEE greets her audience.

헥터	하하, 웃긴 녀석이네! 역대 가장 위대한 눈썹이면 몰라도 음악은, 어, 별로야.
미구엘	뭘 모르시나 본데요…

트롤리가 델라 크루즈 광장 역에 도착한다. 중앙에는 거대한 에르네스토 델라 크루즈의 동상이 서 있다. 미구엘이 헥터의 사진을 주머니에 넣는다.

헥터	델라 크루즈 광장에 온 걸 환영한다! (정적) 쇼타임이야, 꼬마야!

헥터가 미구엘에게 기타를 건네준다.

빠른 장면 전환 – 활력 넘치는 광장 장면이 펼쳐진다. 불빛들과 화려한 색상들, 아름다운 드레스, 바이올린, 화려한 투우, 춤을 추는 광경이 화면에 나타난다. 티셔츠 판매상이 "델라 크루즈" 셔츠를 팔고 있다.

판매상	티셔츠 팔아요! 보블헤드 인형도 있어요!

광장에 무대가 설치되어 있다.

실외. 무대 위

사회자가 관객들을 맞이한다.

---

eyebrow 눈썹 pocket 주머니에 집어넣다 energetic 에너지가 넘치는 pyrotechnic 화려한, 눈부신 bullfight 투우 vendor 행상, 판매상 llévelo [스페인어] 가져가다 bobble-head 보블헤드 인형 (목이 흔들흔들하는 장식용 인형) set up 설치하다, 마련하다 EMCEE 사회자, 진행자

EMCEE Bienvenidos a todos! Who's ready for some música?

The audience whoops.

EMCEE (CONT'D) It's a battle of the bands, amigos! The winner gets to play for the maestro himself, Ernesto de la Cruz, at his fiesta tonight!

The audience cheers. Héctor elbows Miguel as they head backstage.

HÉCTOR That's our ticket, muchacho.

EMCEE Let the competition begin!

QUICK MONTAGE: Acts perform on stage – a tuba/violin act, a saxophone player, a hard-core metal band, a kid who plays marimba on the back of a giant iguana alebrije, a DJ with a laptop and keyboard setup, a dog orchestra, nuns playing accordions...

사회자	여러분 모두 환영합니다! 음악을 즐길 준비 되셨습니까?

관객들이 함성을 지른다.

사회자 (계속)	음악인들의 전쟁입니다! 우승자는 오늘 밤 거장 에르네스토 델라 크루즈가 주최하는 파티에서 노래를 하는 영광을 얻게 됩니다!

관객들이 환호한다. 무대 뒤로 가면서 헥터가 팔꿈치로 미구엘을 친다.

헥터	저게 우리의 입장권이야, 꼬마야.
사회자	지금부터 대회를 시작합니다!

다음의 몽타주 화면들이 빠르게 지나간다: 공연자들이 무대 위에서 공연을 선보인다 - 튜바/바이올린 연주자, 색소폰 연주자, 하드코어 메탈 밴드, 거대한 이구아나 알레브리헤 등을 마림바처럼 연주하는 아이, 노트북에 키보드 장비를 갖춘 디제이, 강아지 오케스트라, 아코디언을 연주하는 수녀들…

Bienvenidos a todos! [스페인어] 모두들 환영합니다! música [스페인어] 음악 whoop 함성을 지르다 battle 전투, 싸움 maestro 마에스트로, 거장 fiesta 축제 hard-core 강경한, 하드코어의 iguana 이구아나 nun 수녀 accordion 아코디언

EXT. BACKSTAGE

Miguel and Héctor stand amongst other contestants.

HÉCTOR
So what's the plan? What are you gonna play?

MIGUEL
Definitely "Remember Me."

Miguel plucks out the beginnings of de la Cruz's most famous song. Héctor clamps his hand over the fretboard.

HÉCTOR
No, not that one. No.

MIGUEL
C'mon, it's his most popular song!

HÉCTOR
Ehck, it's too popular.

Elsewhere backstage, they notice multiple other acts rehearsing their versions.

SKELETON MUSICIAN
(singing)
REMEMBER ME, THOUGH I HAVE TO TRAVEL FAR, REMEMBER ME...

OPERA SINGERS
(singing)
REMEMBER ME!
DON'T LET IT MAKE YOU CRY!

실외. 무대 뒤

미구엘과 헥터가 다른 참가자들과 함께 있다.

헥터   그래서 어떻게 할 계획이야? 무슨 노래를 할 거니?

미구엘   당연히 "기억해 줘"이죠.

미구엘이 델라 크루즈의 가장 유명한 노래 첫 소절을 연주한다. 헥터가 기타의 프렛 보드를 움켜쥔다.

헥터   아니야. 그건 안 돼. 안 된다고.

미구엘   아니, 그게 그의 제일 인기 있는 곡이잖아요!

헥터   웩, 너무 인기가 있어 탈이지.

두 사람은 무대 뒤 다른 곳에서 사람들이 각자의 버전으로 그 노래를 연습하는 모습을 지켜본다.

해골 뮤지션   (노래한다)
기억해 줘, 난 가야 하지만
기억해 줘…

오페라 가수들   (노래한다)
기억해 줘!
제발 울지 말아 줘!

---

contestant (대회) 참가자 definitely 확실히 pluck out 기타를 퉁기다 clamp 꽉 잡다 fretboard 기타의 줄이 연결된 프렛보드 elsewhere (어딘가) 다른 곳에서

One man plays water glasses to the famous tune. Héctor looks at Miguel as if to ask, "Need I say more?"

MIGUEL
Um... what about "Poco Loco?"

HÉCTOR
Epa! Now that's a song!

STAGEHAND
De la Cruzcito? You're on standby! (to another band) Los Chachalacos, you're up next!

ON STAGE:
An impressive band group steps onto stage.

CROWD
LOS CHACHALACOS!

They burst into a mighty introduction and the audience goes wild. They're very good.

BACKSTAGE:
Miguel peeks at the frenzied audience from backstage. He looks sick and begins to pace, fidgety.

HÉCTOR
You always this nervous before a performance?

한 남자가 유리컵 여러 개로 그 노래를 연주한다. 헥터가 "무슨 말이 더 필요하니?"라고 하는 듯 미구엘을 바라본다.

미구엘 음… 그럼 "포코 로코"는 어때요?

헥터 그래! 그 노래가 딱이네!

무대 담당자 꼬마 델라 크루즈? 대기하세요! (다른 밴드에게) 로스 차차라코스, 올라가세요!

무대 위:
눈길을 사로잡는 밴드가 무대에 오른다.

관객들 로스 차차라코스!

밴드가 우렁차게 도입부를 연주하기 시작하자 관중들이 열광한다. 아주 실력이 좋은 팀이다.

무대 뒤:
미구엘이 무대 뒤에서 열광하는 관객들을 엿본다. 그러고는 핏기 없는 표정으로 긴장해서 이리저리 서성인다.

헥터 너 공연 전에 항상 이렇게 긴장하니?

---

tune 곡조, 노래 poco loco [스페인어] 조금 미친 stagehand 무대 담당자 on standby 대기하고 있는 impressive 인상적인 mighty 힘 있는, 강렬한, 굉장한 introduction 소개, 도입부 go wild 미쳐 날뛰다, 열광하다 frenzied 광분한, 광란의 pace (초조해서) 서성거리다 fidgety 불안해서 가만히 못 있는 nervous 불안한 performance 공연

MIGUEL I don't know – I've never performed before.

HÉCTOR What?! You said you were a musician!

MIGUEL I am! (beat) I mean I will be. Once I win.

HÉCTOR That's your plan?! (beat) No, no, no, no, no, you have to win, Miguel. Your life LITERALLY depends on you winning! [61] AND YOU'VE NEVER DONE THIS BEFORE?!

Héctor reaches for the guitar.

HÉCTOR (CONT'D) I'll go up there—

Miguel recoils, keeping hold of the instrument.

MIGUEL No! I need to do this.

HÉCTOR Why?

MIGUEL If I can't go out there and play one song... how can I call myself a musician?

HÉCTOR What does that matter?!

미구엘	글쎄요 – 한 번도 공연을 안 해 봐서요.
헥터	뭐라고?! 너 뮤지션이라고 했잖아!
미구엘	맞아요! (정적) 그럴 거라고요. 우승을 하면 말이죠.
헥터	그게 네 계획이야?! (정적) 아니, 아니, 아니, 아니, 안 돼, 넌 꼭 우승을 해야 해, 미구엘. 네 목숨이 그야말로 네가 우승하는 데 달려 있다고! 그런데 공연을 한 번도 안 해 봤다니?!

헥터가 기타를 잡으려 한다.

헥터 (계속)	내가 올라가겠어—

미구엘은 움찔하면서 악기를 꽉 쥔다.

미구엘	안 돼요! 전 꼭 이걸 해야만 해요.
헥터	왜?
미구엘	저기 나가서 노래 한 곡도 못 한다면… 어떻게 뮤지션이라고 할 수 있겠어요?
헥터	그게 무슨 상관이야?!

once 일단 ~하면 literally 말 그대로 depend on ~에 의해 결정되다, ~에 달려 있다 recoil 움찔하다 keep hold of ~을 붙잡고 있다

MIGUEL	'Cuz I don't just want to get de la Cruz's blessing. I need to prove that... that I'm worthy of it.
HÉCTOR	Oh. Oh, that's such a sweet sentiment... at SUCH a bad time!

Héctor looks in Miguel's eyes. The kid is sincere. Despite himself, Héctor softens.

HÉCTOR	Okay... okay, okay, okay. Okay. Okay. (beat) Okay. (beat) Okay, you wanna perform? Then you've got to PERFORM!

Miguel perks, surprised that Héctor wants to help.

HÉCTOR (CON'D)	First you have to loosen up. Shake off those nerves! [62]

Héctor does a loose-bone skeletal shimmy and Miguel copies.

HÉCTOR (CONT'D)	Now gimme your best grito!
MIGUEL	My best grito?

미구엘	델라 크루즈의 축복만 받는 걸 원하지 않아요. 증명하고 싶어요… 내가 그럴 자격이 있다는 걸.
헥터	오. 오, 정말 심금을 울리는 말이야… 근데 이런 안 좋은 타이밍에 해야겠니!

헥터가 미구엘의 눈을 바라본다. 이 아이는 진심이다. 어쩔 수 없이 헥터가 부드러워진다.

헥터	알았어… 좋아, 좋아, 좋아. 좋다고. 좋아. (정적) 좋아. (정적) 좋다고, 공연이 하고 싶어? 그럼 공연을 해야지!

헥터가 도와주려고 한다는 것에 놀란 미구엘. 표정이 밝아진다.

헥터 (계속)	우선 힘을 빼야 해. 긴장을 떨쳐 버리라고!

헥터가 뼈를 흔들어 대자 미구엘이 이를 따라한다.

헥터 (계속)	이제 최대한 크게 소리를 질러 봐!
미구엘	최대한 큰 소리요?

worthy 가치 있는 sentiment 감성, 정서 sincere 진심인 soften 부드러워지다 perk 표정이 밝아지다, 기운을 차리다 loosen up 긴장을 풀다 shake off 떨쳐 버리다 loose 흐느적거리는 shimmy 몸 흔들기 copy 따라 하다 grito [스페인어] 외침, 소리 지르기

HÉCTOR Come on, yell! Belt it out. OOOOOOH HE-HE-HEY! Ha! Ah, feels good! Okay... now you.

MIGUEL (uncertain) Ah– ah – ayyyyy yaaaaayyyyay...

Dante whimpers.

HÉCTOR Oh, c'mon kid...

On stage, Los Chachalacos wrap up to raucous applause.

STAGEHAND De la Cruzcito, you're on now!

HÉCTOR Miguel, look at me.

STAGEHAND Come on, let's go!

HÉCTOR Hey! Hey, look at me. (beat) You can do this. Grab their attention and don't let it go!

EMCEE (O.S.) We have one more act, amigos!

MIGUEL Héctor...

HÉCTOR Make 'em listen, chamaco! You got this! [63]

헥터	자, 소리 질러! 뱉어 내는 거야. 오오오오 헤헤헤이! 하! 아, 기분 좋다! 좋아… 이제 네 차례야.
미구엘	(머뭇거리며) 아―아―아이이이 야아아이이이야이…

단테가 낑낑거린다.

헥터	오, 그게 아니지 꼬마야…

무대에서 로스 차차라코스가 큰 환호를 받으며 연주를 마친다.

무대 담당자	꼬마 델라 크루즈, 이제 네 순서야!
헥터	미구엘, 날 봐.
무대 담당자	얼른, 나와!
헥터	야! 야, 날 봐. (정적) 넌 할 수 있어. 관중들의 시선을 사로잡고 절대 놓아 주지 않는 거야!
사회자 (화면 밖)	하나의 무대가 더 준비되어 있네요!
미구엘	헥터…
헥터	네 노래를 들려 줘, 꼬마야! 넌 할 수 있어!

belt out 내지르다　uncertain 확신이 없는　whimper 낑낑대다　wrap up 마무리하다　raucous 시끌벅적한　applause 박수　grab 사로잡다　attention 시선, 관심

EMCEE (O.S.)   Damas y caballeros! De la Cruzcito!

The crowd applauds as Miguel is led on stage.

HÉCTOR   Arre papá! Hey!

Miguel's face contorts with a mix of encouragement and dread.

ON STAGE:
Miguel slowly takes the stage, guitar in hand. He's blinded by the lights and squints out at the audience. He's frozen stiff.

OFF STAGE

HÉCTOR   (to Dante) What's he doing? Why isn't he playing?

ON STAGE:
Panic is painted across Miguel's face.

AUDIENCE MEMBER (O.S.)   Bring back the singing dogs!

| 사회자 | 신사 숙녀 여러분! 꼬마 델라 크루즈입니다! |
| (화면 밖) | |

미구엘이 무대 위로 올라오자 관객들이 박수를 친다.

| 헥터 | 좋아! 헤이! |

용기와 두려움이 뒤섞이며 미구엘의 표정이 일그러진다.

무대 위:

미구엘이 기타를 들고 천천히 무대에 오른다. 조명 때문에 눈이 부셔 눈을 찡그리며 관중들을 바라본다. 미구엘은 완전히 얼어붙었다.

무대 밖

| 헥터 | (단테에게) 쟤 뭐 하는 거니? 왜 연주를 안 하냐고? |

무대 위:

미구엘의 얼굴에 두려움이 가득하다.

| 관객 | 노래하는 개들 다시 나오라고 해! |
| (화면 밖) | |

Damas y caballeros! [스페인어] 신사 숙녀 여러분! **applaud** 박수를 치다, 갈채를 보내다 **contort** 일그러지다 **encouragement** 격려, 용기 **dread** 두려움 **be blinded** 잘 보이지 않다 **squint** 찡그리며 바라보다 **frozen stiff** 완전히 얼어붙은 **panic** (갑작스러운) 극심한 공포, 공황

The crowd begins to murmur impatiently. Miguel looks to Héctor in the wing. Héctor makes eye contact with Miguel and does the "loosen up" bone shimmy. On stage Miguel shakes off his nerves. Deep exhale and...

MIGUEL   HAAAAAAAI-YAAAAAAAAAAI-YAAAAAAAI!

The sound is full-throated and resonant. People in the audience whistle and whoop. Some return the grito, some applaud lightly. His brows go up and he begins his guitar intro.

관객들이 참지 못하고 웅성거리기 시작한다. 미구엘은 무대 옆에 있는 헥터를 바라본다. 헥터가 미구엘과 눈을 마주치더니 "힘 빼기" 동작으로 뼈 흔들기를 보여 준다. 무대 위에서 미구엘은 긴장을 푼다. 깊이 숨을 내쉬고는…

미구엘   하아아아이-야아아아이-야아아이!

소리가 목청껏 크게 울려 퍼진다. 관중들이 휘파람을 불며 환호한다. 큰 함성을 질러 주는 사람들도 있고 가볍게 박수를 치는 사람들도 있다. 미구엘의 눈썹이 올라가더니 도입부를 기타로 연주하기 시작한다.

---

murmur 속삭이다, 소곤거리다 **impatiently** 참지 못하고 **wing** 무대 옆 대기 공간 **make eye contact** 눈을 마주치다 **exhale** 숨을 내쉬다 **full-throated** 목청껏 소리치는 **resonant** (소리가) 깊이 울리는, 낭랑한 **whistle** 휘파람을 불다 **whoop** 함성을 지르다 **lightly** 가볍게, 부드럽게 **intro** (특히 음악작품, 글의) 도입부

CHAPTER 14

Miguel's First Performance

MIGUEL (singing)
WHAT COLOR IS THE SKY?
AY MI AMOR, AY MI AMOR
YOU TELL ME THAT IT'S RED
AY MI AMOR, AY MI AMOR
WHERE SHOULD I PUT MY SHOES?
AY MI AMOR, AY MI AMOR
YOU SAY PUT THEM ON YOUR HEAD
AY MI AMOR, AY MI AMOR

As the audience warms up, so does Miguel. Héctor perks up. He's got this!

14. mp3

미구엘 (노래한다)
하늘은 무슨 색이죠?
오 내 사랑, 오 내 사랑
당신이 빨갛다면 빨간색이죠
오 내 사랑, 오 내 사랑
신발을 어디에 둘까요?
오 내 사랑, 오 내 사랑
당신 머리 위에 두라면 그럴게요
오 내 사랑, 오 내 사랑

관객들이 활기를 띠면서 미구엘도 활기를 찾는다. 헥터의 표정이 밝아진다. 미구엘이 매우 잘하고 있다!

Ay mi amor [스페인어] 오 내 사랑 warm up 활기를 띠다 perk up 활기 넘치다, 기운을 차리다

MIGUEL (CONT'D)
YOU MAKE ME UN POCO LOCO UN POQUI-TI-TI-TO LOCO
THE WAY YOU KEEP ME GUESSING I'M NODDING AND
I'M YES-ING I'LL COUNT IT AS A BLESSING THAT I'M ONLY UN POCO LOCO...

INSTRUMENTAL INTERLUDE. Dante grabs Héctor by the leg and drags him onto the stage with Miguel.

HÉCTOR
No, no, no, no...

Once in the spotlight, Héctor warms up and busts out some percussive footwork to Miguel's guitar.

MIGUEL
Not bad for a dead guy!

HÉCTOR
You're not so bad yourself, gordito! [64] Eso!

CUT TO:

EDGE OF AUDIENCE

A ripple of glowing footprints leads Pepita and the Dead Riveras to the edge of the audience.

MAMÁ IMELDA
He's close. Find him.

미구엘 (계속)	그대는 내 포코 로코 미치게 해 로코 날 생각하게 하네 고개를 끄덕이고 항상 예스라고 하게 해 그건 나의 축복 미치겠어 포코 로코…

간주 부분이다. 단테가 헥터의 다리를 물고 미구엘이 있는 무대로 끌고 가려고 한다.

헥터	아냐, 아냐, 아냐, 안 돼…

조명 속으로 들어가자 헥터가 몸을 풀고 미구엘의 기타에 맞춰 현란하게 발을 구르며 리듬을 탄다.

미구엘	죽은 사람치곤 꽤 하는데요!

헥터	너도 꽤 하는데, 꼬마야! 그거야!

장면 전환:
객석 가장자리
페피타와 죽은 리베라 가족들이 빛나는 발자국의 잔물결을 따라 객석 가장자리로 다가온다.

이멜다 할머니	걔가 근처에 있어. 찾아봐.

poco loco [스페인어] 조금 미친 nod 고개를 끄덕이다 count 여기다 interlude 간주 drag 끌고 가다 percussive (타악기 등을) 때려서 소리를 내는 footwork 발놀림 gordito [스페인어] 귀염둥이, 뚱뚱한 edge 끝, 가장자리 ripple 잔물결, 물결 모양의 것

The Dead Riveras fan out through the audience.

ON STAGE:
Héctor gets more creative with his dancing, head coming off, limbs spinning around. The audience hoots!

HÉCTOR (singing)
THE LOCO THAT YOU MAKE ME
IT IS JUST UN POCO CRAZY
THE SENSE THAT YOU'RE NOT MAKING...

MIGUEL (singing) THE LIBERTIES YOU'RE TAKING...

HÉCTOR/ LEAVES MY CABEZA SHAKING
MIGUEL YOU ARE JUST UN POCO LOCO

The audience starts clapping in time with the song. Dante lets out a howl. The Riveras continue their search in the audience.

TÍO FELIPE/ We're looking for a living kid... about 12?
TÍO OSCAR

CUT TO:

TÍA ROSITA Have you seen a living boy?

죽은 리베라 가족이 관객 속으로 흩어진다.

무대 위:

헥터는 머리를 빼고 팔다리를 돌리는 등 더욱 창의적인 춤사위를 보인다. 관객들이 폭소를 터트린다!

헥터 (노래하며)
그대는 나를 미치게 해 로코
조금 미쳤을 뿐이야 포코
그대는 제정신이 아니지만…

미구엘 (노래하며) 자유로워…

헥터/미구엘 난 어쩔 수 없어
당신은 포코 로코

관객들이 노래에 맞춰 박수를 치기 시작한다. 단테도 울부짖는다. 리베라 가족들은 관객 속에서 계속 미구엘을 찾고 있다.

펠리페
고모할아버지/
오스카
고모할아버지   살아 있는 아이를 찾고 있어요… 한 12살쯤 됐나?

장면 전환:

로지타
고모할머니   살아 있는 소년 보셨나요?

---

fan out 흩어지다   creative 창의적인   limb 팔다리   spin around 돌아가다   hoot 폭소를 터트리다   take liberty 제멋대로 하다
cabeza [스페인어] 머리   clap 박수 치다   in time 타이밍을 맞춰   let out 지르다   howl 울부짖는 소리

ON STAGE

HÉCTOR/ MIGUEL — UN POQUI-TI-TI-TI-TI-TI-TI-TI- TI-TI-TO LOCO!!

The audience erupts into applause! Miguel smiles, soaking in the moment. He feels like a real musician.

HÉCTOR — Hey, you did good! I'm proud of you! Eso!

Miguel swells and looks back out the crowd when he suddenly spots Oscar and Felipe talking to a stranger. He looks over and there is Tía Rosita talking to someone else! Miguel looks to stage right, where he sees Papá Julio talking to the Emcee!

AUDIENCE — Otra! Otra! Otra!

Panicking, Miguel pulls Héctor off stage. Héctor tries to pull back.

무대 위

헥터/**미구엘**   미미미미미미 미-치게 만들어 로코!!

관객들이 박수갈채를 보낸다! 미구엘이 웃으며 이 순간을 만끽한다. 진짜 뮤지션이 된 기분이다.

헥터   이야, 정말 잘했어! 자랑스럽구나! 최고야!

가슴이 벅차오르는 미구엘. 다시 관중들을 바라보는 순간 오스카 고모할아버지와 펠리페 고모할아버지가 어떤 사람과 말을 하는 모습을 보게 된다. 다른 쪽으로 고개를 돌리니 로지타 고모할머니가 다른 사람에게 이야기를 하고 있다! 무대 오른편을 보니 훌리오 할아버지가 사회자와 말을 하고 있다!

관객   한 번 더! 한 번 더! 한 번 더!

겁을 먹은 미구엘은 헥터를 끌고 무대를 내려온다. 헥터는 끌려가지 않으려고 한다.

erupt (분위기/화산이) 분출하다, 터지다 soak 빠져들다, 몰두하다 swell (마음이) 부풀다, 벅차다 spot 발견하다 someone else 다른 사람 otra [스페인어] 한 번 더, 다른 것 panicking 겁을 먹은

OFF STAGE

HÉCTOR   Hey, where are you going?

MIGUEL   We gotta get outta here.

HÉCTOR   What, are you crazy? We're about to win this thing!

ON STAGE

The Emcee takes the microphone.

EMCEE   Damas y caballeros, I have an emergency announcement. (beat) Please be on the lookout for a living boy, answers to the name of Miguel.[65] Earlier tonight he ran away from his family. They just want to send him back to the Land of the Living...

Murmurs of concern rumble through the audience.

OFF STAGE

EMCEE (O.S.)   ...If anyone has information, please contact the authorities.

무대 밖

헥터 야, 어디 가는 거야?

미구엘 여기서 도망가야 해요.

헥터 뭐야, 너 미쳤니? 지금 우승이 바로 코앞인데!

무대 위

사회자가 마이크를 든다.

사회자 신사 숙녀 여러분, 긴급하게 드릴 말씀이 있습니다. (정적) 살아 있는 소년을 찾습니다. 이름은 미구엘입니다. 오늘 저녁에 집에서 도망쳤다고 하네요. 가족들이 아이를 산 자들의 세계로 돌려보내려고 합니다…

관객 속에서 우려하며 웅성이는 소리가 들린다.

무대 밖

사회자
(화면 밖) … 혹시 아는 바가 있으시면, 관계자에게 알려 주세요.

---

be about to 막 ~하려던 참이다 Damas y caballeros [스페인어] 신사 숙녀 여러분 emergency 긴급, 비상 announcement 발표, 소식 be on the lookout for ~을 찾다 run away 도망가다 concern 우려, 걱정 rumble 웅성거리다 authorities 관계자

HÉCTOR　　Wait, wait, wait! You said de la Cruz was your ONLY family. The ONLY person who could send you home.

MIGUEL　　I do have other family, but–

HÉCTOR　　You could have taken my photo back this whole time?! [66]

MIGUEL　　–But they hate music! I need a musician's blessing!

HÉCTOR　　You lied to me!

MIGUEL　　Oh, you're one to talk! [67]

HÉCTOR　　Look at me. I'm being forgotten, Miguel. I don't even know if I'm gonna last the night! (beat) I'm not gonna miss my one chance to cross that bridge 'cause you want to live out some stupid musical fantasy!

MIGUEL　　It's not stupid.

Héctor grabs Miguel's arm and pulls him toward the stage.

HÉCTOR　　I'm taking you to your family.

MIGUEL　　Let go of me!

헥터	잠깐, 잠깐, 잠깐! 델라 크루즈가 네 유일한 가족이라고 했잖아. 너를 집으로 보내 줄 수 있는 유일한 사람이라고.
미구엘	다른 가족들이 있긴 해요, 하지만-
헥터	그럼 지금껏 내 사진을 가지고 갈 수도 있었단 말이지?!
미구엘	-하지만 가족들은 음악을 증오해요! 전 뮤지션의 축복이 필요하다고요!
헥터	넌 나를 속였어!
미구엘	오, 아저씨가 그런 말 할 자격은 없죠!
헥터	날 봐. 난 잊혀지고 있어, 미구엘. 오늘 밤을 넘길 수 있을지나 모르겠다고! (정적) 네 멍청한 음악 공상을 실현시키려고 저 다리를 건널 수 있는 유일한 기회를 놓치진 않을 거야!
미구엘	멍청한 게 아니에요.

헥터가 미구엘의 팔을 잡고 무대를 향해 끌고 간다.

헥터	널 가족에게 데려갈 거야.
미구엘	이거 놔요!

whole time 지금까지, 내내   forgotten 잊혀진, 망각된   last 버티다, 견디다   miss a chance 기회를 놓치다   cross 건너다   live out (예전에 생각만 하던 것을) 실행하다   fantasy 공상, 상상   grab 잡다

HÉCTOR You'll thank me later–

Miguel yanks his arms away.

MIGUEL You don't wanna help me, you only care about yourself! Keep your dumb photo!

He pulls Héctor's photo out of his pocket and throws it at him. Héctor tries to grab it but it catches a breeze and drifts into the crowd.

HÉCTOR No – no, no, no! No...

MIGUEL Stay away from me!

As Héctor scrambles to catch his photo, Miguel runs away. Héctor looks up but Miguel is gone.

HÉCTOR Hey, chamaco! Where did you go?! Chamaco! I'm sorry! Come back!

헥터	나중에 나한테 고마워할 거다-

미구엘은 팔을 뺀다.

미구엘	아저씨는 저를 돕고 싶은 게 아니에요, 자기 자신밖에 모르잖아요! 이 멍청한 사진 가져가세요!

미구엘이 주머니에서 헥터의 사진을 꺼내서 그에게 던진다. 헥터가 사진을 잡으려고 하는데 바람이 불어 관중 속으로 날아간다.

헥터	안 돼 - 안 돼, 안 돼, 안 돼! 안 돼…

미구엘	나 따라오지 마세요!

헥터가 허둥지둥 사진을 잡으려고 하는 사이에 미구엘이 도망친다. 헥터가 고개를 들어 보니 미구엘은 사라졌다.

헥터	야, 꼬마야! 어디 간 거니? 꼬마! 미안해! 돌아와!

yank 확 잡아당기다 care about 챙기다, 돌보다 catch a breeze 바람을 타다 drift 떠다니다 scramble 재빨리 움직이다 gone 사라진 chamaco [스페인어] 꼬마

CHAPTER 15

Make a Choice

EXT. PEDESTRIAN THOROUGHFARE

Miguel hustles to get away from Héctor. Dante bounds after him, but looks back and whimpers. He barks to get Miguel's attention.

MIGUEL

Dante, cállate!

But Dante is insistent. He tugs at Miguel's pants, pulling him back to Héctor.

MIGUEL
(CONT'D)

No, Dante! Stop it! He can't help me!

15. mp3

실외. 보행자 우선 도로

미구엘은 황급히 헥터에게서 도망친다. 단테가 그를 쫓아가지만, 뒤를 보면서 낑낑거린다. 미구엘의 관심을 끌기 위해 크게 짖는다.

미구엘   단테, 조용히 해!

그러나 단테는 계속 짖어 댄다. 미구엘의 바지를 물고 헥터에게 끌고 가려고 한다.

미구엘   안 돼, 단테! 그만해! 아저씨는 날 도와줄 수가 없어!
(계속)

thoroughfare 길, 도로 hustle 황급히 가다 whimper 낑낑거리다 cállate [스페인어] 조용히 해! insistent 끈질긴 tug 잡아당기다

Dante grabs onto his hoodie sleeve. Miguel tries to shake him off, but his hoodie slips off, revealing the arms of a living boy. Dante redoubles his efforts.

MIGUEL (CONT'D)
Dante, stop! Stop it! Leave me alone! You're not a spirit guide, you're just a dumb dog! Now get out of here!

Miguel yanks his hoodie away from Dante, who shrinks back, rebuffed. The scuffle has drawn the eyes of the crowd. Startled skeletons see Miguel's arms. He hurries to get his hoodie back on.

CROWD MEMBERS
It's him! / It's that living boy! / I heard about him. / Look! / He's alive! / The boy's alive.

Miguel runs and jumps down some scaffolding. In the distance, he sees de la Cruz's tower. After only a few paces, Pepita lands in front of Miguel, cutting off his path! He skids to a stop.

MIGUEL
AAHH!

Then, peeking over the jaguar's head is an even more terrifying sight: Mamá Imelda riding atop.

MAMÁ IMELDA
This nonsense ends now, Miguel! [68] I am giving you my blessing and you are going home!

단테가 미구엘의 후드 소매를 잡는다. 미구엘이 그를 떨쳐 버리려고 하는데 후드가 벗겨지고, 살아 있는 소년의 팔이 드러난다. 단테가 더 세게 그를 끌고 간다.

미구엘
(계속)
단테, 그만! 그만해! 날 내버려 두라고! 넌 영혼의 안내자가 아니라, 그냥 멍청한 개일 뿐이야! 이제 그냥 가!

미구엘이 단테에게서 후드를 잡아챈다. 그에게 거절당한 단테는 몸을 움츠리며 뒤로 물러선다. 실랑이가 벌어지자 사람들의 시선이 이들에게 쏠린다. 놀란 해골들이 미구엘의 팔을 본다. 그는 재빠르게 다시 후드를 뒤집어쓴다.

군중
그 아이다! / 그 살아 있는 소년이야! / 쟤 얘기를 들었어. / 봐 봐! / 살아 있어! / 저 애는 살아 있어!

도망치는 미구엘이 건축 구조물에서 뛰어내린다. 저 멀리 델라 크루즈의 타워가 보인다. 몇 걸음 못 가서 페피타가 미구엘 앞에 나타나 그의 길을 가로막는다! 미구엘은 황급히 걸음을 멈춘다.

미구엘
아아!

이때 재규어의 머리 위로 더 무서운 모습이 보인다: 이멜다 할머니가 위에 타고 있다.

이멜다 할머니
이제 허튼 수작은 그만해, 미구엘! 내가 축복해 줄 테니 집으로 돌아가라고!

---

slip off 풀리다　redouble one's efforts 더 애쓰다　shrink 몸을 움츠리다, 줄어들다　rebuff 거절하다　scuffle 실랑이, 옥신각신함　scaffolding (건물 등의) 외벽 구조물　skid to a stop (미끄러지듯) 급하게 멈추다　terrifying 무서운　sight 광경, 모습　atop 위에, 꼭대기에　nonsense 말도 안 되는 일

MIGUEL
: I don't want your blessing!

Miguel runs for a narrow alley staircase.

MAMÁ IMELDA
: Miguel! Stop!

Not able to get through on her spirit guide, Imelda is forced to pursue Miguel on foot.

EXT. NARROW STAIRCASE

MAMÁ IMELDA (CONT'D)
: Come back! Miguel!

He wriggles through an iron gate.

MAMÁ IMELDA (CONT'D)
: I am trying to save your life!

She is stopped by the gate.

MIGUEL
: You're ruining my life!

MAMÁ IMELDA
: What?

MIGUEL
: Music's the only thing that makes me happy. And you, you wanna take that away! (beat) You'll never understand.

| 미구엘 | 할머니의 축복은 싫어요! |

미구엘은 좁은 골목 계단을 향해 도망친다.

| 이멜다 할머니 | 미구엘! 거기 서! |

영혼의 안내자를 타고서는 계단을 통과할 수 없어서 이멜다 할머니는 직접 미구엘을 쫓아갈 수밖에 없다.

실외. 좁은 계단

| 이멜다 할머니
(계속) | 돌아와! 미구엘! |

미구엘은 바둥거리며 철문을 통과한다.

| 이멜다 할머니
(계속) | 할머니는 널 살려 주려고 하는 거야! |

그녀는 문을 지나갈 수 없다.

| 미구엘 | 할머니는 제 인생을 망치고 있다고요! |

| 이멜다 할머니 | 뭐라고? |

| 미구엘 | 절 행복하게 하는 건 음악밖에 없어요. 그런데 할머닌, 할머닌 그걸 빼앗으려고 하잖아요! (정적) 할머닌 절대 이해 못 하실 거예요. |

alley 골목 get through 통과하다 be forced to 어쩔 수 없이 ~하다 pursue 뒤쫓다, 추적하다 on foot 걸어서, (차량 등에서) 내려서 wriggle 꿈틀거리다, 몸을 움직이다 ruin 망치다

Miguel heads away from her up the stairs.

MAMÁ IMELDA (singing)
Y AUNQUE LA VIDA ME CUESTE, LLORONA...
NO DEJARÉ DE QUERERTE...

Miguel stops in his tracks. When Imelda finishes, he turns back, confused.

MIGUEL I thought you hated music.

MAMÁ IMELDA Oh, I loved it. (reminiscing) I remember that feeling, when my husband would play, and I would sing and nothing else mattered. But when we had Coco, suddenly... there was something in my life that mattered more than music. I wanted to put down roots. [69] He wanted to play for the world.

Mamá Imelda pauses for a moment, lost in a memory.

MAMÁ IMELDA (CONT'D) We each made a sacrifice to get what we wanted. Now you must make a choice.

MIGUEL But I don't wanna... pick sides! (beat) Why can't you be on MY side? [70] That's what family's supposed to do – support you. (beat) But you never will.

미구엘은 그녀에게 멀어지며 계단을 올라간다.

이멜다 할머니 (노래한다)
목숨을 잃는다 해도, 울보…
사랑의 마음은 버리지 않으리…

미구엘은 그 자리에 멈춘다. 이멜다가 노래를 마치자 미구엘이 그녀를 돌아보는데 혼란스러운 표정이다.

미구엘 음악을 싫어하시는 줄 알았어요.

이멜다 할머니 오, 좋아했지. (회상하며) 그 느낌이 아직도 생생해. 남편이 연주하고 내가 노래하면 세상에 부러울 게 하나도 없었지. 그런데 코코가 태어나면서, 갑자기… 내 인생에 음악보다 더 중요한 것이 생긴 거야. 난 정착하고 싶었어. 하지만 남편은 세상을 위해 노래하길 원했지.

이멜다 할머니가 말을 잠시 멈춘다. 추억에 잠긴 듯하다.

이멜다 할머니
(계속) 원하는 것을 얻기 위해 우린 서로 희생을 했단다. 이제 너도 선택을 해야 해.

미구엘 하지만 전… 어느 한쪽만 선택하고 싶지 않아요! (정적) 왜 제 편을 들어 주실 수 없는 거죠? 가족은 그래야 하잖아요 – 서로에게 힘이 되어 주는 거. (정적) 하지만 할머닌 절대 그러지 않겠죠.

---

head 향하다, 가다   in one's tracks 그 자리에, 즉각, 당장   turn back 뒤로 돌다   reminisce 추억/회상에 잠기다   matter 중요하다
put down roots 뿌리를 내리다   lost in a memory 추억에 잠긴   make a sacrifice 희생하다   make a choice 선택하다

Miguel wipes the corner of his eye, frustrated. Imelda is shocked to see him so hurt, but Miguel turns away before she can answer and ascends the narrow staircase toward de la Cruz's tower.

EXT. BOTTOM OF THE TOWER

Miguel arrives at the foot of the hill to de la Cruz's tower. Vehicles from all eras (limousines, motor cars, carriages) drop off finely dressed guests who line up to get aboard a funicular that scales the tower to the mansion.

A couple at the front of the line show a fancy invitation to a SECURITY GUARD, who then lets them onto the funicular.

SECURITY GUARD
Have a good time.

GUEST
Oh, how exciting!

EL SANTO, the silver-masked luchador, produces a fancy invitation to the security guard.

미구엘이 눈가에 맺힌 눈물을 닦는다. 좌절한 모습이다. 이멜다는 미구엘이 상처를 받은 모습을 보고 매우 놀란다. 하지만 그녀가 어떤 말을 하기 전에 미구엘은 돌아서서 좁은 계단을 올라가며 델라 크루즈 타워로 향한다.

실외. 타워의 맨 아래

미구엘이 델라 크루즈의 타워로 올라가는 언덕 아래에 도착한다. 모든 시대의 이동 수단들(리무진, 자동차, 마차)에서 멋지게 차려 입은 손님들이 내린다. 타워를 따라 저택으로 올라가는 케이블카를 타려고 손님들이 줄을 서 있다.
줄 맨 앞에 있는 한 커플이 멋진 초대장을 보여 주자 보안요원이 케이블카 안으로 들여보낸다.

보안요원   즐거운 시간 되십시오.

손님   오, 정말 흥분되는군!

은색 복면을 쓴 프로레슬러 엘 산토가 보안요원에게 화려한 초대장을 내민다.

SECURITY GUARD
Oh! El Santo! (giddy) I'm a big fan.

The security guard sheepishly holds up a camera.

SECURITY GUARD
You mind if I—

El Santo nods. The security guard removes his head and hands it to the luchador for a selfie. His body proceeds to take the photo.

SECURITY GUARD
Gracias, señor!

The security guard puts his head back on and El Santo heads past the velvet rope. Miguel is revealed waiting in line behind him.

SECURITY GUARD
Invitation?

MIGUEL
It's okay. I'm Ernesto's great-great grandson!

Miguel strikes de la Cruz's signature pose with his guitar.

CUT TO:
Miguel is tossed out of the line. Just then he sees Los Chachalacos unloading their instruments from their van. He runs up to them.

MIGUEL
Disculpen, señores...

| 보안요원 | 오! 엘 산토 씨! (들떠서) 정말 팬이에요.

보안요원이 수줍게 카메라를 든다.

| 보안요원 | 혹시 괜찮으시다면—

엘 산토가 고개를 끄덕인다. 보안요원이 셀카를 찍기 위해 자신의 머리를 떼서 레슬러에게 건넨다. 그러고는 그의 몸이 사진을 찍어 준다.

| 보안요원 | 감사합니다, 선생님!

보안요원은 다시 머리를 붙이고 엘 산토는 벨벳으로 된 로프를 지나간다. 미구엘이 그 사람 뒤에서 줄을 서서 기다린다.

| 보안요원 | 초대장은?

| 미구엘 | 그런 건 없어도 돼요. 저는 에르네스토의 손자의 손자예요!

미구엘이 기타를 들고 델라 크루즈 특유의 포즈를 취한다.

장면 전환:
미구엘은 줄 밖으로 내던져진다. 바로 그때 로스 차차라코스가 밴에서 악기를 내리는 모습을 본다. 미구엘은 그들에게 달려간다.

| 미구엘 | 실례합니다, 여러분…

---

giddy 들뜬 **sheepishly** 부끄럽게, 순진하게 **proceed to** ~을 진행하다, (먼저 다른 일을 한 후에) 계속해서 ~을 하다 **strike a pose** 포즈를 취하다 **toss** 던지다 **unload** (짐을) 내리다 **Disculpen** [스페인어] 실례합니다

BAND LEADER Hey guys, it's Poco Loco!

BAND MEMBER #2 You were on fire tonight! [71]

MIGUEL You too! Hey, musician to musician, I need a favor...

CUT TO:

The Band Leader hands an invitation to the security guard.

SECURITY GUARD Ooo, the competition winners! Congratulations chicos!

Los Chachalacos file onto the funicular, the sousaphone player angling his instrument away from the security guard. After they get onto the funicular, he turns to reveal a pair of legs hanging out of the bell of the sousaphone. With a deep "TOOT!" Miguel spills out onto the floor of the funicular.

MIGUEL Thanks guys!

The funicular ascends.

밴드 리더　　얘들아, 그 '포코 로코'야!

밴드 멤버#2　　너 오늘 정말 멋졌어!

미구엘　　여러분도요! 저기, 뮤지션 대 뮤지션으로, 부탁드릴 게 있어요…

　　장면 전환:
　　밴드 리더가 보안요원에게 초대장을 건넨다.

보안요원　　오, 대회 우승자들이네요! 축하합니다, 여러분!

　　로스 차차라코스 멤버들이 줄을 서서 케이블카에 들어간다. 수자폰 연주자는 자신의 악기를 보안요원이 보지 못하도록 멀리 한다. 모두가 케이블카에 들어가고 그가 돌아서자 종 모양의 수자폰 입구에서 다리 두 개가 나타난다. 깊게 "뚜웃!" 하는 수자폰 소리와 함께 미구엘이 케이블카 바닥으로 떨어져 나온다.

미구엘　　고마워요 여러분!

　　케이블카가 올라간다.

---

favor 도움의 손길　hand 건네다　file 줄지어 가다　sousaphone 수자폰 (튜바와 비슷하게 생긴 금관 악기)　angle 비스듬히 놓다　funicular 케이블카　toot 뚜웅 하는 소리　spill 쏟아져 나오다　ascend 올라가다

CHAPTER 16

I'm Your Great-great Grandson!

EXT. DE LA CRUZ'S MANSION
The doors of the funicular open to reveal de la Cruz's lavish mansion. Los Chachalacos all file out.

MIGUEL | Whoa...

BAND LEADER | Enjoy the party, little músico!

MIGUEL | Gracias!

Miguel heads off toward the mansion.
On the stairs leading up, the party is bustling – performers, servers and guests dressed to the nines. A fire breather lets out flames that transform into a flurry of butterflies.

GUEST | Look, it's Ernesto!

16. mp3

실외. 델라 크루즈의 저택
케이블카 문이 열리고 델라 크루즈의 호화로운 저택이 나타난다. 로스 차차라코스 멤버들이 차례로 나간다.

미구엘   우와…

밴드 리더   즐거운 파티 되거라, 꼬마 뮤지션!

미구엘   고마워요!

미구엘은 저택을 향해 걸음을 옮긴다.
저택으로 올라가는 계단은 파티에 참여한 사람들로 북적거린다 – 공연을 하는 사람들, 서빙하는 사람들, 손님들 모두 멋지게 차려입었다. 차력사가 불을 뿜자 불꽃이 나비 떼로 변해서 날아간다.

손님   저기, 에르네스토야!

---

lavish 호화로운, 사치스러운　file out 줄지어 나오다　lead up 위로 올라가다　bustling 북적거리는, 부산한　dressed to the nines 우아하게 차려입은　fire breather 불을 뿜는 차력사　flame 불꽃　transform 변하다

Miguel catches a glimpse of de la Cruz heading deeper into the party. Miguel pursues.

MIGUEL   De la Cruz.

INT. DE LA CRUZ'S MANSION
Miguel heads into the foyer but loses de la Cruz in the crowd.

MIGUEL   Señor de la Cruz!

Miguel elbows his way through the room.

MIGUEL   Pardon me, Señor de la Cruz! Señor de la–

He finds himself in a huge hall with hundreds of guests, the heart of the party. Film clips play all around the room from de la Cruz's movies.

DE LA CRUZ (FILM CLIP)   When you see your moment, you mustn't let it pass you by. You must seize it.

Miguel takes it all in. Synchronized swimmers make formations in a sparkling indoor pool. A DJ lays a decades-spanning mash-up soundtrack. A clip of de la Cruz riding his noble steed plays behind Miguel.

DE LA CRUZ (FILM CLIP)   We're almost there, Dante.

미구엘은 파티 안으로 발걸음을 옮기는 델라 크루즈를 바라본다. 그리고 그를 따라간다.

미구엘 델라 크루즈다.

실내. 델라 크루즈의 저택
미구엘이 입구를 향해 가다가 인파 속에서 델라 크루즈를 놓친다.

미구엘 델라 크루즈 씨!

미구엘은 사람들을 밀치며 나아간다.

미구엘 실례합니다, 델라 크루즈 씨! 델라-

미구엘은 자신이 수백 명의 게스트들과 함께 파티의 중심지인 홀에 있다는 것을 깨닫는다. 델라 크루즈가 출연한 영화 속 영상들이 사방에서 방영된다.

델라 크루즈
(영상) 기회가 있을 때 절대 놓쳐서는 안 돼요. 그걸 잡아야 하죠.

미구엘은 이 모든 것들을 즐긴다. 싱크로나이즈 수영을 하는 사람들이 번쩍이는 실내 수영장에서 대형을 지으며 연기를 한다. 디제이는 수십 년에 걸친 옛날 영화 음악들을 믹싱해서 들려준다. 델라 크루즈가 멋진 말을 타고 달리는 영상이 미구엘 뒤에서 상영된다.

델라 크루즈
(영상) 거의 다 왔어, 단테.

---

catch a glimpse 얼핏 바라보다, 보다 pursue 따라가다, 추적하다 foyer 입구, 로비 the heart of ~의 가운데 take in 주변을 살피다, 받아들이다 synchronized swimmer 수중 발레 선수 sparkling 반짝이는 indoor pool 실내 수영장 decade 10년 span (어떤 일이 지속되는) 기간/시간 mash-up 여러 노래를 믹스한 것 soundtrack (영화 등의) 배경 음악 noble 고상한, 뛰어난 steed 말

	Miguel jumps to see above the crowd.
MIGUEL	Señor de la Cruz! Señor de la–

Miguel is unable to get his great-great grandfather's attention. Meanwhile, a clip behind Miguel features de la Cruz as a good-natured priest:

NUN **(FILM CLIP)**	But what can we do? It is hopeless...
DE LA CRUZ **(FILM CLIP)**	You must have faith, sister.
NUN **(FILM CLIP)**	Oh but Padre, he will never listen.
DE LA CRUZ **(FILM CLIP)**	He will listen... to MUSIC!

The passionate words embolden Miguel. He climbs a pillar to the landing of a grand staircase, he stands above the crowd. Miguel takes a breath and throws out a grito as loud as he can. It echoes through the space, and party guests turn. The DJ fades the music. Garnering some attention, Miguel plays his guitar. More guests turn. As a hush falls on the crowd, the sound of Miguel's guitar becomes singular.

미구엘이 그를 보기 위해 사람들 위로 폴짝 뛰어 본다.

미구엘 델라 크루즈 씨! 델라―

미구엘은 고조할아버지의 시선을 끌지 못한다. 그 사이에, 미구엘의 뒤에 있는 영상 속에서 온화한 신부 역할을 하는 델라 크루즈가 등장한다:

수녀
(영상) 하지만 어떻게 하죠? 희망이 없어요…

델라 크루즈
(영상) 믿어야 합니다, 수녀님.

수녀
(영상) 하지만 신부님, 제 말은 듣지 않으실 거예요.

델라 크루즈
(영상) 들으실 거예요… 음악이라면!

이 열정적인 대사들이 미구엘에게 용기를 준다. 미구엘이 기둥을 타고 웅장한 계단 맨 위에 올라가 사람들 위에 선다. 미구엘은 심호흡을 한 뒤 있는 힘껏 크게 소리를 지른다. 그의 목소리가 파티장에 울려 퍼지자 게스트들이 돌아본다. 디제이가 음악을 줄인다. 사람들의 시선을 모은 미구엘이 기타를 친다. 더 많은 게스트들이 그를 바라본다. 사람들이 조용해지면서 미구엘의 기타 소리가 두드러진다.

---

attention 관심 feature 등장시키다, 나오다 good-natured 온화한, 부드러운 priest 신부, 성직자 hopeless 희망이 없는, 절망적인 embolden 용기를 주다 pillar 기둥 landing 넓은 공간 take a breath 숨을 쉬다 echo (소리가) 울리다 garner 얻다, 모으다 hush 침묵, 고요함 singular 두드러진, 하나밖에 없는

MIGUEL (singing)

SEÑORAS Y SEÑORES
BUENAS TARDES, BUENAS NOCHES
BUENAS TARDES, BUENAS NOCHES
SEÑORITAS Y SEÑORES
TO BE HERE WITH YOU TONIGHT
BRINGS ME JOY! ¡QUÉ ALEGRÍA!
FOR THIS MUSIC IS MY LANGUAGE
AND THE WORLD ES MI FAMILIA

Miguel continues to play and sing as he nervously walks forward; the crowd parting, he moves closer to DLC.

MIGUEL

FOR THIS MUSIC IS MY LANGUAGE
AND THE WORLD ES MI FAMILIA

He passes a movie screen where a clip features de la Cruz singing the same song in one of his films, the songs overlapping for a brief moment.

MIGUEL & DE LA CRUZ

FOR THIS MUSIC IS MY LANGUAGE
AND THE WORLD ES MI FAMILIA

Miguel's soul pours into the strings as he approaches his hero—

미구엘	(노래한다)
	신사 숙녀 여러분
	안녕, 안녕하세요
	안녕, 안녕하세요
	신사 숙녀 여러분
	오늘 밤 함께하니
	즐거워요! 너무 기뻐요!
	음악은 나의 언어
	세상은 나의 가족이죠

미구엘 긴장한 듯 앞으로 나가면서 계속 기타를 치고 노래를 한다. 사람들이 길을 터주자 델라 크루즈에게 가까이 다가간다.

미구엘	음악은 나의 언어
	세상은 나의 가족이죠

미구엘이 영화 스크린을 지나는데 영상 속에서 델라 크루즈도 같은 노래를 부르고 있다. 둘의 노래가 잠시 오버랩된다.

미구엘과 델라 크루즈	음악은 나의 언어
	세상은 나의 가족이죠

미구엘이 영혼을 남아 기타를 연주하며 사신의 영웅에게 다가간다-

Buenas tardes [스페인어] 안녕하세요 (오후 인사) **¡Qué alegría** [스페인어] 행복합니다 **nervously** 긴장하며 **forward** 앞으로 **part** 갈라지다 **DLC** 델라 크루즈 (De La Cruz의 이니셜) **overlap** 겹치다, 동시에 나오다 **brief** 잠시 동안의, 잠깐의 **pour into** ~에 흘러 들어가다 **string** 악기의 줄 **approach** 접근하다

MIGUEL	FOR THIS MUSIC IS MY LANG—

SPLASH! Miguel tumbles into the indoor pool. The party-goers gasp, but it's Ernesto who rolls up his sleeves, and, in true movie hero fashion, jumps into the pool and lifts a coughing Miguel to the edge.

DE LA CRUZ	Are you all right, nino?

Miguel looks up, mortified. His painted face begins to run, revealing him to be a living boy. De la Cruz's eyes go wide. The crowd gasps and murmurs.

DE LA CRUZ	It's you... you, you are that boy, the one who came from the Land of the Living.
MIGUEL	You... know about me?
DE LA CRUZ	You are all anyone has been talking about! [72] Why have you come here?
MIGUEL	I'm Miguel. Your great-great grandson.

More murmuring from the crowd. De la Cruz is shocked.

DE LA CRUZ	I... have a great-great grandson?

| 미구엘 | 음악은 나의 언-

첨벙! 미구엘이 실내 수영장 안에 빠진다. 파티 참석자들이 헉하며 놀라고, 에르네스토가 소매를 걷어붙이고 영화 속 영웅처럼 수영장 안으로 뛰어든다. 기침을 하는 미구엘을 들고 수영장 끝으로 움직인다.

| 델라 크루즈 | 괜찮니, 애야?

매우 당황한 미구엘이 고개를 든다. 얼굴에 칠한 구두약이 흘러내리자 살아 있는 소년의 모습이 드러난다. 델라 크루즈의 눈이 커진다. 사람들이 놀라서 웅성거린다.

| 델라 크루즈 | 너로구나… 산 자들의 세계에서 왔다는 그 아이.

| 미구엘 | 저를… 아세요?

| 델라 크루즈 | 사람들이 다 네 얘기밖에 안 하던걸! 넌 왜 여기에 온 거니?

| 미구엘 | 전 미구엘이에요. 할아버지의 손자의 손자예요.

사람들이 웅성거리는 소리가 더 커진다. 델라 크루즈가 깜짝 놀란다.

| 델라 크루즈 | 내게… 손자의 손자가 있다고?

---

splash 첨벙하는 소리 tumble 굴러떨어지다 party-goer 파티 손님 sleeve 소매 fashion 방법, 방식 cough 기침하다 edge 끝, 가장자리 mortified 당황한 murmur 웅성거리다 shocked 충격을 받은, 어안이 벙벙한

MIGUEL   I need your blessing so I can go back home and be a musician, just like you. (beat) The rest of our family, they wouldn't listen. But I... I hoped you would...?

DE LA CRUZ   My boy, with a talent like yours, how could I not listen?

Miguel hugs de la Cruz who sweeps Miguel up onto his shoulders, showing him off to the room.

DE LA CRUZ   I HAVE A GREAT-GREAT GRANDSON!

The crowd roars.

CUT TO:
EXT. BOTTOM OF THE TOWER

CROWD   Look, it's Frida!

미구엘	전 할아버지의 축복이 필요해요. 그래야 집으로 돌아가서 뮤지션이 될 수 있거든요, 할아버지처럼 말이에요. (정적) 다른 가족들은 제 말을 들으려 하지도 않아요. 하지만 할아버지는… 들어 주실 거죠…?
델라 크루즈	너 같은 재능을 가진 아이의 말을 어떻게 안 들을 수 있겠니?

미구엘은 델라 크루즈를 껴안는다. 델라 크루즈가 미구엘을 어깨 위에 올리더니 사람들에게 자랑한다.

델라 크루즈	내게 손자의 손자가 있어요!

사람들이 함성을 지른다.

장면 전환:
실외. 타워의 맨 아래

사람들	저기 봐, 프리다야!

sweep up 들어 올리다　show off 자랑하다　roar 함성을 지르다

                     The silhouette of Frida Kahlo steps up to the security guard.

HÉCTOR   Yes, it is I. Frida Kahlo.

                     The security guard lets her in immediately. No need to check the list.

SECURITY GUARD   It is an honor, señora!

HÉCTOR   Gracias.

                     Héctor steps onto the funicular, readjusting his unibrow to maintain his disguise.

CUT TO:

EXT. DE LA CRUZ'S MANSION

Quick cuts over instrumental version of "Remember Me:"
De la Cruz barges into several conversations, proudly introducing Miguel. He seems almost giddy.
They wedge themselves into a group laughing in the garden (which includes Jorge Negrete & Pedro Infante)

DE LA CRUZ   Hey Negrete! Infante! Have you met my great-great grandson?

프리다 칼로의 실루엣이 보안요원에게 다가선다.

헥터 네, 저예요. 프리다 칼로.

보안요원이 그녀를 즉시 들여보낸다. 명단을 볼 필요도 없다.

보안요원 영광입니다, 여사님!

헥터 고마워요.

케이블카에 오르는 헥터는 일자 눈썹을 매만지며 변장을 유지한다.

장면 전환:
실외. 델라 크루즈의 저택
"기억해 줘"의 연주 버전이 들리면서 장면이 빠르게 전환된다: 델라 크루즈가 여러 대화에 끼어들며 자랑스럽게 미구엘을 소개한다. 즐거워 보인다. 두 사람은 정원에서 크게 웃고 있는 사람들 사이에 끼어든다. (그 사람들 중에는 호르헤 네그레테와 페드로 인판테도 있다.)

델라 크루즈 이봐 네그레테! 인판테! 내 손자의 손자하고 인사했어?

---

honor 명예, 영광, 특권 **readjust** 다시 조절하다 **maintain** 유지하다 **disguise** 변장 **barge** 끼어들다, 밀치고 들어가다 **giddy** 기쁜 **wedge** 끼워 넣다 **Jorge Negrete** 호르헤 네그레테 (멕시코 배우) **Pedro Infante** 페드로 인판테 (멕시코 배우)

CUT TO:

De la Cruz and Miguel ride up on horseback while guests play polo.

DE LA CRUZ   My great-great grandson!

CUT TO:

In the parlor

DE LA CRUZ   He's alive! And a musician to boot!

CUT TO:

Miguel chats away with de la Cruz and guests.

MIGUEL   Dimple. No dimple. Dimple. No dimple.

De la Cruz laughs, delighted.

DE LA CRUZ   No dimple!

CUT TO:

A film clip is projected in the main hall.

장면 전환:

게스트들이 폴로 경기를 하는데 델라 크루즈와 미구엘도 말을 타고 있다.

델라 크루즈   내 손자의 손자야!

장면 전환:

응접실에서

델라 크루즈   애는 살아 있어! 게다가 뮤지션이라고!

장면 전환:

미구엘이 델라 크루즈와 손님들과 이야기를 한다.

미구엘   보조개 있고. 보조개 없고. 보조개 있고. 보조개 없고.

델라 크루즈가 즐거워하며 크게 웃는다.

델라 크루즈   보조개 없네!

장면 전환:

영화 속 한 장면이 메인 홀에서 상영된다.

---

ride on horseback 말을 타다 parlor 응접실, 객실 alive 살아 있는 to boot 게다가, 또한 (앞서 한 말에 덧붙여) chat away 잡담하다 project 상영하다

ON SCREEN – Don Hidalgo turns raising a glass. Miguel acts along with the clip.

DON HIDALGO To our friendship!...
(FILM CLIP)/

DON HIDALGO ...I would move Heaven and Earth for you, mi amigo. Salud!
(FILM CLIP)/
MIGUEL

In the clip Don Hidalgo and de la Cruz drink. De la Cruz spits.

DE LA CRUZ Poison!
(FILM CLIP)/
MIGUEL

Miguel and de la Cruz gleefully act out the ensuing fist fight.

DE LA CRUZ You know, I did all my own stunts.

CUT TO:

A small crowd sways, arms around shoulders, as Miguel and Ernesto lead them in a chorus of "Remember Me."

스크린 영상 – 돈 히달고가 술잔을 들고 돌아본다. 미구엘이 영상 속 연기를 따라 한다.

돈 히달고
(영상)
우정을 위하여!…

돈 히달고
(영상)/
미구엘
… 자네를 위해서라면 하늘과 땅도 옮길 수 있어, 친구. 건배!

영상 속에서 돈 히달고와 델라 크루즈가 술을 마신다. 델라 크루즈가 술을 뱉어 낸다.

델라 크루즈
(영상)/
미구엘
독이군!

미구엘과 델라 크루즈가 신이 나서 뒤에 나오는 주먹다짐을 연기한다.

델라 크루즈
난 말야, 모든 액션을 대역 없이 했단다.

장면 전환:
미구엘과 에르네스토가 "기억해 줘" 후렴구를 부르고 사람들도 어깨동무를 하고 몸을 흔들며 노래를 따라 부른다.

raise 들어 올리다 friendship 우정 Salud! 건배! poison 독, 독약 gleefully 유쾌하게, 신이 나서 act out 연기를 하다 ensue 뒤따르다 fist fight 주먹다짐, 주먹싸움 stunt 위험한 연기, 스턴트 sway 몸을 흔들다 lead 이끌다

INT. DE LA CRUZ'S OFRENDA ROOM

De la Cruz gestures to the massive piles of gifts from his fans: bread, fruits, flowers, instruments, etc. All piled up to the ceiling.

DE LA CRUZ   All of this came from my amazing fans in the Land of the Living! They leave me more offerings than I know what to do with!

Miguel takes in the room, it's almost too much to absorb. Something seems to be on the boy's mind.

DE LA CRUZ   Hey, what's wrong? Is it too much? You look overwhelmed…

MIGUEL   No– it's all great.

DE LA CRUZ   But…?

MIGUEL   It's just – I've been looking up to you my whole life. [73] You're the guy who actually did it! But… (beat) Did you ever regret it? Choosing music over… everything else.

De la Cruz kneels down and looks into Miguel's eyes.

DE LA CRUZ   It was hard. Saying goodbye to my hometown. Heading off on my own… [74]

실내. 델라 크루즈의 제단실

델라 크루즈가 산더미처럼 쌓여 있는 팬들의 선물을 가리킨다: 빵, 과일, 꽃, 악기 등이 천장까지 쌓여 있다.

델라 크루즈   이건 모두 산 자들의 세계에 있는 내 멋진 팬들이 보낸 거야! 내가 감당할 수 없을 정도로 많은 제물을 바친단다!

미구엘이 방을 둘러보는데 다 볼 수 없을 정도로 많은 양이다. 미구엘이 생각에 잠기는 듯하다.

델라 크루즈   애야, 왜 그러니? 너무 많아서 그래? 놀란 것 같구나…

미구엘   아니요- 괜찮아요.

델라 크루즈   그런데…?

미구엘   그냥 - 전 평생 할아버지를 존경해 왔어요. 할아버지는 실제로 꿈을 이루신 분이잖아요! 그런데… (정적) 후회한 적은 없으신가요? 음악을 선택한 거요… 다른 모든 걸 포기하고 말이죠.

델라 크루즈가 무릎을 꿇고 미구엘의 눈을 바라본다.

델라 크루즈   힘들었지. 고향과 작별하는 거. 나 혼자 떠나는 거…

---

massive 거대한, 엄청난   pile 쌓다, 많이 쌓인 것   amazing 놀라운   absorb 받아들이다, 흡수하다   overwhelmed 압도된   look up to ~를 존경하다   kneel 무릎을 꿇다   hometown 고향   head off 떠나다   on one's own 혼자서, 단독으로

MIGUEL   Leaving your family?

DE LA CRUZ   Sí. But I could not have done it differently. (beat) One cannot deny who one is meant to be. And you, my great-great grandson, are meant to be a musician!

              Miguel smiles, chest swelling. He feels validated for the first time in his life.

DE LA CRUZ (CONT'D)   You and I, we are artists, Miguel! We cannot belong to one family. The world is our family!

              De la Cruz gestures to the sparkling city beyond his hilltop estate. Fireworks go off on the veranda.

DE LA CRUZ (CONT'D)   Ooo, the fireworks have begun!

미구엘 가족을 떠난 것도요?

델라 크루즈 그래. 하지만 다른 방법이 없었어. (정적) 운명은 거스를 수는 없는 거지. 그리고 너도 내 손자의 손자니까 뮤지션이 될 운명이야!

미구엘이 미소 짓는다. 가슴이 벅차다. 살면서 처음으로 인정받은 기분이다.

델라 크루즈
(계속) 너와 나, 우리는 아티스트야, 미구엘! 우리는 한 가정에만 머무를 수 없어. 세상이 우리의 가족이란다!

델라 크루즈가 자신의 언덕 위의 저택 너머로 화려하게 빛나는 도시를 가리킨다. 베란다에서 불꽃이 터진다.

델라 크루즈
(계속) 오, 불꽃놀이가 시작되었군!

---

deny 부인하다, 부정하다 be meant to ~할 운명이다 chest swell 가슴이 벅차다 validate 입증하다, 인증하다 belong to ~에 속하다 sparkling 반짝이는 estate 집, 부동산 go off 터지다, 발사되다

CHAPTER 17

De La Cruz's Dark Secret

CUT TO:

EXT. VERANDA

The party guests move outside to watch the light show.

INT. DE LA CRUZ'S MANSION

The hall has emptied, the lights are turned down. Bursts of color from outside flash across the walls. The only light coming from inside the hall are de la Cruz's film clips that continue to play on the walls.

De la Cruz and Miguel descend the staircase into the empty hall.

DE LA CRUZ Soon, the party will move across town for my "Sunrise Spectacular!" (beat) Miguel, you must come to the show! You will be my guest of honor!

Miguel's eyes light up.

17. mp3

장면 전환:
실외. 베란다
파티에 참석한 사람들이 불꽃놀이를 보러 밖으로 나간다.

실내. 델라 크루즈의 저택
홀은 비었고, 조명은 어둡다. 밖에서 폭발하는 불빛들이 번쩍이며 벽에 비친다. 홀에 있는 불빛은 벽에 계속해서 상영되고 있는 델라 크루즈의 영상뿐이다.
델라 크루즈와 미구엘이 계단을 걸어와 텅 빈 홀로 내려간다.

델라 크루즈 이제 곧 나의 "환상의 해돋이 쇼"를 보러 다들 도시 저편으로 이동할 거야! (정적) 미구엘, 너도 꼭 와야 해! 넌 특별 초대 손님이야!

미구엘의 눈빛이 빛난다.

empty 텅 비다, 텅 빈 burst 폭발, 터짐 flash 빛나다 descend 내려가다 staircase 계단 spectacular 장관인, 화려한 쇼 guest of honor 귀빈 light up 빛나다

MIGUEL   You mean it?! ⁷⁵

DE LA CRUZ   Of course, my boy!

> Miguel's chest swells. Then deflates. He lifts his shirt, revealing the skeletal transition partway up his torso.

MIGUEL   I can't... I have to get home before sunrise.

DE LA CRUZ   Oh, I really do need to get you home.

> De la Cruz plucks a marigold petal from a vase.

DE LA CRUZ   It has been an honor. I am sorry to see you go, Miguel. I
(CONT'D)   hope you die very soon. (beat) You know what I mean. (beat)
                    Miguel, I give you my bles–

HÉCTOR   We had a deal, chamaco!
(O.S.)

> They are startled.

DE LA CRUZ   Who are you? What is the meaning of this? ⁷⁶

> From the shadows, Héctor, dressed as Frida, steps into the light.

DE LA CRUZ   Oh, Frida! I thought you couldn't make it. ⁷⁷
(CONT'D)

미구엘	정말이세요?!

델라 크루즈	물론이지, 우리 손자!

가슴이 벅차는 미구엘. 그러다 풀이 죽는다. 셔츠를 들어 올리니 몸 윗부분이 해골로 변하고 있다.

미구엘	전 못 가요… 해가 뜨기 전에 집에 가야 돼요.

델라 크루즈	오, 정말로 널 집에 보내 줘야겠구나.

델라 크루즈가 꽃병에서 금잔화 꽃잎 하나를 뽑는다.

델라 크루즈 (계속)	널 만나서 영광이었다. 네가 가야만 한다니 아쉬워, 미구엘. 네가 얼른 죽었으면 좋겠다. (정적) 무슨 뜻인지 알지? (정적) 미구엘, 난 너를 축복-

헥터 (화면 밖)	우리 약속했잖아, 꼬마야!

그들이 깜짝 놀란다.

델라 크루즈	당신은 누구요? 왜 이러는 거요?

프리다 옷을 입은 헥터가 어두운 곳에서 밝은 곳으로 나온다.

델라 크루즈 (계속)	오, 프리다! 난 당신이 못 오는 줄 알았어.

deflate 풀이 죽다   transition 이행, 변화   partway 도중에서, 어느 정도, 일부분은   torso 몸통   pluck 뽑다   vase 꽃병   honor 영광
deal 거래   startled 놀란   shadow 어두운 곳   step into ~로 걸어가다   make it 참석하다

Héctor takes off the wig and throws his outfit off.

HÉCTOR   You said you'd take back my photo. You promised, Miguel.

Miguel turns, backing into de la Cruz's arms. De la Cruz rises to his feet, hands defensively on Miguel's shoulders.

DE LA CRUZ   (to Miguel) You know this, uh… man?

MIGUEL   I just met him tonight. He told me he knew you—

As Héctor steps forward with the photo, de la Cruz slowly recognizes him.

DE LA CRUZ   Hé— Héctor?

HÉCTOR   Please Miguel, put my photo up.

헥터가 가발과 의상을 벗어 던진다.

헥터
내 사진을 가져가겠다고 했잖아. 네가 약속했다고, 미구엘.

미구엘이 돌아서서 델라 크루즈의 품으로 물러선다. 델라 크루즈가 일어서며, 그를 보호하듯 미구엘의 어깨에 손을 올린다.

델라 크루즈
(미구엘에게) 너 이, 어… 남자 아니?

미구엘
오늘 밤에 만난 사람이에요. 이 사람이 할아버지를 안다고 해서—

헥터가 사진을 들고 앞으로 나가자, 델라 크루즈가 서서히 그를 알아본다.

델라 크루즈
헤—헥터?

헥터
제발 미구엘, 내 사진을 올려 줘.

wig 가발 outfit 의상, 옷 rise to one's feet 일어서다 defensively 방어적으로, 수동적으로 recognize 알아보다

Héctor pushes the photo into Miguel's hands. De la Cruz intercepts it. He looks from the picture to the gray, faded skeleton who kneels before him. Héctor looks weak.

DE LA CRUZ   My friend, you're being forgotten...

HÉCTOR   And whose fault is that?

DE LA CRUZ   Héctor, please–

HÉCTOR   Those were MY songs you took. MY songs that made YOU famous.

MIGUEL   W-What?

HÉCTOR   If I'm being forgotten, it's because you never told anyone that I wrote them–

MIGUEL   That's crazy, de la Cruz wrote all his own songs.

HÉCTOR   (to de la Cruz) You wanna tell him, or should I?

DE LA CRUZ   Héctor, I never meant to take credit. [78] (beat) We made a great team but – you died and I – I only sang your songs because I wanted to keep a part of you alive.

HÉCTOR   Oh, how generous.

헥터가 사진을 미구엘의 손에 쥐어 주려는데 델라 크루즈가 이를 가로챈다. 델라 크루즈는 사진을 바라보더니 앞에서 무릎을 꿇고 희미하게 변해 가는 회색빛 해골에게 시선을 돌린다. 헥터는 연약해 보인다.

델라 크루즈   친구, 자네는 잊혀지고 있군…

헥터   그게 누구 때문이지?

델라 크루즈   헥터, 제발-

헥터   내 노래들을 훔쳐 갔잖아. 넌 내 노래 때문에 유명해진 거야.

미구엘   뭐-뭐라고요?

헥터   내가 잊혀지는 건 내가 그 노래들을 썼다는 걸 네가 아무에게도 말하지 않았기 때문이야.

미구엘   말도 안 돼요, 델라 크루즈는 모든 노래를 직접 썼다고요.

헥터   (델라 크루즈에게) 자네가 이야기할 텐가, 아니면 내가 할까?

델라 크루즈   헥디, 난 공을 가로챌 의도는 전혀 없었어. (정적) 우린 정말 좋은 팀이었지만 - 넌 죽었고 난 - 그냥 네 노래를 불렀을 뿐이야, 너의 일부가 살아 있도록 해 주고 싶어서.

헥터   오, 참으로 인자하시네.

intercept 가로채다   faded 희미한   weak 연약한   mean to ~하려는 의도이다   take credit 공을 차지하다   make a great team 훌륭한 팀을 이루다   generous 너그러운, 관대한

MIGUEL   You really did play together...

HÉCTOR   Look, I don't want to fight about it. I just want you to make it right. [79] Miguel can put my photo up–

DE LA CRUZ   Héctor...

HÉCTOR   –And I can cross over the bridge. I can see my girl.

De la Cruz looks at the photo, deliberating.

HÉCTOR   Ernesto... Remember the night I left?

DE LA CRUZ   That was a long time ago.

HÉCTOR   We drank together and you told me you would move heaven and earth for your amigo. Well, I'm asking you to now.

MIGUEL   Heaven and earth? Like in the movie?

HÉCTOR   What?

MIGUEL   That's Don Hidalgo's toast... in the de la Cruz movie, "El Camino A Casa."

미구엘 정말로 같이 음악을 하셨네요…

헥터 이봐, 난 이걸로 싸우고 싶지 않아. 지금이라도 네가 바로잡길 바랄 뿐이야. 미구엘이 내 사진을 올려 두면-

델라 크루즈 헥터…

헥터 - 내가 다리를 건너갈 수 있어. 내 딸을 볼 수 있다고.

델라 크루즈가 사진을 바라보며 생각에 잠긴다.

헥터 에르네스토… 내가 떠났던 날 밤 기억하나?

델라 크루즈 오래전 일이야.

헥터 우린 같이 술을 마셨고 넌 친구를 위해서 하늘과 땅도 옮길 수 있다고 했어. 지금 그러길 부탁하는 거야.

미구엘 하늘과 땅이라고요? 영화에서처럼요?

헥터 뭐라고?

미구엘 그건 돈 히달고의 건배사예요… 델라 크루즈의 영화 "집으로 가는 길"에 나오는 거죠.

---

make it right 올바르게 수정하다, 바로잡다 cross over 건너다 deliberate 신중히 생각하다 amigo [스페인어] 친구 toast 건배, 건배사 el camino [스페인어] 길, 도로 casa [스페인어] 집

HÉCTOR   I'm talking about my real life, Miguel.

MIGUEL   No, it's in there. Look.

Miguel looks around and points to the movie clip projected across the room.

FILM CLIP

DON HIDALGO (FILM CLIP)   Never were truer words spoken. This calls for A TOAST! To our friendship! [80] I would move Heaven and Earth for you, mi amigo.

MIGUEL   But in the movie, Don Hidalgo poisons the drink...

DON HIDALGO (FILM CLIP)   Salud!

In the clip Don Hidalgo and de la Cruz drink. De la Cruz spits his drink.

DE LA CRUZ (FILM CLIP)   Poison!

Héctor's gears are turning too.

HÉCTOR   That night, Ernesto. The night I left...

헥터	지금 내 인생 이야기를 하는 거야, 미구엘.

미구엘	아뇨, 영화에 나와요. 보세요.

주위를 둘러보던 미구엘은 방 저편에서 상영되는 영화 속 영상을 가리킨다.

영화 속 영상

돈 히달고 (영상)	이보다 더 진실한 말은 없었지. 건배를 해야겠네! 우정을 위하여! 난 자네를 위해서라면 하늘과 땅도 옮길 수 있어, 나의 친구여.

미구엘	영화에서는 돈 히달고가 술에 독을 타는데…

돈 히달고 (영상)	건배!

영상에서 돈 히달고와 델라 크루즈가 술을 마신다. 델라 크루즈는 술을 뱉어 낸다.

델라 크루즈 (영상)	독이군!

헥터가 뭔가를 깨닫기 시작한다.

헥터	그날 밤, 에르네스토. 내가 떠나던 그날 밤…

project 상영하다 friendship 우정 call for ~이 필요하다, 청하다 poison 독을 타다 spit 뱉다 gears turn 생각하다, 상황을 파악하다

FLASHBACK:

INT. MEXICO CITY HOTEL ROOM

Héctor throws a songbook in a suitcase, shuts it. He grabs his guitar case like he means to leave.

HÉCTOR
(V.O.)
We'd been performing on the road for months. I got homesick – and I packed up my songs...

YOUNG DE LA CRUZ
You wanna give up now? When we're this close to reaching our dream?

YOUNG HÉCTOR
This was your dream. You'll manage. [81]

YOUNG DE LA CRUZ
I can't do this without your songs. Héctor–

De la Cruz grabs young Héctor's suitcase, but Héctor pulls away.

YOUNG HÉCTOR
I'm going home, Ernesto. (beat) Hate me if you want, but my mind is made up. [82, 83]

De la Cruz looks angry. For a moment his face darkens. But he composes himself.

YOUNG DE LA CRUZ
Oh, I could never hate you. If you must go, then I'm... I'm sending you off with a toast!

회상:
실내. 멕시코 시티 호텔 방

헥터가 여행 가방에 악보를 던져 넣고 닫는다. 마치 떠날 것처럼 기타 케이스를 집어 든다.

헥터 (목소리)	우린 수개월간 순회공연을 하던 중이었어. 난 고향이 그리웠어 – 그래서 내 노래들을 챙겨서…
젊은 델라 크루즈	이제 와서 포기하겠다는 거야? 조금만 더 하면 우리의 꿈을 이룰 수 있는데?
젊은 헥터	그건 너의 꿈이었지. 넌 잘 해낼 거야.
젊은 델라 크루즈	네 노래가 없으면 난 할 수 없어. 헥터–

델라 크루즈가 젊은 헥터의 가방을 붙잡는데, 헥터가 이를 뿌리친다.

젊은 헥터	난 집으로 갈 거야, 에르네스토. (정적) 날 증오해도 좋아, 하지만 내 마음은 이미 정해졌어.

델라 크루즈는 화난 모습이다. 잠시 그의 표정이 어두워진다. 하지만 이내 평정을 되찾는다.

젊은 델라 크루즈	어떻게 널 증오할 수 있겠어? 정 가야 한다면 건배라도 하고 보내야지!

---

flashback (영화, 연극) 플래시백, 회상 장면 suitcase 여행 가방 shut 닫다 on the road 순회공연 중인 homesick 향수병을 앓는 pack up 짐을 싸다, 챙기다 manage 해내다, 운영하다 grab 붙잡다 pull away 빼다 darken 어두워지다 compose oneself 스스로 가다듬다, 평정을 찾다 send someone off ~를 보내다, ~를 배웅하다

De la Cruz pours a couple of drinks. He gives one to Héctor.

YOUNG
DE LA CRUZ
(CONT'D)

To our friendship. I would move Heaven and Earth for you, mi amigo. Salud!

They both drink.

EXT. EMPTY STREET

HÉCTOR
(V.O.)

You walked me to the train station.

They walk an empty street at night, Héctor with suitcase and guitar case in tow. Héctor stumbles, de la Cruz steadies him, takes his guitar case.

HÉCTOR
(V.O.)

But I felt a pain in my stomach. I thought it must have been something I ate...

YOUNG
DE LA CRUZ

Perhaps it was that chorizo my friend...

델라 크루즈가 술 몇 잔을 따르더니 헥터에게 잔 하나를 건넨다.

젊은
델라 크루즈
(계속)

우리의 우정을 위하여. 난 자네를 위해서라면 하늘과 땅도 옮길 수 있어, 나의 친구여. 건배!

두 사람, 술을 마신다.

실외. 텅 빈 거리

헥터
(목소리)

네가 나를 기차역까지 배웅해 줬지.

그들이 텅 빈 밤 거리를 걷는다. 헥터는 여행 가방과 기타 케이스를 들고 있다. 헥터가 비틀거리자 델라 크루즈가 그를 잡아 주면서 기타 케이스를 가져간다.

헥터
(목소리)

헌데 난 배가 몹시 아팠어. 내가 먹은 음식 때문이라고 생각했지…

젊은
델라 크루즈

어쩌면 소시지 때문에 그럴지도 몰라 친구…

---

in tow 뒤에 짊어지고 stumble 비틀거리다 steady 잡아 주다, 진정시키다 pain 통증 stomach 배 chorizo [스페인어] 소시지

HÉCTOR (V.O.)　　Or something I... drank.

A few more steps and Héctor collapses in the street. FADE TO BLACK.

HÉCTOR (V.O.)　　I woke up dead.

BACK TO:
INT. DE LA CRUZ'S MANSION

HÉCTOR　　You... POISONED me.

DE LA CRUZ　　You're confusing movies with reality, Héctor.

HÉCTOR　　All this time I thought it was just bad luck.

FLASHBACK:
EXT. EMPTY STREET

Héctor's suitcase is opened. A hand reaches in to take the songbook.

HÉCTOR　　I never thought that you might have... that you...

| 헥터 | 아니면 내가… 마신 것 때문이었을지도. |
| (목소리) | |

몇 걸음 더 가서 헥터가 길에 쓰러진다. 화면이 검게 변한다.

| 헥터 | 깨어 보니 내가 죽어 있었어. |
| (목소리) | |

현재 화면으로 돌아온다:
실내. 델라 크루즈의 저택

| 헥터 | 네가… 날 독살한 거야. |

| 델라 크루즈 | 자넨 영화와 현실을 혼동하고 있어, 헥터. |

| 헥터 | 지금까지 내가 운이 나빠서 그랬다고 생각했는데. |

회상:
실외. 텅 빈 거리

헥터의 여행 가방이 열려 있다. 손 하나가 가방 안으로 들어가 악보를 꺼낸다.

| 헥터 | 네가 그랬을 거라고는 상상도 못했지… 네가… |

---

collapse 쓰러지다   confuse A with B A와 B를 혼동하다   reality 현실

BACK TO:

INT. DE LA CRUZ'S MANSION

Héctor clenches his jaw. Then he bounds at de la Cruz, tackling him to the ground.

HÉCTOR
How could you?! [84]

MIGUEL
Héctor!

DE LA CRUZ
Security! Security!

Miguel watches as Héctor and Ernesto scuffle on the floor.

HÉCTOR
You took everything away from me!

Security guards rush in to pull Héctor off Ernesto. Héctor struggles, but it's no use.

HÉCTOR
You rat!

DE LA CRUZ
Have him taken care of. He's not well.

The guards drag Héctor through a wide doorway.

HÉCTOR
I just wanted to go back home! No, no, NO!

다시 현실로 돌아와서:
실내. 델라 크루즈의 저택

헥터가 이를 악문다. 그러고는 델라 크루즈에게 달려들어 바닥에 쓰러뜨린다.

헥터 어떻게 네가 그럴 수가?!

미구엘 헥터!

델라 크루즈 경비! 경비!

미구엘은 헥터와 에르네스토가 바닥에서 몸싸움을 벌이는 모습을 바라본다.

헥터 넌 내 모든 것을 빼앗아 갔어!

보안요원들이 뛰어와 헥터를 에르네스토에게서 떼어 놓는다. 헥터가 몸부림치지만 소용없다.

헥터 쥐새끼 같으니라고!

델라 크루즈 저자를 데려가. 제정신이 아니야.

보안요원들이 헥터를 끌고 커다란 문 밖으로 데려간다.

헥터 난 집으로 돌아가고 싶었을 뿐이야! 안 돼, 안 돼, 안 돼!

---

clench one's jaw 이를 악물다 bound 껑충 뛰어오르다 tackle 쓰러뜨리다 ground 바닥 security 보안요원, 경비 scuffle 실랑이를 벌이다 struggle 몸부림치다 no use 소용없는 rat 쥐새끼 같은 놈, 비열한 놈 well 건강한, 정상인 drag 끌고 가다

The doors slam shut and cut off his shouts. Miguel is left alone with de la Cruz.

DE LA CRUZ   I apologize. Where were we? [85]

MIGUEL   You were going to give me your blessing...

DE LA CRUZ   Yes. Uh... sí.

De la Cruz pulls up a marigold petal, but hesitates.

DE LA CRUZ   Miguel, my reputation, it is very important to me. I would hate to have you think...

MIGUEL   That you murdered Héctor... for his songs?

DE LA CRUZ   You don't think that. Do you?

MIGUEL   I – no! Everyone knows you're the... the good guy.

Doubt enters Miguel's mind. De la Cruz darkens, he places the photo of Héctor in his coat pocket, gears turning in his mind.

문이 쾅 닫히고 그의 고함 소리가 더 이상 들리지 않는다. 미구엘은 델라 크루즈와 단 둘이 남아 있다.

델라 크루즈   미안하구나. 뭐 하다 말았지?

미구엘   저에게 축복해 주시려고…

델라 크루즈   그래. 어… 그렇군.

델라 크루즈가 금잔화 꽃잎을 꺼내 들지만 망설인다.

델라 크루즈   미구엘, 나의 명성은 매우 중요하단다. 네가 그런 생각을 하지 않으면 좋겠는데…

미구엘   할아버지가 헥터를 죽인 거요… 그의 노래를 가로채려고 말이죠?

델라 크루즈   넌 그렇게 생각하지 않지. 그렇지?

미구엘   전 – 아니요! 다들 알아요, 할아버지가… 좋은 사람이라는 걸.

미구엘의 마음에 의심이 싹튼다. 델라 크루즈의 표정이 어두워지더니, 헥터의 사진을 자신의 코트 주머니에 집어넣는다. 그리고 어떤 생각을 한다.

---

slam shut 쾅 닫히다 **apologize** 사과하다 **hesitate** 망설이다 **reputation** 평판, 명성 **darken** 낯빛이 어두워지다 **place** 놓다, 두다 **gears turn** 생각을 하다

MIGUEL   Papá Ernesto? My blessing?

De la Cruz crumples the marigold petal.

DE LA CRUZ   Security!

De la Cruz's guards appear in the doorway.

DE LA CRUZ (CONT'D)   Take care of Miguel. He'll be extending his stay.

The guards grab Miguel by the shoulder.

MIGUEL   What?! But I'm your family!

DE LA CRUZ   And Héctor was my best friend.

Miguel goes pale.

미구엘 에르네스토 할아버지? 제 축복은요?

델라 크루즈가 금잔화 꽃잎을 구겨 버린다.

델라 크루즈 경비!

델라 크루즈의 보안요원들이 문 앞에 나타난다.

델라 크루즈
(계속) 미구엘을 데려가. 여기에 더 있을 거야.

보안요원들이 미구엘의 어깨를 잡는다.

미구엘 뭐라고요? 전 할아버지의 가족이에요!

델라 크루즈 헥터도 내 가장 친한 친구였어.

미구엘의 얼굴이 창백해진다.

---

crumple 구기다, 구겨지다 appear 나타나다 extend 연장하다, 늘리다 grab 붙잡다 pale 창백한

DE LA CRUZ Success doesn't come for free, Miguel. You have to be willing to do whatever it takes to... seize your moment. I know you understand.

Miguel is dragged away.

MIGUEL No, NO!

델라크루즈 성공은 공짜로 얻어지는 게 아냐, 미구엘. 기회를 잡기 위해서는⋯ 무슨 짓이든 해야 해. 너도 이해할 거다.

미구엘이 끌려간다.

미구엘 안 돼요, 안 돼!

---

for free 공짜로 be willing to 기꺼이 ~하다 whatever it takes 무슨 일이 있어도, 어떤 수를 써서라도 drag away 끌고 가다

CHAPTER 18

My Daughter, Coco

EXT. DE LA CRUZ'S TOWER

The guards drag Miguel out the back of de la Cruz's mansion.

MIGUEL   Let go!

They throw him into a cenote, an inescapable sinkhole behind the estate.

INT. CENOTE

MIGUEL   NO! AHHHHHH!

실외. 델라 크루즈의 타워
보안요원들이 델라 크루즈의 저택 뒤로 미구엘을 끌고 간다.

미구엘 놔요!

보안요원들이 저택 뒤에 있는 거대한 지하 저수지 속으로 미구엘을 던져 버린다. 그곳은 절대 도망쳐 나올 수 없는 싱크홀이다.

실내. 지하 저수지

미구엘 안 돼! 아아아아!

---

let go 풀어 주다, 놓다 **cenote** 지하 저수지 (중미 지역의 깊은 천연 우물) **inescapable** 피할 수 없는, 달아날 수 없는 **sinkhole** 큰 웅덩이, 싱크홀 **estate** 집, 부동산

>   He falls four stories and splashes into the pool at the bottom of the
>   hole. He breaks the surface and swims to a stone island in the center.

MIGUEL   Help! Can anyone hear me? I wanna go home!

>   Miguel collapses on the stone island. His soaked hoodie sags
>   off his shoulders. The skeletal transition is almost complete. A
>   moment of silence. He is alone.
>   Suddenly, Miguel hears a noise. Footsteps. Héctor emerges from
>   the darkness, looking beat-up. Héctor stumbles.

MIGUEL   Héctor?

HÉCTOR   Kid?

MIGUEL   Oh, Héctor!

>   They run to each other. Héctor embraces Miguel. But Miguel is
>   overcome with shame.

MIGUEL   You were right. I should have gone back to my family— [86]

>   Héctor tries to calm him but Miguel is shaking.

HÉCTOR   Hey— hey, hey,...

미구엘은 4층 높이에서 떨어져 구멍 바닥에 있는 물웅덩이로 첨벙 빠진다. 수면 위로 올라와 가운데 있는 돌섬으로 헤엄친다.

미구엘 도와줘요! 들리세요? 전 집에 가고 싶다고요!

미구엘은 돌섬 위에 쓰러진다. 흠뻑 젖은 후드가 어깨 위에 축 늘어진다. 미구엘은 거의 해골의 모습으로 변해 간다. 이곳은 쥐 죽은 듯 고요하다. 미구엘은 혼자 있다. 이때 갑자기 미구엘이 어떤 소리를 듣는다. 발소리이다. 헥터가 피곤에 지친 표정으로 어둠 속에서 나타난다. 그는 비틀거린다.

미구엘 헥터?

헥터 꼬마니?

미구엘 오, 헥터!

그들은 서로를 향해 달려간다. 헥터가 미구엘을 껴안는다. 하지만 미구엘은 부끄러움에 휩싸인다.

미구엘 아저씨가 옳았어요. 우리 가족에게 돌아갔어야 했는데—

헥터가 미구엘을 진정시키려 하지만 미구엘은 몸을 떨고 있다.

헥터 얘야— 이봐…

---

four stories 4층 **splash** 풍덩 하고 빠지다 **break the surface** 수면 위로 나오다 **collapse** 쓰러지다 **soaked** 흠뻑 젖은 **sag** 축 처지다, 늘어지다 **transition** 변형, 진행 **footstep** 발자국, 발소리 **beat-up** 몹시 지친, 낡은 **stumble** 비틀거리다 **embrace** 껴안다

MIGUEL   They told me not to be like de la Cruz, but I didn't listen—

HÉCTOR   Hey, it's okay...

MIGUEL   I told them I didn't care if they remembered me. I didn't care if I was on their stupid ofrenda.

Héctor holds Miguel to his chest. Miguel is tense.

HÉCTOR   Hey, chamaco, it's okay. It's okay.

MIGUEL   I told them I didn't care.

Suddenly, a golden flicker flutters through Héctor's bones, and he falls to his knees.

HÉCTOR   Hhuuh!

MIGUEL   Héctor! Héctor—

HÉCTOR   She's... forgetting me.

Miguel looks at Héctor with concern.

MIGUEL   Who?

미구엘	가족들이 나보고 델라 크루즈처럼 되지 말라고 했는데, 전 그 말을 듣지 않았어요—
헥터	얘야, 괜찮아…
미구엘	가족들이 날 기억하건 말건 상관없다고 했어요. 바보 같은 제단에 내 사진이 있건 말건 신경 쓰지 않는다고.

헥터가 미구엘을 끌어안아 준다. 미구엘은 많이 긴장했다.

헥터	꼬마야, 괜찮아. 괜찮다고.
미구엘	난 상관없다고 했어요.

이때 헥터의 뼈 사이로 황금빛이 번쩍하더니 그가 무릎을 꿇으며 쓰러진다.

헥터	허어어!
미구엘	헥터 아저씨! 헥터 아저씨—
헥터	그 애가… 날 잊고 있어.

미구엘이 걱정스러운 눈빛으로 헥터를 바라본다.

미구엘	누구요?

---

care 신경 쓰다 ofrenda 제단 tense 긴장한, 신경이 날카로운 flicker 깜박거림 flutter 떨리다, 흔들리다 fall to one's knees 무릎을 꿇으며 주저앉다 with concern 염려하며

HÉCTOR	My daughter...

MIGUEL	She's the reason you wanted to cross the bridge...

HÉCTOR	I just wanted to see her again... (beat) I never should have left Santa Cecilia. I wish I could apologize. I wish I could tell her that her Papá was trying to come home. That he loved her so much. (beat) My Coco...

A chill runs through Miguel.

MIGUEL	Coco?

Miguel reaches into his hoodie and pulls out the photo of Imelda, Coco, and the faceless musician. Miguel shows the photo to Héctor. Héctor is confused; it's like he's seen a ghost.

HÉCTOR	Where... where did you get this?

MIGUEL	That's my Mamá Coco. That's my Mamá Imelda. Is that... you?

헥터	내 딸…

미구엘	딸 때문에 다리를 건너려고 했던 거군요…

헥터	난 그저 그 애를 다시 보고 싶었어… (정적) 애초에 산타 세실리아를 떠나지 말았어야 했어. 사과하고 싶어. 아빠가 집에 오려고 했었다고 말해 주고 싶어. 너무 사랑한다고 말이야. (정적) 나의 코코…

미구엘의 등골이 오싹해진다.

미구엘	코코?

미구엘은 후드 속에 손을 넣어 이멜다, 코코, 그리고 얼굴 없는 뮤지션의 사진을 꺼낸다. 그리고 헥터에게 그 사진을 보여 준다. 헥터는 혼란스러워한다. 마치 유령을 본 듯한 표정이다.

헥터	어디서… 이거 어디서 난 거야?

미구엘	이분은 코코 할머니예요. 이분은 이멜다 고조할머니고요. 그럼 이 사람이… 아저씨?

apologize 사과하다 chill 냉기, 오싹함 run through 퍼지다, 번지다 reach into ~에 손을 넣다 pull out 꺼내다 faceless 얼굴이 없는 confused 혼란스러운

Gears turn in both of their heads.

HÉCTOR   We're...

HÉCTOR / MIGUEL   ...family?

Héctor is as shocked as Miguel. He looks at his great-great grandson. He looks to the photo, touches the image of baby Coco, and he becomes saddened.

HÉCTOR   I always hoped I'd see her again. That she'd miss me... maybe put up my photo. But it never happened. (beat) You know the worst part? (beat) Even if I never got to see Coco in the living world... I thought at least one day I'd see her here. [87] Give her the biggest hug... (beat) But she's the last person who remembers me. The moment she's gone from the living world...

MIGUEL   You disappear... from this one. You'll never get to see her...

HÉCTOR   ...Ever again.

Héctor is quiet for a moment.

HÉCTOR   You know, I wrote her a song once. We used to sing it; every night at the same time, no matter how far apart we were. [88] What I wouldn't give to sing it to her... one last time.

두 사람의 머리가 복잡해진다.

헥터   우리가…

헥터/미구엘   … 가족?

헥터는 미구엘만큼이나 충격을 받는다. 자신의 손자의 손자를 쳐다본다. 헥터는 사진을 보며 아기 코코를 만진다. 그리고 슬퍼한다.

헥터   난 늘 그 애를 다시 볼 수 있기를 바랐어. 그 애가 날 그리워해서… 혹시라도 내 사진을 올려 두길 바랐지. 하지만 그런 일은 없었단다. (정적) 제일 두려운 게 뭔지 아니? (정적) 산 자들의 세계에서 코코를 볼 수 없더라도… 언젠가 여기서는 만날 수 있을 거라고 생각했어. 꼭 껴안아 주고… (정적) 하지만 그 애는 날 기억하는 마지막 사람이야. 그 애가 산 자들의 세계를 떠나는 순간…

미구엘   아저씨도 사라지는 거죠… 이 세계에서. 그럼 할머니를 다시는 만날 수 없게 되죠.

헥터   … 절대 다시는.

헥터, 잠시 말이 없다.

헥터   저기, 내가 그 아이를 위해 쓴 노래가 있단다. 함께 그 노래를 부르곤 했어. 매일 밤 같은 시간에, 아무리 멀리 떨어져 있어도 말이야. 딸에게 그 노래를 불러 줄 수 있다면… 마지막 단 한 번만이라도.

shocked 충격을 받은   saddened 슬픈   miss 그리워하다   at least 적어도   disappear 사라지다   for a moment 잠시

Héctor sings softly, plaintively.

DISSOLVE TO:

FLASHBACK:

INT. YOUNG COCO'S BEDROOM — DAY

HÉCTOR (singing)
REMEMBER ME
THOUGH I HAVE TO SAY GOODBYE
REMEMBER ME
DON'T LET IT MAKE YOU CRY

FOR EVEN IF I'M FAR AWAY
I HOLD YOU IN MY HEART
I SING A SECRET SONG TO YOU
EACH NIGHT WE ARE APART
REMEMBER ME

헥터가 부드러운 목소리로 노래한다. 구슬프게 들린다.

화면이 천천히 바뀐다:
회상:
실내. 어린 코코의 침실 - 낮

헥터　　(노래한다)
　　　　기억해 줘
　　　　작별 인사를 해야 하지만
　　　　기억해 줘
　　　　제발 울지 말아 줘

　　　　멀리 있어도
　　　　넌 내 마음속에 있어
　　　　조용히 노래해 줄게
　　　　매일 밤 우리 멀리 있어도
　　　　기억해 줘

plaintively 구슬프게, 하소연하듯이

YOUNG COCO	(giggling) Papá!

HÉCTOR	(singing)

THOUGH I HAVE TO TRAVEL FAR
REMEMBER ME
EACH TIME YOU HEAR A SAD GUITAR

Father and daughter sing the song together.

HÉCTOR/ YOUNG COCO	(singing)

KNOW THAT I'M WITH YOU
THE ONLY WAY THAT I CAN BE
UNTIL YOU'RE IN MY ARMS AGAIN
REMEMBER ME

어린 코코   (키득 웃으며) 아빠!

헥터   (노래한다)
난 가야 하지만
기억해 줘
슬픈 기타 소리 들을 때마다

아빠와 딸이 함께 노래를 부른다.

헥터/
어린 코코   (노래한다)
우리 함께한다는 걸 알아 줘
그렇게 해 줘
다시 너를 안을 때까지
기억해 줘

giggle 깔깔거리며 웃다 though 비록 ~이지만 sing a song together 함께 노래를 부르다

CHAPTER 19

I'm Proud to Be Your Family!

FADE TO:

INT. CENOTE

The echo of Héctor's song fades to silence.

MIGUEL — He stole your guitar... He stole your songs... (beat) You should be the one the world remembers, not de la Cruz!

HÉCTOR — I didn't write "Remember Me" for the world... I wrote it for Coco. I'm a pretty sorry excuse for a great-great grandpa.

MIGUEL — Are you kidding? A minute ago I thought I was related to a murderer. You're a total upgrade!

Héctor doesn't smile. Miguel kneels close.

19. mp3

화면이 서서히 전환된다:
실내. 지하 저수지
헥터의 노래가 메아리로 울리다가 고요히 사라진다.

미구엘   그 사람이 할아버지의 기타를 훔쳤어요… 노래도 훔쳤다고요… (정적) 세상이 기억할 사람은 할아버지여야 해요, 델라 크루즈가 아니라!

헥터   난 세상 사람들을 위해서 "기억해 줘"를 쓴 게 아니야… 코코를 위해 쓴 거지. 난 참 못난 고조할아버지로구나.

미구엘   농담하세요? 조금 전까지만 해도 제가 살인자의 가족이라고 생각했던 걸요. 아저씨는 완전히 업그레이드 버전이죠!

헥터는 웃지 않는다. 미구엘이 가까이 다가가서 무릎을 꿇는다.

---

fade 희미해지다　silence 고요, 정적, 침묵　sorry 한심한, 형편없는, 하찮은　excuse 변명, 아주 나쁜 사례, (~라기엔) 보잘것없는 것　related 친척의, 관련이 있는　murderer 살인자, 살해범　total 완전한　upgrade 승급, 업그레이드

MIGUEL My whole life, there's been something that made me different... and I never knew where it came from. (beat) But now I know. It comes from you. (beat) I'm proud we're family!

Miguel looks up defiantly at the hole in the cenote.

MIGUEL (CONT'D) I'm proud to be his family![89] TRRRRRAI-HAY-HAY-HAY-HAAAY!

Héctor perks up.

HÉCTOR TRRRRRRAAAAAI-HAAAI-HAAAAAY! I'm proud to be HIS family!

They trade off their gritos until the cenote echoes with the sound. Soon though, the echoes fade. They're still stuck. Suddenly they hear a distant howling.

DANTE (O.S.) Rooo-rooo-rooooooo!

Miguel and Héctor look up.

MIGUEL Dante?

DANTE (O.S.) (louder) Roooooo-roo-roo-rooo!

미구엘	저는 지금까지 남다른 무언가가 있다고 느꼈어요… 그게 어디에서 온 것인지 몰랐죠. (정적) 하지만 이제 알아요. 바로 할아버지에게 물려받은 거예요. (정적) 우리가 가족인 게 자랑스러워요!

미구엘이 지하 저수지 위에 뚫려 있는 구멍을 당당하게 올려다본다.

미구엘 (계속)	내가 할아버지 가족이라 자랑스럽다! 츄레이-헤이-헤이-헤에이!

헥터가 기운을 차린다.

헥터	츄레에에에이-헤에이-헤에에이! 내가 이 아이 가족이라 자랑스럽다!

두 사람이 번갈아 가며 소리를 지르자 지하 저수지 안은 메아리로 가득 찬다. 그러나 이내 메아리가 사라진다. 그들이 여전히 갇혀 있다. 바로 이때 멀리서 울부짖는 소리가 들린다.

단테 (화면 밖)	로오-로오-로오오오!

미구엘과 헥터가 위를 바라본다.

미구엘	단테?

단테 (화면 밖)	(더 크게) 로오오-로오-로오-로오오!

proud 자랑스러운 defiantly 반항하듯, 용기 있게 perk up 기운을 차리다 trade off 교환하다 grito 큰 소리 echo 울려 퍼지다. (장소 등이) ~ 소리로 가득하다 stuck 갇혀 있는 distant 멀리 있는 howling (동물이) 울부짖는 소리

Up at the top of the cenote, Dante pokes his head in the opening.

MIGUEL Dante! It's Dante!

Dante pants and wags his tail happily. Behind him Pepita peeks down through the hole and gives a powerful roar. Pepita's call shakes the cavern. She lowers her head to reveal Mamá Imelda riding atop her. Miguel and Mamá Imelda laugh with joy. Until her gaze falls upon Héctor.

HÉCTOR Imelda!

MAMÁ IMELDA (icy) Héctor.

HÉCTOR You look good...

EXT. CENOTE — MOMENTS LATER
Pepita flies out of the cenote; Imelda, Héctor, Miguel, and Dante ride on her back. She ascends above the clouds.

EXT. NIGHT SKY
Miguel, wind in his hair, hugs Dante fiercely.

지하 저수지 위에 있는 구멍으로 단테가 머리를 들이민다.

미구엘 단테! 단테예요!

단테가 헐떡이면서 기쁨에 겨워 꼬리를 흔든다. 그 뒤로 페피타가 구멍 안쪽을 들여다보며 우렁차게 포효한다. 페피타의 거대한 소리가 동굴을 흔든다. 페피타가 머리를 숙이는데 이멜다 할머니가 그 위에 타고 있다. 미구엘과 이멜다 할머니가 기뻐하며 웃는다. 그녀의 시선이 헥터를 향한다.

헥터 이멜다!

이멜다 할머니 (쌀쌀맞게) 헥터.

헥터 당신 좋아 보이는군…

실외. 지하 저수지 - 잠시 후
페피타가 지하 저수지 밖으로 날아오른다; 이멜다, 헥터, 미구엘, 그리고 단테가 그녀의 등에 올라탔다. 페피타가 구름 위로 날아오른다.

실외. 밤하늘
미구엘의 머리카락이 바람에 날린다. 그가 단테를 꽉 껴안는다.

poke 내밀다, 쑤시다 opening 구멍, 틈 pant 헉헉거리다 wag one's tail 꼬리를 흔들다 peek 살짝 들여다보다 roar 포효 cavern 거대한 동굴 lower 내리다, 낮추다 atop 위에, 꼭대기에 gaze 시선, 눈길 icy 차가운 ascend 올라가다

MIGUEL   Dante, you knew he was my Papá Héctor the whole time! You ARE a real spirit guide! (doggy-praise) Who's a good spirit guide? You are!

Dante smiles at Miguel dumbly. Suddenly, before Miguel's eyes, neon patterns spread outward from the dog's paws. Dante begins to freak out.

MIGUEL   Whoa...

A pair of little wings sprout on the dog's back. He spreads them. He jumps up to fly... and plummets beneath the clouds!

MIGUEL   Dante!

But then he's back up, flapping goofily and barking his head off, a full-blown spirit guide!

미구엘	단테, 너는 헥터 아저씨가 우리 할아버지라는 걸 처음부터 알고 있었구나! 넌 진정한 영혼의 안내자야! (개에게 칭찬하는 말투로) 누가 훌륭한 영혼의 안내자라고? 바로 너!

단테가 미구엘을 보며 멍청한 표정으로 웃는다. 그 순간, 미구엘은 단테의 발에서 형광색 무늬가 퍼져 나가는 광경을 바라본다. 단테는 겁을 먹고 놀라기 시작한다.

미구엘	우와…

단테의 등에 조그만 날개 한 쌍이 솟아난다. 단테가 날개를 펼치고 날아 보려고 점프하는데… 구름 아래로 곤두박질친다!

미구엘	단테!

그러나 이내 다시 올라와 우스꽝스럽게 날개를 펄럭이며 목청껏 짖는다. 이제 단테도 완전한 영혼의 안내자가 되었다!

praise 칭찬 dumbly 멍청하게 spread 퍼지다 outward 밖으로 paw (동물의) 발 freak out 기겁하다 sprout 솟아나다, 생기다 plummet 곤두박질치다, 급락하다 one's head off 맹렬히, 몹시 full-blown 완전히 발달한

EXT. SMALL PLAZA

Pepita flies in, landing in a small plaza where the other Riveras wait.

PAPÁ JULIO Look, there they are!

The Dead Riveras come rushing up.

FAMILY Miguel! / Miguelito! / Ay, gracias a Dios! / It's Miguel! / He's all right! / Oh thank goodness! / Gracias, Dios mío!

They dismount from Pepita. Héctor falls off first but gets up and raises his arm to help Imelda. She gives him a withering stare and dismounts without his help. Miguel pets Dante and Pepita gives Miguel a big lick. Imelda rounds Pepita's shoulder and folds Miguel into a tight hug.

MAMÁ IMELDA Mijo, I was so worried! Thank goodness we found you in time! 90

Imelda's eyes fall on Héctor, who holds his hat in his hands sheepishly.

MAMÁ IMELDA And you! How many times must I turn you away?

실외. 작은 광장

페피타가 날아와 작은 광장에 착지한다. 다른 가족들이 이들을 기다리고 있다.

훌리오 할아버지   저기 봐, 왔어!

죽은 리베라 가족들이 서둘러 달려간다.

가족들   미구엘! / 꼬마 미구엘! / 아아, 하느님 감사합니다! / 미구엘이야! / 멀쩡하네! / 오, 정말 다행이야! / 감사합니다, 하느님!

그들이 페피타 위에서 내려온다. 먼저 헥터가 내려가다 넘어지는데 이내 다시 일어나 이멜다가 내리는 것을 도와주려고 팔을 올린다. 그러나 이멜다는 차가운 눈빛으로 그를 바라보더니 도움을 받지 않고 내려온다. 미구엘이 단테를 쓰다듬고 페피타는 미구엘을 크게 핥는다. 이멜다가 페피타의 어깨를 돌아 나오더니 미구엘을 꽉 껴안는다.

이멜다 할머니   얘야, 얼마나 걱정을 했는데! 늦기 전에 찾아서 정말 다행이야!

이멜다는 헥터를 바라본다. 헥터는 모자를 손에 들고 부끄러워한다.

이멜다 할머니   그리고 당신! 도대체 몇 번이나 당신을 거절해야 하는 거야?

---

land 착륙하다, 내리다 rush 달려오다 dismount 내리다 withering 기를 죽이는, 위축시키는 pet 쓰다듬 lick 핥기 in time 늦지 않게, 제시간에 sheepishly 부끄럽게, 수줍게

HÉCTOR Imelda—

MAMÁ IMELDA I want nothing to do with you. [91] Not in life, not in death! (beat) I spent decades protecting my family from your mistakes. He spends five minutes with you and I have to fish him out of a sinkhole!

Miguel steps between Imelda and Héctor.

MIGUEL I wasn't in there because of Héctor. [92] He was in there because of me. (beat) He was just trying to get me home... I didn't wanna listen, but he was right... nothing is more important than family.

Mamá Imelda looks at Héctor, shocked to hear the sentiment.

MIGUEL (CONT'D) I'm ready to accept your blessing... and your conditions. But first, I need to find de la Cruz. To get Héctor's photo.

MAMÁ IMELDA What?

MIGUEL So he can see Coco again. Héctor should be on our ofrenda. He's part of our family—

MAMÁ IMELDA He left this family!

헥터 이멜다—

이멜다 할머니 난 당신과 엮이고 싶지 않아. 살아서도, 죽어서도! (정적) 당신의 잘못으로부터 가족을 지키는 데 수십 년을 바쳤다고. 얘가 딱 5분 당신하고 있었는데 물웅덩이에서 저 애를 건져내야 했다고!

미구엘이 이멜다와 헥터 사이에 끼어든다.

미구엘 할아버지 때문에 거기에 빠진 게 아니에요. 저 때문에 할아버지가 빠지신 거죠. (정적) 할아버지는 저를 집으로 보내 주려 하셨어요… 할아버지 말씀을 안 듣고 싶었지만 그 말씀이 맞았어요… 가족보다 더 중요한 건 없어요.

이멜다 할머니가 미구엘의 진심 어린 말을 듣고 놀라서 헥터를 바라본다.

미구엘 (계속) 할머니의 축복을 받을 준비가 됐어요… 할머니의 조건도 좋아요. 하지만 먼저 델라 크루즈를 찾아야 해요. 헥터 할아버지의 사진을 되찾아야 하거든요.

이멜다 할머니 뭐라고?

미구엘 그래야지 할아버지가 코코를 만날 수 있어요. 할아버지는 우리 제단에 올라가야 해요. 할아버지도 우리 가족이니까요—

이멜다 할머니 저 사람은 우리 가족을 버렸어!

---

decade 십 년 protect 보호하다 fish 빼내다, 꺼내다 sentiment (감정이 섞인) 의견, 생각, 감정 accept 받아들이다, 받아 주다
condition 조건 ofrenda 제단

MIGUEL   He tried to go home to you and Coco... but de la Cruz murdered him!

Startled, she looks to Héctor for confirmation.

HÉCTOR   It's true, Imelda.

Imelda wrestles with her emotions.

MAMÁ IMELDA   And so what if it's true? You leave me alone with a child to raise and I'm just supposed to forgive you?

HÉCTOR   Imelda, I—

Héctor's body suddenly shimmers, leaving him winded. Imelda gasps.

| 미구엘 | 할머니와 코코에게 돌아가려고 했지만… 델라 크루즈가 할아버지를 죽인 거예요! |

깜짝 놀란 이멜다는 이 말이 맞는지 확인하려는 듯 헥터를 바라본다.

| 헥터 | 사실이야, 이멜다. |

이멜다는 복잡한 마음이다.

| 이멜다 할머니 | 그게 사실이라도 이제 와서 어쩔 거야? 나 혼자 애를 키우게 했는데, 당신을 그냥 용서해야 하는 거야? |

| 헥터 | 이멜다, 난— |

그 순간 헥터의 몸에서 빛이 나더니 그가 숨을 헐떡인다. 이멜다가 헉하고 놀란다.

---

murder 살해하다 **confirmation** 확인 **wrestle with** ~와 싸우다 **raise** 양육하다, 기르다 **forgive** 용서하다 **shimmer** 빛나다, 어른거리다 **winded** 숨을 헐떡이는

MIGUEL   Héctor?

HÉCTOR   I'm running out of time. ⁹³ It's Coco...

MAMÁ IMELDA   She's forgetting you...

MIGUEL   You don't have to forgive him... But we shouldn't forget him.

MAMÁ IMELDA   (to Héctor) I wanted to forget you. I wanted Coco to forget you too, but—

HÉCTOR   This is my fault, not yours. (beat) I'm sorry, Imelda.

Mamá Imelda, holding in her emotions, turns to Miguel.

MAMÁ IMELDA   Miguel, if we help you get his photo... you will return home? No more music?

MIGUEL   Family comes first. ⁹⁴

Mamá Imelda considers. She turns to Héctor.

MAMÁ IMELDA   I– I can't forgive you. But I will help you.

| 미구엘 | 헥터? |

| 헥터 | 난 시간이 없어. 코코가… |

| 이멜다 할머니 | 당신을 잊고 있군… |

| 미구엘 | 할아버지를 용서하실 필요는 없어요… 하지만 잊어서는 안 돼요. |

| 이멜다 할머니 | (헥터에게) 난 당신을 잊고 싶었어. 코코도 당신을 잊길 바랐지, 하지만— |

| 헥터 | 내 잘못이지, 당신 잘못이 아니야. (정적) 미안해, 이멜다. |

이멜다 할머니가 감정을 억누르며 미구엘에게 돌아선다.

| 이멜다 할머니 | 미구엘, 이 사람 사진 찾는 걸 도와주면… 집으로 돌아갈 거니? 더 이상 음악은 안 하고? |

| 미구엘 | 가족이 제일 우선이에요. |

이멜다 할머니가 고민한다. 그리고 헥터에게 돌아선다.

| 이멜다 할머니 | 난- 난 당신을 용서할 수 없어. 하지만 도와주겠어. |

---

run out of ~이 부족하다　hold in one's emotions 감정을 억누르다　consider 생각하다　turn to ~를 돌아보다

Miguel smiles.

MAMÁ IMELDA (to Miguel) So how do we get to de la Cruz?

Miguel furrows his brow.

MIGUEL I might know a way...

미구엘이 미소 짓는다.

이멜다 할머니   (미구엘에게) 어떻게 하면 델라 크루즈를 만날 수 있지?

미구엘이 미간을 찡그린다.

미구엘   어떻게 하면 되는지 알 것 같아요…

---

furrow 찡그리다, 주름지게 하다   brow 눈썹, 이마

CHAPTER 20

Mamá Imelda Sings

EXT. SUNRISE SPECTACULAR AMPHITHEATER — BEFORE DAWN

Crowds are congregated at de la Cruz's Sunrise Spectacular which takes place in an open air amphitheater. They hurry to their seats as the lights begin to dim.

ON STAGE

Frida's performance piece begins. Dramatic symphonic music plays as a giant papaya appears to ignite on stage. The "seeds" in the body of the papaya unfurl to reveal that they are dancers, each dressed like Frida Kahlo, right down to the painted on unibrow. The dancers roll out of the "flaming" papaya and gyrate their bodies nonsensically.

A giant cactus that resembles Frida is illuminated, and all the dancers slink to it. In the midst of this, eight familiar-looking dancers (the Dead Riveras and Miguel) inch their way out of the spotlights and to the wings of the stage.

20. mp3

실외. 환상의 해돋이 쇼 원형극장 - 동이 틀 무렵
야외 원형극장에서 열리는 델라 크루즈의 환상의 해돋이 쇼에 많은 관객들이 모여 있다. 조명이 어두워지자 사람들이 서둘러 좌석을 찾아간다.

무대 위
프리다의 공연이 시작된다. 드라마틱한 교향악단의 음악과 함께 거대한 파파야가 무대에 나타나 불타오른다. 파파야 안에 있던 "씨앗"들이 쏟아져 나오는데, 그 씨앗들은 바로 댄서들이다. 다들 프리다 칼로의 복장을 하고 눈썹까지도 일자로 칠했다. "불타는" 파파야 밖으로 굴러 나오는 댄서들, 무의미하게 빙빙 돈다.
프리다를 닮은 거대한 선인장에 조명이 비치고, 모든 댄서들이 그쪽으로 살금살금 다 가간다. 이런 가운데 8명의 낯익은 댄서들(죽은 리베라 가족과 미구엘)이 조금씩 조명 밖으로 벗어나 무대 옆으로 이동한다.

amphitheater 원형 극장 congregate 모이다, 모으다 take place 열리다, 벌어지다 open air 옥외, 야외 dim 희미하다 symphonic 교향악의 ignite 불이 붙다, 점화되다 unfurl 펼쳐지다, 펴지다 flaming 불타는 gyrate 빙빙 돌다, 선회하다 nonsensically 별 의도 없이, 실없이 slink 살금살금 움직이다 in the midst of ~하는 중에 inch one's way 조금씩 움직이다

STAGE WING

FRIDA
Good luck, muchacho.

MIGUEL
Gracias, Frida!

INT. BACKSTAGE CORRIDOR — MOMENTS LATER
The Dead Riveras congregate in a hidden backstage corridor, shedding their Frida outfits. Miguel rips off his unibrow.

MIGUEL
Ow!

Dante has snuck in under Tío Oscar's skirt. Héctor sees that Imelda is tangled up in her outfit.

HÉCTOR
Here, let me help you with–

MAMÁ IMELDA
Don't touch me.

The family joins together in a huddle.

무대 옆 대기 공간

프리다 행운을 빌어, 꼬마야.

미구엘 감사합니다, 프리다!

실내. 무대 뒤 복도 - 잠시 후

죽은 리베라 가족들이 무대 뒤 숨겨진 복도에 모여 프리다 의상을 벗는다. 미구엘이 일자 눈썹을 떼어 낸다.

미구엘 아우!

단테는 오스카 고모할아버지의 치마 밑으로 숨어 들었다. 헥터는 이멜다가 옷에 엉켜 있는 것을 본다.

헥터 여기, 내가 해 줄게—

이멜다 할머니 건드리지 마.

가족들이 다 같이 둥글게 모인다.

---

congregate 모이다 corridor 통로, 복도 shed 벗다 outfit 옷 rip off 떼어 내다 sneak 몰래 숨다 (sneak-snuck-snuck) be tangled up 뒤엉키다 in a huddle 옹기종기, 둥글게

MIGUEL	Everyone clear on the plan? [95]
TÍA VICTORIA	Find Héctor's photo.
PAPÁ JULIO	Give it to Miguel.
MAMÁ IMELDA	Send Miguel home.
HÉCTOR	Got your petals?

Each family member raises a marigold petal. Imelda leads the way out of the corridor.

MAMÁ IMELDA	Now, we just have to find de la Cruz–

Right around the corner is de la Cruz who turns with a smile.

DE LA CRUZ	Yes?
MAMÁ IMELDA	Ah!

The family stops in their tracks, still hidden from de la Cruz's view. It's just him and Imelda. His smile drops.

미구엘   다들 어떤 계획인지 확실히 알고 있죠?

빅토리아   헥터의 사진을 찾아서.
고모할머니

훌리오   미구엘에게 주고.
할아버지

이멜다 할머니   미구엘을 집으로 보내는 거야.

헥터   꽃잎 챙겼지?

가족들이 금잔화 꽃잎을 들어 보인다. 이멜다가 가족들을 이끌고 복도를 빠져나간다.

이멜다 할머니   이제, 델라 크루즈를 찾아야 하는데 –

모퉁이를 돌자 델라 크루즈가 얼굴에 미소를 띠고 돌아본다.

델라 크루즈   네?

이멜다 할머니   아!

걸음을 멈추는 가족들, 델라 크루즈의 눈에 띄지 않으려고 아직 숨어 있다. 델라 크루즈와 이멜다가 서로 마주하고 있다. 그의 얼굴에서 미소가 사라진다.

petal 꽃잎 raise 들어 올리다 stop in one's tracks 갑자기 딱 멈추다 view 시야

DE LA CRUZ   Don't I know you?

> Imelda pulls off her shoe and slaps de la Cruz across the face with it.

MAMÁ IMELDA   That's for murdering the love of my life!

DE LA CRUZ   (disoriented) Who the…?

> Héctor leaps out from around the corner.

HÉCTOR   She's talking about me! (to Imelda) I'm the love of your life?

MAMÁ IMELDA   I don't know! I'm still angry at you.

DE LA CRUZ   Héctor?! How did you—

> Imelda slaps de la Cruz again.

MAMÁ IMELDA   And that's for trying to murder my grandson!

DE LA CRUZ   Grandson?

> Now Miguel leaps out of the corridor.

MIGUEL   She's talking about me!

델라 크루즈   제가 아는 분 아닌가요?

　　　　　　이멜다가 신발을 벗어 델라 크루즈의 얼굴을 찰싹 때린다.

이멜다 할머니   이건 내가 가장 사랑하는 사람을 죽인 대가야!

델라 크루즈   (정신을 못 차리고) 누구…?

　　　　　　헥터가 모퉁이에서 뛰쳐나온다.

헥터   나 말이야! (이멜다에게) 내가 당신이 가장 사랑하는 사람이야?

이멜다 할머니   몰라! 당신한테 아직 화가 안 풀렸으니까.

델라 크루즈   헥터? 네가 어떻게—

　　　　　　이멜다가 다시 한번 델라 크루즈의 뺨을 후려친다.

이멜다 할머니   그리고 이건 내 손자를 죽이려고 했던 대가야!

델라 크루즈   손자?

　　　　　　이번에는 미구엘이 복도에서 뛰쳐나온다.

미구엘   제 얘기를 하시는 거예요!

---

slap 찰싹 때리다/치다　disoriented 혼란에 빠진　leap out 뛰쳐나오다　murder 살해하다　grandson 손자

De la Cruz sees the three of them and puts the pieces together.

DE LA CRUZ You! Wait, you're related to Héctor?

Miguel sees the photo in de la Cruz's pocket.

MIGUEL The photo!

The rest of the Riveras emerge from the corridor. Outnumbered, de la Cruz turns and runs.

MAMÁ IMELDA After him!

INT. BELOW STAGE
De la Cruz knocks over a group of giant sugar skull dancers. He emerges at a full sprint to where his rising platform is set up.

DE LA CRUZ Security! Ayúdenme!

The Riveras flood out after him. Héctor jogs next to Imelda.

델라 크루즈가 세 사람을 보면서 생각을 정리한다.

델라 크루즈   너! 잠깐, 네가 헥터 가족이야?

미구엘이 델라 크루즈의 주머니에 있는 사진을 바라본다.

미구엘   저 사진이에요!

나머지 리베라 가족들이 복도에서 등장한다. 수적으로 밀리자, 델라 크루즈가 돌아서 도망간다.

이멜다 할머니   저놈을 쫓아가!

실내. 무대 밑

델라 크루즈가 거대한 해골 모양의 탈을 쓴 댄서들을 넘어뜨린다. 무대 위로 상승하는 장치가 있는 곳을 향해 전속력으로 뛰어간다.

델라 크루즈   경비! 도와줘!

리베라 가족들이 우르르 그를 쫓아간다. 헥터가 이멜다 옆에서 뛰고 있다.

---

related 친척인, 관련이 있는   **emerge** 나타나다   **outnumber** 수적으로 우세하다   **after** 추적하는   **knock over** 넘어뜨리다   **at a full sprint** 전속력으로   **rising platform** 무대 위로 상승하는 장치   **Ayúdenme!** [스페인어] 도와줘!   **flood** 몰려가다, 몰려오다

HÉCTOR	You said "love of your life..."
MAMÁ IMELDA	I don't know WHAT I said!
MIGUEL	That's what I heard...

A brawl ensues between the family and the guards. De la Cruz runs to a stage door.

STAGEHAND	Places, señor, you're on in 30 seconds!

De la Cruz shoves the stagehand out of the way. As security guards try to wrangle the Riveras, Imelda reaches de la Cruz and gets her hands on Héctor's photo. De la Cruz scuffles with her to get it back, when Miguel tackles de la Cruz to the ground. De la Cruz loses his grip; Imelda tumbles backward, photo in hand.

MAMÁ IMELDA	Miguel! I have it!

Miguel turns toward Imelda but is chased by guards.
Suddenly, Imelda rises into the air. She is on de la Cruz's rising platform! She is lifted through the ceiling and up to the stage. De la Cruz hurries up the stairs after her.
Miguel is detained by a security guard when Dante flies in and knocks the guard's head clean off. Miguel, Héctor, Tía Victoria, and Tía Rosita hurry up the stairs after de la Cruz.

| 헥터 | "내가 가장 사랑하는 사람…"이라고 했잖아. |

| 이멜다 할머니 | 무슨 말 했는지 나도 몰라! |

| 미구엘 | 저도 그렇게 들었는데요… |

가족들과 보안요원들 사이에 몸싸움이 벌어진다. 델라 크루즈가 무대 출입문을 향해 뛰어간다.

| 무대 담당자 | 준비하세요, 선생님. 30초 뒤에 무대에 오르셔야 해요! |

델라 크루즈가 무대 담당자를 거칠게 밀쳐 버린다. 보안요원들이 리베라 가족과 몸싸움을 하는 동안, 이멜다가 델라 크루즈에게 다가가 헥터의 사진을 손에 넣는다. 델라 크루즈가 다시 뺏으려고 그녀와 옥신각신하는데, 미구엘이 달려들어 델라 크루즈를 바닥에 넘어뜨린다. 델라 크루즈는 사진을 놓친다; 이멜다가 뒤로 넘어지는데, 사진을 손에 쥐고 있다.

| 이멜다 할머니 | 미구엘! 사진 여기 있다! |

미구엘이 이멜다를 향해 돌아서는데 보안요원들이 그를 쫓아온다.
바로 이때, 이멜다가 공중으로 올라간다. 델라 크루즈의 무대 위로 상승하는 장치에 서 있기 때문이다! 이멜다가 천장을 지나 무대 위로 상승한다. 델라 크루즈가 그녀를 쫓아 황급히 계단을 오른다.
미구엘이 보안요원에게 잡혀 있는데 단테가 날아와 보안요원의 머리를 날려 버린다. 미구엘, 헥터, 빅토리아 고모할머니, 그리고 로지타 고모할머니가 델라 크루즈를 쫓아 서둘러 계단을 올라간다.

---

brawl 싸움, 대소동 **ensue** (어떤 일·결과가) 뒤따르다, 뒤이어 일어나다 **shove** 밀치다, 떠밀다 **wrangle** 다투다, 제압하다 **scuffle** 실랑이를 벌이다 **tackle** 덮치다 **lose one's grip** 놓치다 **tumble** 굴러 떨어지다, 넘어지다 **detain** (가지 못하게) 붙들다

MIGUEL Hurry, come on!

Papá Julio, Tío Oscar, and Tío Felipe block the guards from following the others.

ON STAGE

ANNOUNCER (O.S.) Ladies and gentlemen... the one, the only... ERNESTO DE LA CRUZ! 96

The platform rises onto the stage and the spotlight falls on Imelda. Neon letters blast brightly behind her, spelling "ERNESTO!" The audience bursts into applause!

CROWD MEMBER Nesto!

Imelda appears onscreen for all to see.

| 미구엘 | 서둘러요, 어서요!

훌리오 할아버지, 오스카 고모할아버지, 그리고 펠리페 고모할아버지는 보안요원들이 다른 가족들을 쫓아가지 못하도록 가로막는다.

무대 위

| 사회자 (화면 밖) | 신사 숙녀 여러분… 전 세계 유일무이한… 에르네스토 델라 크루즈입니다!

이동 장치가 무대 위로 올라가고 이멜다에게 스포트라이트 조명이 비친다. 그녀 뒤로 "에르네스토!"라고 적힌 네온 사인 글씨가 밝게 빛난다. 관객들의 박수갈채가 터진다!

| 관객 | 네스토!

큰 화면에 이멜다의 모습이 잡힌다. 모두가 그녀를 바라본다.

---

block 막다 neon 네온 blast 폭발하다, 빛나다 applause 박수갈채

STAGE WING RIGHT:
De la Cruz rushes up a staircase and arrives in the wings. He gets the attention of his guards and points to Imelda.

DE LA CRUZ   Get her off the stage!

His guards hustle onto the stage, scaling the set to get to her.

STAGE WING LEFT:
Miguel, Héctor, Victoria, and Rosita emerge to see Imelda spotlit above them.

ON STAGE:
De la Cruz's guards begin to approach Imelda. She is frozen, unable to move.

MIGUEL (O.S.)   Sing!

Mamá Imelda looks down and sees Miguel in the wing.

MIGUEL (CONT'D)   SING!

Imelda, seeing that the guards are approaching, closes her eyes, grasps the mic, and follows Miguel's instructions.

무대 오른쪽 대기 장소:
델라 크루즈가 계단을 황급히 뛰어올라 무대 옆 대기 장소에 도착한다. 보안요원들을 바라보며 이멜다를 가리킨다.

델라 크루즈 무대에서 끌어내!
(화면 밖)

황급히 무대로 올라온 보안요원들, 그녀에게 잡기 위해 무대 세트로 다가간다.

무대 왼쪽 대기 장소:
미구엘, 헥터, 빅토리아, 그리고 로지타가 나타나 위에서 스포트라이트를 받고 있는 이멜다를 바라본다.

무대 위:
델라 크루즈의 보안요원들이 이멜다에게 다가가기 시작한다. 그녀는 긴장해서 움직이지 못한다.

미구엘 노래하세요!
(화면 밖)

이멜다 할머니가 아래를 보니 미구엘이 무대 옆에 있다.

미구엘 노래하세요!
(계속)

보안요원들이 다가오고 있는 것을 보고 이멜다는 눈을 감고, 마이크를 잡은 뒤 미구엘이 시키는 대로 한다.

---

wing 무대 옆 대기 공간 hustle 밀고 올라오다. 떠밀다. 성급히 움직이다 emerge 나타나다. 등장하다 approach 접근하다 be unable to ~을 할 수 없다 grasp 꽉 잡다. 움켜쥐다 mic 마이크 (= microphone) instruction 설명, 지시, 명령

MAMÁ IMELDA (singing)
AY DE MÍ, LLORONA LLORONA
DE AZUL CELESTE...

STAGE WING LEFT:

Héctor's mouth gapes open. Tía Victoria and Tía Rosita go wide-eyed.

Miguel sets Héctor up with a guitar, then adjusts a mic stand in front of him. Héctor plays the guitar, its sound amplified through the stage speakers.

ON STAGE

MAMÁ IMELDA
AY DE MÍ, LLORONA LLORONA
DE AZUL CELESTE...

The guards reach the edge of her spotlight but stop short, not wanting to interrupt the performance.

Imelda takes the spotlight with her as she descends the onstage staircase. As she comes down, she makes eye contact with her husband in the wing. He smiles as he accompanies her. Imelda's eyes glint, touched to see him supporting her.

이멜다 할머니 (노래한다)
　　　　　아, 가여운 나의 울보
　　　　　파란 하늘에…

무대 왼쪽 대기 장소:
헥터의 입이 떡 벌어진다. 빅토리아 고모할머니와 로지타 고모할머니의 눈이 휘둥그레진다.
미구엘이 헥터에게 기타를 안겨 준 뒤 그 앞에 마이크 스탠드를 놓고 조절한다. 헥터가 기타를 친다. 기타 소리가 무대 스피커를 통해 울려 퍼진다.

무대 위

이멜다 할머니 아, 가여운 나의 울보
　　　　　파란 하늘에…

보안요원들이 조명이 비치는 곳 바로 옆까지 올라오지만 공연을 방해할 수 없어서 그 자리에 멈춰 선다.
무대 계단을 내려가는 이벨다. 스포트라이트 조명이 자신을 따라오게 만든다. 계단을 내려가며 무대 옆에 있는 남편과 눈을 맞춘다. 헥터가 그녀에게 반주를 하며 미소를 지어 준다. 그가 자신을 도와주는 모습에 감동한 이멜다. 눈이 반짝인다.

---

llorona [스페인어] 우는 여자　azul [스페인어] 파란　celeste [스페인어] 하늘　gape open 떡 하고 벌어지다　mic stand 마이크 스탠드　amplify 증폭시키다　interrupt 방해하다　descend 내려가다　accompany 반주를 해 주다　glint 반짝거리다

MAMÁ IMELDA Y AUNQUE LA VIDA ME CUESTE, LLORONA,
NO DEJARÉ DE QUERERTE.
NO DEJARÉ DE QUERERTE!

As Héctor accompanies Imelda, she becomes more confident. The audience begins to clap. De la Cruz grunts in frustration. Soon, the stage conductor joins with more instrumentation, which kicks into high gear.

MAMÁ IMELDA ME SUBÍ AL PINO MÁS ALTO, LLORONA,
A VER SI TE DIVISABA.

She doubles down on her performance, taking the spotlight with her as she moves to put distance between her and the guards. Imelda continues to vamp, trying to navigate away from the guards and toward her family. One guard blocks her way, but she grabs him and forces him to dance. Scared of the spotlight, he runs away.

MAMÁ IMELDA COMO EL PINO ERA TIERNO,
LLORONA AL VERME LLORAR, LLORABA.
AY DE MÍ, LLORONA, LLORONA,
LLORONA DE AZUL CELESTE...

She heads to leave the stage when she is stopped by a hand on her wrist. A voice joins her in harmony, the spotlight widens to reveal Ernesto de la Cruz singing too. The crowd goes wild.

이멜다 할머니 내 생이 다해도
　　　　　　 당신을 영원히 사랑하겠소.
　　　　　　 당신을 영원히 사랑하겠소!

헥터가 함께하자, 이멜다는 더 자신감이 생긴다. 관객들이 박수 치기 시작한다. 화가 난 델라 크루즈는 못마땅하다는 듯 끙 하는 소리를 낸다. 잠시 후 무대 지휘자가 더 많은 악기를 참여시키자 노래가 더 강렬해진다.

이멜다 할머니 저 높은 소나무에 올라
　　　　　　 당신을 보려고 해.

더 격렬하게 노래하는 이멜다. 스포트라이트 조명을 끌고 보안요원들에게서 멀리 떨어지려고 한다. 이멜다는 즉흥적으로 공연을 이어 가며 보안요원들을 피해 가족들에게 다가가려 한다. 보안요원 한 명이 길을 가로막자 그를 붙잡고 강제로 춤을 추게 한다. 스포트라이트를 받는 것이 두려워 그는 황급히 도망친다.

이멜다 할머니 여린 소나무는
　　　　　　 내가 울어 따라 우네
　　　　　　 아 가여운 나의 울보
　　　　　　 파란 하늘에…

이멜다가 무대를 벗어나려고 하는데 손 하나가 그녀의 손목을 잡아채고 그녀를 멈춰 세운다. 누군가의 목소리가 그녀와 화음을 이루는데, 조명이 커지면서 에르네스토 델라 크루즈가 노래하는 모습이 나타난다. 관객들은 열광한다.

---

grunt 끙 하는 소리를 내다 frustration 불만, 좌절감 conductor 지휘자 instrumentation 악기 연주 kick into high gear 본격적으로 나오다 divisaba [스페인어] 찾다 double down 더 열심히 하다, 배가하다 vamp 즉흥적으로 실행하다 navigate 길을 찾다, 항해하다 tierno [스페인어] 부드러운, 사랑스러운 llorar [스페인어] 울다 widen 넓어지다, 커지다 go wild 열광하다

DE LA CRUZ/ MAMÁ IMELDA	AY DE MÍ, LLORONA, LLORONA LLORONA DE AZUL CELESTE.

He dances Imelda around the stage all the while trying to get to Héctor's photo.

DE LA CRUZ/ MAMÁ IMELDA	Y AUNQUE LA VIDA ME CUESTE, LLORONA, NO DEJARÉ DE QUERERTE.

DE LA CRUZ	Y AUNQUE LA VIDA ME CUESTE, LLORONA, NO DEJARÉ DE QUERERTE. NO DEJARÉ DE QUERERTE.

MAMÁ IMELDA	Let go of me!

DE LA CRUZ	NO DEJARÉ DE QUERERTE!... AY, AY, AY!

At the finale of the song, Imelda stomps her heel into de la Cruz's foot on his high note, causing him to let her go. She runs off stage with the photo.

| 델라 크루즈/ | 아, 가여운 나의 울보 |
| 이멜다 할머니 | 파란 하늘에. |

델라 크루즈가 헥터의 사진을 뺏기 위해 이멜다를 데리고 무대를 돌며 춤을 춘다.

| 델라 크루즈/ | 내 생이 다해도, |
| 이멜다 할머니 | 당신을 영원히 사랑하겠소. |

델라 크루즈	내 생이 다해도,
	당신을 영원히 사랑하겠소.
	당신을 영원히 사랑하겠소.

| 이멜다 할머니 | 이거 놔! |

| 델라 크루즈 | 당신을 영원히 사랑하겠소!… 아, 아, 아! |

노래가 끝나갈 무렵 델라 크루즈의 고음 부분에서 이멜다가 발뒤꿈치로 그의 발을 밟아 버리고 그의 손아귀에서 벗어난다. 이멜다는 사진을 들고 무대 밖으로 뛰쳐나간다.

dejaré [스페인어] 떠나다 quererte [스페인어] 사랑하는 이 let go of ~을 풀어 주다, 놓아주다 finale 마지막 부분, 피날레 stomp 쾅 밟다 heel 발뒤꿈치 high note 고음

CHAPTER 21

We Are Out of Time

BACKSTAGE:

Imelda arrives off stage and, somewhat high on adrenaline, she embraces Héctor.

MAMÁ IMELDA
I forgot what that felt like.

Héctor is taken by surprise. Imelda, realizing the impropriety, pulls away from him awkwardly.

HÉCTOR
You... still got it.

They smile at each other, softening. Miguel, off to the side, clears his throat.

MIGUEL
Ahem.

MAMÁ IMELDA
Oh!

21. mp3

무대 뒤:
이멜다가 무대를 내려와 흥분하며 헥터를 와락 껴안는다.

이멜다 할머니   이게 어떤 기분이었는지 잊고 있었어.

헥터는 놀란 표정이다. 이멜다는 적절하지 못한 행동임을 깨닫고, 그에게서 어색하게 떨어진다.

헥터   당신… 아직 죽지 않았어.

두 사람, 서로를 향해 미소 짓는다. 다정해 보인다. 옆에 있던 미구엘이 헛기침을 한다.

미구엘   에헴.

이멜다 할머니   오!

---

somewhat 어느 정도, 약간   high on adrenaline 흥분한   embrace 껴안다   taken by surprise 깜짝 놀란   impropriety 부적절한 행동   awkwardly 어색하게   off to the side 옆에 떨어져 있는   clear one's throat 헛기침하다

Imelda, now reminded, gives Miguel the photo. She pulls out her petal.

MAMÁ IMELDA Miguel, I give you my blessing.

The petal glows.

MAMÁ IMELDA (CONT'D) To go home... to put up our photos... (beat) And to never...

Miguel looks slightly saddened, anticipating the condition.

MIGUEL Never play music again...

Imelda smiles.

MAMÁ IMELDA To never... forget how much your family loves you.

The petal surges. Miguel brightens, touched.

이제야 생각난 듯 이멜다는 미구엘에게 사진을 건넨다. 그리고 꽃잎을 꺼내 든다.

이멜다 할머니 미구엘, 너를 축복하노라.

꽃잎에서 빛이 난다.

이멜다 할머니 집에 가서⋯ 우리의 사진을 올려 두고⋯ (정적) 그리고 다시는⋯
(계속)

미구엘은 어떤 조건인지 알고 있어서 조금 슬퍼 보인다.

미구엘 다시는 음악을 하지 않을게요⋯

이멜다가 미소 짓는다.

이멜다 할머니 절대 다시는⋯ 가족들이 널 얼마나 사랑하는지 잊지 말거라.

꽃잎이 매우 밝게 빛난다. 미구엘이 감동하여 표정이 밝아진다.

---

remind 상기시키다 glow 빛이 나다 slightly 약간, 조금 saddened 슬픈 anticipate 예상하다, 기대하다 surge 밝아지다, 휘감다
touched 감동을 받은

HÉCTOR   You're going home.

DE LA CRUZ   You're not going anywhere!

Suddenly Miguel is yanked away from his great-great grandparents by de la Cruz. De la Cruz has grabbed Miguel by the scruff of his hoodie. Imelda lunges at de la Cruz, but he pushes her to the floor.

HÉCTOR   Imelda–

De la Cruz drags Miguel away as his family encroaches.

DE LA CRUZ   Stay back! Stay back. All of you!

De la Cruz drags Miguel further and further back on the stage.

DE LA CRUZ   Stay back! Not one more step.

Dante growls and tries to grab Miguel.

MIGUEL   Dante!

De la Cruz pulls Miguel away, closer to the ledge of the building. Héctor struggles but continues pursuing de la Cruz.

| 헥터 | 이제 집으로 가는 거야.

| 델라 크루즈 | 가긴 어딜 가!

갑자기 델라 크루즈가 미구엘을 확 잡아당겨 고조부모에게서 떨어지게 만든다. 델라 크루즈가 미구엘의 후드 목덜미를 잡고 있다. 이멜다가 델라 크루즈를 향해 달려들자 그녀를 바닥으로 밀어 버린다.

| 헥터 | 이멜다-

델라 크루즈가 미구엘을 끌고 간다. 가족들이 미구엘을 구하려고 다가간다.

| 델라 크루즈 | 물러서! 물러서라고. 너희들 모두!

델라 크루즈가 미구엘을 끌고 점점 더 멀리 무대 쪽으로 이동한다.

| 델라 크루즈 | 물러서라고! 한 발짝도 움직이지 마.

단테가 으르렁거리며 미구엘을 붙잡으려고 한다.

| 미구엘 | 단테!

델라 크루즈가 미구엘을 끌고 건물의 난간으로 움직인다. 헥터가 힘겹게 델라 크루즈를 쫓아간다.

yank 확 잡아당기다　**grab** 움켜잡다　**scruff** 목덜미　**lunge** 달려들다, 돌진하다　**encroach** 가까이 가다, 침입하다　**stay back** 물러서다　**further** 더 멀리　**growl** 으르렁거리다　**ledge** 난간　**struggle** 힘겹게 나아가다　**pursue** 쫓아가다

HÉCTOR	(winded) Ernesto, stop! Leave the boy alone!

Héctor stumbles, shimmering like before. He falls to the ground.

DE LA CRUZ	I've worked too hard. Héctor... Too hard to let him destroy everything...

In the stage wings, Tía Rosita commandeers one of the cameras and points it toward de la Cruz. Tía Victoria sidles up to a control board and pushes a volume dial up.

HÉCTOR	He's a living child, Ernesto!

DE LA CRUZ	He's a threat!

CUT TO: STADIUM

The image of de la Cruz holding Miguel hostage is projected on the stadium screens, the audience falls to a hush as they watch.

BACK TO: BACKSTAGE

DE LA CRUZ	You think I'd let him go back, to the land of the living with your photo? To keep your memory alive? (beat) No.

MIGUEL	You're a coward!

헥터	(숨을 헐떡이며) 에르네스토, 그만해! 그 아이를 놔주라고!

헥터가 이전처럼 희미하게 빛나면서 휘청거리더니 바닥에 쓰러진다.

델라 크루즈	난 열심히 했어. 헥터… 이 애가 모든 것을 망치도록 할 순 없어…

무대 옆 대기 공간에 있던 로지타 고모할머니가 카메라 한 대의 방향을 돌려 델라 크루즈를 비춘다. 빅토리아 고모할머니는 조정판으로 다가가 음향 볼륨을 높인다.

헥터	걔는 살아 있는 아이야, 에르네스토!
델라 크루즈	위협적인 존재이지!

장면 전환: 공연장

델라 크루즈가 미구엘을 인질로 잡고 있는 모습이 공연장 화면에 나타난다. 관중들은 숨을 죽이고 그 장면을 바라본다.

장면 전환: 무대 뒤

델라 크루즈	내가 애를 보내 줄 거라고 생각하나, 산 자들의 세계로 네 사진을 가지고 말이야? 네 기억이 살아 있을 수 있도록? (정적) 천만에.
미구엘	당신은 겁쟁이에요!

---

winded 숨을 헐떡이며 stumble 비틀거리다 shimmer 희미하게 빛나다 commandeer 조정하다, 통제하다 sidle up ~에 천천히 다가가다 control board 제어판 threat 위협, 협박 hostage 인질 fall to a hush 조용해지다 coward 겁쟁이, 비겁한 사람

DE LA CRUZ   I am Ernesto de la Cruz, the greatest musician of all time!

MIGUEL   Héctor's the real musician. You're just the guy who murdered him and stole his songs!

CUT TO: STADIUM

The crowd is gobsmacked by what they are hearing.

CROWD   Murdered?

BACK TO: BACKSTAGE

DE LA CRUZ   I am the one who is willing to do what it takes to seize my moment... 97 (darkening) Whatever it takes.

Suddenly, de la Cruz throws Miguel off of the structure.

MIGUEL   AHHH!

HÉCTOR   NO!

The family runs to the ledge, horrified.

TÍO OSCAR/ TÍO FELIPE   Miguel!

| 델라 크루즈 | 난 에르네스토 델라 크루즈야, 역대 가장 위대한 뮤지션이라고! |

| 미구엘 | 헥터 할아버지가 진정한 뮤지션이에요. 당신은 할아버지를 살해하고 노래를 훔쳐 간 사람일 뿐이라고요! |

장면 전환: 공연장
관객들은 이 말을 듣고 매우 놀란다.

| 관객 | 살해했다고? |

장면 전환: 무대 뒤

| 델라 크루즈 | 난 기회를 잡기 위해서라면 무엇이든 하는 사람이야… (얼굴이 어두워지며) 그게 뭐가 됐든 간에 말이지. |

갑자기, 델라 크루즈가 미구엘을 건물 밖으로 던져 버린다.

| **미구엘** | 아아아! |

| 헥터 | 안 돼! |

경악한 가족들이 건물 난간으로 뛰어간다.

| 오스카 고모할아버지/펠리페 고모할아버지 | 미구엘! |

---

murder 살해하다　gobsmacked 너무 놀란　structure 건물, 건축물　ledge 난간, 절벽에서 튀어나온 곳　horrified 겁에 질린

MAMÁ Miguel!
IMELDA

CUT TO: STADIUM

The audience gasps. Some shrieks.

BACK TO: BACKSTAGE

De la Cruz crosses from the ledge, past Héctor, who remains collapsed on the floor, breathless.

DE LA CRUZ Apologies old friend, but the show must go on...

CUT TO:

Miguel is in free fall, the photo still in his hand. As the wind whips against his face, he hears a faint howling. Dante slices downward through the air, catches Miguel's shirt in his teeth, and opens his wings. He and Miguel jerk upward, but the photo falls from Miguel's hands and is gone from sight.

Miguel and Dante twist in the air, Dante trying to slow their descent but the two of them are too heavy. Miguel's shirt rips and Dante loses him.

이멜다 할머니 미구엘!

장면 전환: 공연장

관객들이 헉하고 놀란다. 비명을 지르는 이들도 있다.

장면 전환: 무대 뒤

델라 크루즈는 건물 난간을 가로질러 헥터를 지나간다. 헥터는 숨을 헐떡이며 바닥에 쓰러져 있다.

델라 크루즈 미안하네 옛 친구. 쇼는 계속되어야지…

장면 전환:

미구엘이 아래로 끝없이 떨어진다. 여전히 사진을 손에 쥐고 있다. 바람이 얼굴을 세차게 스치는 가운데 희미하게 울부짖는 소리가 들린다. 단테가 하늘을 가르며 아래로 날아가 이빨로 미구엘의 셔츠를 물고 날개를 편다. 단테와 미구엘이 위로 올라가지만 사진이 미구엘의 손에서 떨어져 시야에서 사라진다.
미구엘과 단테가 공중에서 비틀거린다. 단테는 떨어지는 속도를 줄이려고 하지만 둘이 너무 무거워 어쩔 수 없다. 미구엘의 셔츠가 찢어지고 단테가 그를 놓친다.

shriek 비명을 지르다 **collapsed** 쓰러진 **breathless** 숨을 잘 못 쉬는 **go on** 계속되다 **free fall** 자유 낙하 **whip** 때리다, 채찍질하다 **jerk** 홱 움직이다 **upward** 위로 **gone from sight** 시야에서 사라진 **slow** 속도를 늦추다 **descent** 하강 **rip** 찢어지다

Miguel plummets toward the base of the tower. Suddenly Pepita flies in and scoops up Miguel. Dante follows close behind. Miguel looks over the side of Pepita down towards the water. The photo is lost.

BACK TO: BACKSTAGE

De la Cruz steps up to the curtain, slicks back his hair, and emerges to his audience.

ON STAGE:

De la Cruz is found by a spotlight.

DE LA CRUZ   Ha ha!

He is met with boos. He looks confused.

CROWD   Boo! Murderer!

DE LA CRUZ   Please, please, mi familia...

AUDIENCE MEMBER   Get off the stage!

More booing. De la Cruz tries to kick up the orchestra.

DE LA CRUZ   Orchestra! A-one-A-two-A-one–

미구엘이 타워 바닥을 향해 곤두박질친다. 바로 이때 페피타가 날아와 미구엘을 낚아 챈다. 단테가 바로 뒤에서 따라간다. 미구엘이 페피타 옆으로 아래를 내려다보는데 호수가 눈에 들어온다. 결국 사진을 잃어 버린 것이다.

장면 전환: 무대 뒤
델라 크루즈가 무대 커튼이 있는 곳으로 다가간다. 머리를 매끈하게 뒤로 넘기고 관객들 앞에 나타난다.

무대 위:
델라 크루즈에게 스포트라이트 조명이 비친다.

델라 크루즈	하하!

그가 야유를 받는다. 혼란스러운 표정이다.

관객	우-우! 살인자!
델라 크루즈	오, 오, 제발, 가족 여러분…
관객	무대에서 내려가!

더 많은 야유 소리가 들린다. 델라 크루즈가 오케스트라 연주를 유도한다.

델라 크루즈	오케스트라! 아-원-아-투-아-원-

---

plummet 낙하하다　scoop up 퍼 올리다　slick 매끈하게 매만지다　boo 야유 소리, 야유하다　kick up 작동시키다

The conductor snaps his baton. More booing.

DE LA CRUZ (singing) REMEMBER ME, THOUGH I HAVE TO— (beat) HEY!–

The crowd pelts de la Cruz with fruit and offerings.

CROWD MEMBER Look!

Crowd members point up to the screen. Pepita rises above the ledge with Miguel on her back. Miguel slides off her wing and runs to his family.

CROWD MEMBER He's alright!

The crowd cheers. There are sighs of relief.
De la Cruz, seeing this play out on screen, realizes his backstage treachery has been projected to the whole world. He watches horrified as the image of Pepita grows larger and larger on the screen as she prowls past the camera. De la Cruz begins to back up just as Pepita emerges through the curtain, eyes locked on him.

DE LA CRUZ Nice kitty...

지휘자가 지휘봉을 꺾어 부러뜨린다. 더 많은 야유 소리가 들린다.

델라 크루즈 (노래하며) 기억해 줘, 작별 인사를 해야 - (정적) 이봐!

관객들이 과일과 다른 여러 제물들을 델라 크루즈에게 던진다.

관객 저기 봐!

관객들이 위에 있는 화면을 가리킨다. 페피타가 미구엘을 태우고 건물 난간 위로 날아오른다. 미구엘이 미끄러지듯 날개에서 내려와 가족들에게 달려간다.

관객 애가 무사하네!

관객들이 환호한다. 안도의 한숨이 들린다.
화면으로 이 장면을 바라보던 델라 크루즈는 무대 뒤 자신의 나쁜 행각이 온 세상에 방영되었다는 것을 알게 된다. 페피타가 카메라를 지나가더니 화면에 점점 더 크게 비춰진다. 델라 크루즈가 완전히 겁에 질려 이를 보고 있다. 델라 크루즈가 뒷걸음질 치는데 때마침 페피타가 커튼을 젖히고 나타나 그와 눈을 마주친다.

델라 크루즈 야옹아, 착하지…

conductor 지휘자   snap 부러뜨리다   baton 지휘봉   pelt (무엇을 던지며) 공격하다   offering 제물, 공물   relief 안도, 안심
treachery 배반, 배신   project 방영하다   horrified 겁에 질린   prowl 돌아다니다   eyes locked on ~에게 시선이 고정된

Suddenly Pepita head-butts de la Cruz and lifts him into the sky, flinging the singer in the air like a kitten playing with a ball of yarn.

DE LA CRUZ   AAAHHHH! Put me down! No, please, I beg of you, stop! [98] Stop! NO!

She swings him around to gain momentum, then throws him over the audience.

DE LA CRUZ   NO! AAAHHH!

He flies out of the stadium, hitting a giant church bell in the distance. The stadium erupts in cheers. In the midst of the cheering, an unsuspecting crowd member returns from concessions.

CROWD MEMBER   What did I miss?

BACK TO: BACKSTAGE
Miguel is surrounded by family, safe. He hugs Dante.

MIGUEL   Good boy, Dante.

Imelda runs to Miguel and embraces him.

MAMÁ IMELDA   Miguel!

갑자기 페피타가 델라 크루즈를 들이받더니 그를 공중으로 들어올린다. 그리고 고양이가 털실 뭉치를 가지고 노는 것처럼 그를 공중으로 던진다.

델라 크루즈 아아아아! 내려 줘! 아냐, 제발! 부탁이야, 그만해! 멈추라고! 안 돼!

페피타가 빠른 속도로 그를 흔들다가 관중 위로 던져 버린다.

델라 크루즈 안 돼! 아아아!

델라 크루즈가 공연장 밖으로 날아가 멀리 있는 거대한 교회 종에 부딪힌다. 공연장 전체에 큰 환호성이 터져 나온다. 환호성이 계속되는 와중에 아무것도 모르는 관객 한 명이 매점에서 간식을 사서 자리로 돌아온다.

관객 무슨 일 있었어?

장면 전환: 무대 뒤

가족들에게 둘러 싸여 있는 미구엘, 이제 안전하다. 그가 단테를 끌어안는다.

미구엘 잘했어, 단테.

이멜다가 미구엘에게 달려가 꽉 껴안는다.

이멜다 할머니 미구엘!

---

head-butt 머리로 박치기를 하다 fling 내던지다 a ball of yarn 털실 뭉치 swing 흔들다 gain momentum 탄력이 붙다 in the distance 멀리 erupt 폭발하다 unsuspecting 의심하지 않는, 이상한 낌새를 못 채는 concession 매점, 가게

Behind them, Héctor struggles to get to his feet but stumbles with a flicker. Miguel runs to support him.

MIGUEL   Héctor! The photo, I lost it...

HÉCTOR   It's okay, mijo. It's–

Suddenly Héctor suffers his most violent flickering yet. He collapses. Miguel kneels by him.

MIGUEL   Héctor! Héctor?!

Héctor can barely move his limbs.

HÉCTOR   Coco...

MIGUEL   No! We can still find the photo...

뒤에서 헥터가 힘겹게 일어나지만 몸이 깜빡거리더니 비틀거린다. 미구엘이 달려와 그를 부축한다.

미구엘 할아버지! 그 사진을, 제가 잃어버렸어요…

헥터 괜찮다, 얘야. 그건-

바로 이때 헥터가 격렬하게 깜빡거리며 힘들어한다. 그가 쓰러진다. 미구엘이 옆에서 무릎을 꿇는다.

미구엘 할아버지! 할아버지?!

헥터는 팔다리를 거의 움직일 수 없다.

헥터 코코…

미구엘 안 돼요! 아직 사진을 찾을 수 있을 거예요…

---

get to one's feet 일어서다 flicker 깜빡이는 불빛 suffer ~으로 힘들어하다 violent 강렬한, 폭력적인 kneel 무릎을 꿇다 barely 거의 ~하지 못하는 limb 팔다리

Mamá Imelda looks to the horizon, the first rays of sunlight peeking over.

MAMÁ IMELDA Miguel, it's almost sunrise!

MIGUEL No, no, no, I can't leave you. I promised I'd put your photo up. I promised you'd see Coco!

Héctor looks at Miguel. The skeletal transformation is creeping in on the edges of Miguel's face. He's almost full skeleton now.

HÉCTOR We're both out of time, mijo.

The shimmering of Héctor's bones advances.

MIGUEL No, no... she can't forget you!

HÉCTOR I just wanted her to know that I loved her.

Héctor musters the strength to grab the marigold petal.

MIGUEL Héctor—

HÉCTOR You have our blessing, Miguel.

지평선을 바라보는 이멜다 할머니, 빛줄기가 보이기 시작한다.

이멜다 할머니 미구엘, 해가 뜨려고 해!

미구엘 안 돼, 안 돼, 안 돼요, 할아버지를 떠날 수는 없어요. 제가 할아버지 사진을 올려 드리겠다고 약속했어요. 코코를 만나게 해 주겠다고 약속했다고요!

헥터가 미구엘을 바라본다. 미구엘의 얼굴 가장자리가 해골로 변한다. 이제는 거의 해골의 모습을 하고 있다.

헥터 우리 둘 다 시간이 없구나, 애야.

헥터의 뼈가 더 밝게 빛난다.

미구엘 안 돼, 안 돼요… 코코가 할아버지를 잊으면 안 된다고요!

헥터 내가 코코를 사랑했다는 걸 알아 준다면 그걸로 만족해.

헥터가 마지막 힘을 다해 금잔화 꽃잎을 집어 든다.

미구엘 헥터 할아버지—

헥터 우리가 축복하마, 미구엘.

---

horizon 지평선, 수평선 ray 광선 transformation 변형 creep in 서서히 나타나다 advance 나타나다, 진행되다 muster (힘·용기 등을 최대한) 내다, 발휘하다 strength 힘 grab 붙잡다

MAMÁ 　　　No conditions.
IMELDA

The petal glows. Héctor struggles to lift the petal to Miguel. Mamá Imelda takes his hand in hers.

MIGUEL 　　No, Papá Héctor, please!

Imelda and Héctor move their joined hands toward Miguel's chest.

MIGUEL 　　No...

Héctor's eyelids begin to close.

HÉCTOR 　　Go home...

MIGUEL 　　I promise I won't let Coco forget you! Aaahh!–

WHOOOOSH! A whirlwind of marigold petals, and everything goes white.

| 이멜다 할머니 | 조건은 없어. |

꽃잎이 밝게 빛난다. 헥터가 힘겹게 미구엘을 향해 꽃잎을 들어 올린다. 이멜다 할머니가 그의 손을 잡는다.

| 미구엘 | 안 돼요, 헥터 할아버지, 제발! |

이멜다와 헥터가 맞잡은 손을 미구엘의 가슴으로 가져간다.

| 미구엘 | 안 돼요… |

헥터의 눈이 감기기 시작한다.

| 헥터 | 집으로 가거라… |

| 미구엘 | 코코가 할아버지를 잊지 않도록 할게요! 아아아!- |

휘이익! 금잔화 꽃잎들이 회오리처럼 흩날리더니 모든 것이 하얗게 변한다.

---

condition 조건 glow 빛나다 struggle to 힘들게 ~하다 chest 가슴 eyelid 눈꺼풀 whirlwind 소용돌이

CHAPTER 22

Remember Me

FADE IN:

INT. DE LA CRUZ'S MAUSOLEUM — SUNRISE

Miguel finds himself back in de la Cruz's tomb. Dazed, he looks through the windows. Day has broken.

On the floor is the skull guitar. Miguel grabs it. He exits the tomb and takes off out of the cemetery.

EXT. PLAZA

Miguel races through the plaza, past the statue of de la Cruz. Miguel races through the streets towards home. He blows right past his Tío Berto snoring and Primo Abel sleeping on a bench.

22. mp3

화면이 점점 밝아진다:
실내. 델라 크루즈의 묘 - 해가 뜰 무렵
미구엘, 자신이 델라 크루즈의 묘로 돌아왔다는 사실을 깨닫는다. 멍하게 창문 밖을 바라본다. 날이 밝았다.
바닥에는 해골 기타가 놓여 있다. 미구엘이 기타를 집어 든다. 묘를 빠져 나가 공동묘지 밖으로 뛰어 나간다.

실외. 광장
미구엘이 델라 크루즈 동상을 지나 광장을 가로질러 달려간다. 거리를 지나서 집으로 쏜살같이 내달린다. 코를 골며 자고 있는 베르토 삼촌과 벤치에서 자고 있는 사촌 아벨을 빠르게 지나간다.

mausoleum 묘 dazed 멍한, 정신이 없는 Day has broken. 날이 밝았다. exit 나가다 blow past 빠르게 지나가다 snore 코를 골다

TÍO BERTO   (jolting awake) There he is!

Abel falls off the bench. Papá comes from around a corner as Miguel is running.

PAPÁ   Miguel!? Stop!

EXT. RIVERA COMPOUND
Miguel rounds the corner and follows the trail of marigolds through the front gate.
He runs for Mamá Coco's bedroom. Just as he makes it to the doorway, Abuelita steps up and blocks him.

ABUELITA   Where have you been?!

MIGUEL   Ah! I need to see Mamá Coco, please–

Abuelita spies the guitar in Miguel's hand.

ABUELITA   What are you doing with that? Give it to me!

Miguel pushes past Abuelita, and slams the door shut.

ABUELITA   Miguel! Stop! Miguel! Miguel! Miguel! MIGUEL!

베르토 삼촌	(화들짝 잠에서 깨며) 걔 왔어!

아벨이 벤치에서 떨어진다. 미구엘이 뛰어가고 아빠가 때마침 모퉁이에서 나온다.

아빠	미구엘!? 멈춰!

실외. 리베라 가족의 복합공간
미구엘이 모퉁이를 돌아 길처럼 뿌려져 있는 금잔화 꽃잎들을 따라 대문을 지나간다. 미구엘은 코코 할머니 방으로 달려간다. 문 앞에 도착하자 할머니가 나타나 그를 가로막는다.

할머니	너 어디에 있었니?!
미구엘	아! 코코 할머니를 만나야 해요, 제발요—

할머니는 미구엘의 손에 있는 기타를 바라본다.

할머니	그걸로 뭐 하는 거야? 이리 내!

미구엘이 할머니를 밀치고 지나가더니 문을 쾅 하고 닫는다.

할머니	미구엘! 그만해! 미구엘! 미구엘! 미구엘! 미구엘!

---

jolt (갑자기) 거칠게 흔들리다 **awake** 잠에서 깨어나는 **step up** 나타나다, 나서다 **block** 막다, 차단하다 **spy** 보다, 알아채다 **slam shut** 쾅 하고 닫다

INT. MAMÁ COCO'S ROOM

Miguel locks the door and goes up to Mamá Coco. She stares into space, eyes completely vacant.

MIGUEL
Mamá Coco? Can you hear me? It's Miguel.

Miguel looks into her eyes.

MIGUEL (CONT'D)
I saw your papá. Remember? Papá? Please – if you forget him, he'll be gone... forever!

She doesn't respond. Miguel's father bangs on the door.

PAPÁ (O.S.)
Miguel, open this door!

Miguel shows her the guitar.

MIGUEL
Here – this was his guitar, right? He used to play it to you? See, there he is.

Still nothing. Her eyes are glazed.

실내. 코코 할머니의 방

미구엘이 문을 걸어 잠그고 코코 할머니에게 다가간다. 그녀는 초점 없는 눈으로 어떤 곳을 멍하게 바라보고 있다.

미구엘 코코 할머니? 제 말 들리세요? 저 미구엘이에요.

미구엘이 그녀의 눈을 들여다본다.

미구엘
(계속) 제가 할머니의 아빠를 봤어요. 기억나세요? 아빠? 제발 – 할머니가 잊으면, 할아버지는 사라질 거예요… 영원히!

그녀는 반응이 없다. 미구엘의 아빠가 문을 세차게 두드린다.

아빠
(화면 밖) 미구엘, 이 문 열어!

미구엘이 그녀에게 기타를 보여 준다.

미구엘 여기요 – 이거 할머니 아빠의 기타예요. 맞죠? 할머니에게 이걸로 연주해 주셨죠? 보세요, 할머니 아빠예요.

여전히 반응이 없다. 할머니는 멍한 눈빛을 하고 있을 뿐이다.

---

stare 응시하다 vacant (시선, 표정이) 멍한 gone 사라지는 respond 대답하다 bang 쾅쾅 두드리다 glazed (눈이) 멍한

MIGUEL
(CONT'D)
Papá, remember? Papá?

Mamá Coco stares forward, as if Miguel isn't even there.

PAPÁ Miguel!

MIGUEL Mamá Coco, please, don't forget him.

With a rattle of keys, the door flies open. The family pours in.

ABUELITA What are you doing to that poor woman?

Abuelita brushes Miguel aside to comfort her mother.

ABUELITA It's okay, Mamita, it's okay.

PAPÁ What's gotten into you? [99]

Miguel looks down, defeated. Tears drip off his nose. Papá's anger gives way to relief. He embraces his son.

PAPÁ I thought I'd lost you, Migue...

MIGUEL I'm sorry, Papá.

Mamá steps forward.

미구엘 (계속)	아빠, 기억나요? 아빠?
	코코 할머니는 마치 미구엘이 없는 것처럼 앞만 바라보고 있다.
아빠	미구엘!
미구엘	코코 할머니, 제발, 아빠를 잊지 마세요.
	열쇠가 달그락하는 소리가 들리고 문이 활짝 열린다. 가족들이 황급히 들어온다.
할머니	불쌍한 할머니에게 뭐 하는 짓이야?
	할머니가 미구엘을 옆으로 밀치고 어머니를 안심시킨다.
할머니	괜찮아요, 엄마, 괜찮아요.
아빠	도대체 무슨 생각으로 그러는 거야?
	미구엘은 절망하며 고개를 떨군다. 눈물이 코를 타고 내려와 떨어진다. 아빠의 분노가 안도로 바뀐다. 아들을 껴안는다.
아빠	널 잃어버린 줄 알았어, 미구에…
미구엘	죄송해요, 아빠.
	엄마가 앞으로 다가간다.

forward 앞으로   rattle 달달거리는 소리   fly open 휙 열리다   pour in 쏟아져 들어오다   brush aside 옆으로 밀다   comfort 위로하다, 편안하게 해 주다   mamita [스페인어] 엄마   defeated 패배한, 좌절된   give way to ~으로 바뀌다   relief 안도, 안정

MAMÁ	We're all together now, that's what matters. [100]
MIGUEL	Not all of us...

Abuelita returns from consoling Mamá Coco.

ABUELITA	It's okay, mamita. (beat) Miguel, you apologize to your Mamá Coco!

Miguel looks at Mamá Coco and approaches her.

MIGUEL	Mamá Coco...

His toe accidentally tapped against Héctor's skull guitar, a soft hollow ringing resonates.

ABUELITA	Well? Apologize.

He comes to a realization.

MIGUEL	Mamá Coco? Your Papá – he wanted you to have this.

He picks up the guitar. Abuelita steps forward to intervene but Papá places a hand on her shoulder.

PAPÁ	Mamá, wait–

엄마　　우리 모두 함께 있잖아, 그게 중요한 거야.

미구엘　　모두 함께 있는 건 아니에요…

할머니가 코코 할머니를 안심시키고 이들에게 다가간다.

할머니　　괜찮아요, 엄마. (정적) 미구엘, 코코 할머니께 사과하거라!

미구엘이 코코 할머니를 바라보고 그녀에게 다가간다.

미구엘　　코코 할머니…

미구엘의 발가락이 우연히 헥터의 해골 기타에 부딪히자, 은은한 공명음이 울려 나온다.

할머니　　자, 사과하래도.

미구엘이 무언가를 깨닫는다.

미구엘　　코코 할머니? 할머니의 아빠는 – 할머니가 이걸 듣기를 원하셨어요.

그가 기타를 집어 든다. 할머니가 앞으로 나오며 막으려고 하는데 아빠가 할머니의 어깨에 손을 올린다.

아빠　　어머니, 잠시만요–

---

matter 중요하다　console 위로하다　apologize 사과하다　tap 부딪히다, 때리다　hollow (속이) 빈, (소리 따위가) 공허한, 낮게 울리는　ringing 울리는 소리　resonate 울려 퍼지다　come to a realization 깨닫게 되다　intervene 끼어들다　place 두다, 놓다

Miguel starts to sing "Remember Me" the way Héctor sang it... softly, from the heart.

MIGUEL (singing)
REMEMBER ME
THOUGH I HAVE TO SAY GOODBYE
REMEMBER ME
DON'T LET IT MAKE YOU CRY

MAMÁ Look...

The glimmer in the Mamá Coco's eyes grows brighter with every note. Memories flood in, filling the vacancy of her expression with life. Her cheeks soften and plump. Her lips arc into a smile.

MIGUEL FOR EVEN IF I'M FAR AWAY,
I HOLD YOU IN MY HEART
I SING A SECRET SONG TO YOU
EACH NIGHT WE ARE APART
REMEMBER ME
THOUGH I HAVE TO TRAVEL FAR

미구엘은 헥터가 했던 것처럼 "기억해 줘"를 부르기 시작한다… 감미롭게, 마음을 다해서 노래한다.

미구엘 (노래한다)
기억해 줘
작별 인사를 해야 하지만
기억해 줘
제발 울지 말아 줘

엄마 저것 봐요…

노래 소리에 희미하던 코코 할머니의 눈빛이 점점 밝아진다. 추억이 생각나면서 무표정하던 할머니의 표정에 생기가 돈다. 뺨도 부드럽게 움직이며 생기 있어 보인다. 입꼬리가 올라가 미소를 짓는다.

미구엘 멀리 있어도
넌 내 마음속에 있어
조용히 노래해 줄게
매일 밤 우리 멀리 있어도
기억해 줘
난 가야 하지만

---

from the heart 마음을 다해 glimmer (희미하게) 깜박이는 빛 note 음, 음표 flood in 밀려들다 vacancy 텅 빈 공간 expression 표정 plump 통통하게 살찌다, 통통한 arc 둥근 활 모양, 활 모양을 그리다

Miguel sings gently, with love. Mamá Coco's brows slope up, delighted. The song seems to bring her back to life. Abuelita can't speak. None of them can.
Brimming, Mamá Coco joins Miguel in song – her voice scratchy with age, his clear with youth.

MAMÁ COCO/ MIGUEL
REMEMBER ME
EACH TIME YOU HEAR A SAD GUITAR
KNOW THAT I'M WITH YOU
THE ONLY WAY THAT I CAN BE
UNTIL YOU'RE IN MY ARMS AGAIN
REMEMBER ME.

Tears stream down Abuelita's face; she's witnessing a miracle. Mamá Coco looks to her daughter, and is troubled by her tears.

MAMÁ COCO Elena? What's wrong, mija?

ABUELITA Nothing, Mamá. Nothing at all.

Mamá Coco turns to Miguel.

MAMÁ COCO My Papá used to sing me that song.

MIGUEL He loved you, Mamá Coco. Your Papá loved you so much.

미구엘이 사랑을 담아 부드럽게 노래한다. 기뻐하는 코코 할머니의 눈썹이 올라간다. 노래가 그녀를 다시 살리는 듯하다. 음악을 반대하던 할머니는 아무 말도 할 수 없다. 다들 말이 없다.

감정이 북받치는 코코 할머니가 미구엘과 함께 노래한다 — 할머니는 나이가 들어 쉰 목소리가 나고, 어린 미구엘은 맑은 소리가 난다.

코코 할머니/ 미구엘 기억해 줘
슬픈 기타 소리 들을 때마다
우리 함께한다는 걸 알아 줘
그렇게 해 줘
다시 너를 안을 때까지
기억해 줘.

할머니의 얼굴에서 눈물이 흘러내린다; 그녀는 눈앞에서 기적을 보고 있다. 딸을 바라보는 코코 할머니는 딸의 눈물을 보고 걱정한다.

코코 할머니 엘레나? 왜 그러니, 애야?

할머니 아무것도 아니에요, 엄마. 정말 아무것도 아니에요.

코코 할머니가 미구엘을 바라본다.

코코 할머니 우리 아빠가 내게 그 노래를 불러 주셨지.

미구엘 코코 할머니를 사랑하셨어요. 할머니의 아빠가 할머니를 정말 많이 사랑하셨어요.

---

gently 부드럽게 slope up 위로 올라가다 delighted 기쁜 brimming 감정이 북받치는 scratchy 쉰 소리의 with age 나이로 인해 clear 맑은 stream 흐르다 witness 목격하다 miracle 기적 troubled 걱정하는

A smile spreads across Mamá Coco's face. She's waited a long time to hear those words. She turns to her nightstand, hand shaking. She opens a drawer and pulls out a notebook.

MAMÁ COCO I kept... his letters... poems he wrote me... and...

Mamá Coco leafs through the book to reveal a torn scrap of paper. She hands it to Miguel. It's the missing face from the photo – Héctor's face. Miguel pieces the picture back together, finally seeing Héctor as he was in life, a young, handsome man.
Mamá Coco smiles. She finds the words slowly, but she speaks with fondness and love.

MAMÁ COCO Papá was a musician. When I was a little girl, he and Mamá would sing such beautiful songs...

The family gathers close to listen.

코코 할머니의 얼굴에 미소가 가득 퍼진다. 그녀는 그 말이 듣고 싶어 오랜 세월을 기다려 왔다. 침대 옆 탁자를 바라보며 떨리는 손으로 서랍을 열고 수첩 하나를 꺼낸다.

코코 할머니   난 간직해 왔어… 아빠의 편지들… 내게 써 준 시들도 말이야… 그리고…

코코 할머니가 수첩을 뒤적이며 찢어진 종이 조각을 찾아낸다. 그리고 그 조각을 미구엘에게 건넨다. 그것은 사진에서 찢어져 없어진 얼굴 − 바로 헥터의 얼굴이다. 미구엘이 사진 조각들을 모아 붙이자 마침내 헥터의 생전 모습을 볼 수 있다. 젊고 잘생긴 청년의 모습이다.
코코 할머니가 미소를 짓는다. 천천히 말을 하지만 애정과 사랑을 담아 이야기한다.

코코 할머니   아빠는 뮤지션이었어. 내가 어렸을 때, 아빠와 엄마는 아름다운 노래를 부르셨단다…

가족들이 가까이 모여 그녀의 말을 듣는다.

---

spread 퍼지다   **nightstand** 침실 탁자   **drawer** 서랍   **pull out** 꺼내다   **poem** 시   **leaf through** 넘기다   **torn** 찢겨진, 너덜너덜한   **a scrap of paper** 종이 조각   **hand** 건네다   **missing** 사라진   **piece together** 조각을 붙이다   **fondness** 애정   **gather** 모이다

CHAPTER 23

Music Brings Family Together

DISSOLVE TO:

EXT. CEMETERY – MORNING

TITLE CARD: ONE YEAR LATER

The cemetery is once again filled with families cleaning off head stones and laying flowers.

EXT. DE LA CRUZ'S MAUSOLEUM
Not as many offerings this year, not as many fans. No mariachi band. Someone has hung a sign "FORGET YOU" on the bust of de la Cruz.

TOUR GUIDE (O.S.) And right over here, one of Santa Cecilia's greatest treasures...

23. mp3

화면이 점점 어두워지다 다시 밝게 전환된다:
실외. 공동묘지 - 아침

자막: 일 년 후

묘비를 닦고 헌화를 하는 가족들로 공동묘지가 다시 북적인다.

실외. 델라 크루즈의 묘

예전보다 올해는 제물도, 팬들도 많지 않다. 마리아치 악단도 없다. 누군가가 델라 크루즈의 흉상에 "널 잊을게"라고 쓴 푯말을 걸어 두었다.

여행 가이드　그리고 바로 여기, 산타 세실리아의 가장 위대한 보물 중의 하나
(화면 밖)　인…

---

cemetery 공동묘지　clean off 깨끗하게 닦다　head stone 비석　mariachi 악사　bust 흉상, 반신상　treasure 보물

EXT. RIVERA WORKSHOP

The tour guide stands in front of the Rivera shoe shop. Tourists crowd in, taking pictures of the skull guitar and framed letters Héctor wrote to Coco.

TOUR GUIDE (CONT'D)
The home of the esteemed songwriter Héctor Rivera! The letters Héctor wrote home for his daughter Coco contain the lyrics for all of your favorite songs, not just "Remember Me."

EXT. COURTYARD

We travel through the courtyard catching glimpses of holiday preparation. Prima Rosa and primo Abel hang papel picado. Papá and Mamá work on tamales. Tío Berto sweeps the cobblestones as the little cousins play.

MIGUEL (O.S.)
And that man is your Papá Julio...

INT. OFRENDA ROOM

Miguel holds his baby sister SOCORRO (10 months) in his arms and points out all of the family members.

실외. 리베라 가족 공방

여행 가이드가 리베라 가족의 신발 가게 앞에 서 있다. 관광객들이 몰려들어 해골 기타와 액자에 담긴 헥터가 코코에게 쓴 편지들의 사진을 찍는다.

여행 가이드
(계속)
존경받는 작곡가 헥터 리베라의 집입니다! 딸 코코를 위해 쓴 편지에는 "기억해 줘"뿐만 아니라 여러분이 좋아하는 모든 곡의 가사가 담겨 있죠.

실외. 마당

마당을 가로질러 가족들이 명절을 준비하는 모습이 보인다. 사촌 로사와 아벨이 파펠 피카도를 걸고 있다. 아빠와 엄마는 타말레를 만들고 있다. 어린 사촌들이 놀고 있는 동안 베르토 삼촌이 돌을 깔아 만든 바닥을 쓸고 있다.

미구엘
(화면 밖)
그리고 저분은 훌리오 할아버지야…

실내. 제단실

미구엘이 여동생 소코로(10개월)를 안고 가족들을 한 명씩 모두 가리킨다.

---

crowd in 밀려들다   framed 액자에 넣은   esteemed 존경받는   songwriter 작곡가   contain 가지고 있다, 포함하다   lyric 노래 가사
preparation 준비   sweep 쓸다   cobblestone 돌을 깔아 만든 바닥   point out 가리키다

MIGUEL (CONT'D)
...And there's Tía Rosita... and your Tía Victoria... and those two are Oscar and Felipe. These aren't just old pictures – they're our family – and they're counting on us to remember them.

Abuelita approaches and smiles to see her grandson passing on the tradition. Then she places a picture frame on the ofrenda, a photo of Mamá Coco. She looks to Miguel who puts his arm around her.
Next to Mamá Coco's picture sits the photo of Imelda and Héctor, taped back together. Restored.

CROSS FADE TO:
EXT. MARIGOLD GRAND CENTRAL STATION
Héctor waits in the departures line nervously.

MIGUEL (O.S.)
(singing)
SAY THAT CRAZY OR CALL ME A FOOL

DEPARTURES AGENT
Next!

Héctor steps up to the monitor. The agent recognizes him. Héctor chuckles nervously. The monitor scans him. DING!

미구엘	… 그리고 이분은 로지타 고모할머니… 그리고 빅토리아 고모할머니… 그리고 저기 두 분은 오스카 고모할아버지와 펠리페 고모할아버지야. 이건 그냥 옛날 사진이 아니고 – 우리 가족이야 – 우리가 그들을 기억할 거라고 믿고 계셔.

할머니가 다가와서 손자가 전통을 전하는 모습을 보고 미소 짓는다. 그리고 사진이 담긴 액자를 제단에 올리는데, 바로 코코 할머니의 사진이다. 할머니가 미구엘을 바라본다. 미구엘은 할머니를 안아 준다.

코코 할머니의 사진 옆에는 테이프로 붙인 이멜다와 헥터의 사진이 놓여 있다. 이들의 사진이 복구된 것이다.

화면이 서서히 변한다:
실외. 금잔화 그랜드 센트럴 역
헥터가 출국 줄에서 초초하게 기다린다.

미구엘 (화면 밖)	(노래한다) 날 미친 바보라고 불러도 좋아

출국 심사관	다음 분!

헥터가 모니터로 다가선다. 심사관이 그를 알아본다. 헥터가 불안한 듯 웃어 보인다. 모니터가 그를 스캔한다. 띵! 하는 소리가 난다.

---

count on ~을 믿다, ~을 기대하다 approach 다가오다 pass on 전하다 place 놓다 restore 복원하다, 회복시키다 cross fade 페이드 아웃 되고 페이드 인이 되다 departure 출국, 떠남 nervously 초조하게 agent 직원, 요원 chuckle 키득 웃다

DEPARTURES AGENT Enjoy your visit, Héctor!

MIGUEL (O.S.) (singing)
BUT LAST NIGHT IT SEEMED THAT I DREAMED ABOUT YOU

Héctor's chest swells.

EXT. FOOT OF THE BRIDGE
Héctor exits from the Marigold Grand Central Station. Mamá Imelda waits on the cobblestones to greet him. They kiss. Then he hears a familiar voice.

MAMÁ COCO Papá!

Héctor turns to see his daughter approaching. He opens his arms to give Coco the biggest hug.

HÉCTOR Coco!

MIGUEL (O.S.) (singing)
WHEN I OPENED MY MOUTH
WHAT CAME OUT WAS A SONG
AND YOU KNEW EVERY WORD
AND WE ALL SANG ALONG

| 출국 심사관 | 즐거운 여행되세요, 헥터 씨! |

| 미구엘
(화면 밖) | (노래한다)
어젯밤 네 꿈을 꾼 것 같아 |

헥터는 가슴이 벅차오른다.

실외. 다리의 하단
헥터가 금잔화 그랜드 센트럴 역에서 나온다. 이멜다 할머니가 돌로 포장된 길 위에서 기다리다가 그를 맞이한다. 그들은 키스한다. 이때 헥터는 낯익은 목소리를 듣는다.

| 코코 할머니 | 아빠! |

헥터가 돌아보니 딸이 그에게 다가오고 있다. 팔을 벌려 코코를 꽉 껴안아 준다.

| 헥터 | 코코! |

| 미구엘
(화면 밖) | (노래한다)
내가 입을 열면
노래가 나왔지
넌 가사를 알았고
우리 함께 노래했지 |

chest swell 가슴이 벅차다   familiar 익숙한   open one's arms 팔을 벌리다

Every moment together is a miracle and he holds Coco like he knows it. Soon Coco, Héctor, and Imelda join hands. The petals of the bridge glow as they step forward. The family crosses together.

MIGUEL (O.S.) (singing)
TO A MELODY PLAYED
ON THE STRINGS OF OUR SOULS
AND A RHYTHM THAT RATTLED US
DOWN TO THE BONE
OUR LOVE FOR EACH OTHER
WILL LIVE ON FOREVER
IN EVERY BEAT
OF MY PROUD CORAZÓN

Dante and Pepita fly through the night sky in the Land of the Dead. They alight on the marigold path and bound across into the Land of the Living.

함께 있는 모든 순간이 기적이라고 생각하는 헥터, 코코를 품에 안고 있다. 코코, 헥터, 이멜다가 함께 손을 잡는다. 이들이 앞으로 걸어가자 다리에 있던 꽃잎들이 빛난다. 가족들이 함께 다리를 건넌다.

미구엘
(화면 밖)

(노래한다)
멜로디가 나와
영혼의 줄을 튕겨
신나는 리듬이
뼛속까지 울려
우리의 사랑
영원하도록
심장이 뛰네
가슴이 벅차네

단테와 페피타가 죽은 자들의 세계의 밤 하늘을 날아다닌다. 금잔화 길 위로 내려오더니 산 자들의 세계로 뛰어간다.

---

miracle 기적 join hands 손을 맞잡다 step forward 앞으로 나아가다 down to the bone 뼛속까지 beat (음악) 비트, 박자 corazón [스페인어] 용기, 심장 alight 내려앉다 bound 뛰어가다

EXT. STREETS OF SANTA CECILIA

Dante's shadow is cast against a wall. When he rounds the corner, he is just a normal xolo dog, no wings or vibrant colors. Pepita's shadow looms large, but as she rounds the corner, it shrinks to reveal that she is a little alley cat in the Land of the Living.

EXT. RIVERA COURTYARD

They enter the Rivera compound. Abuelita greets Dante and tosses him a sweet treat. In the courtyard, the family is gathered as Miguel plays his guitar and sings. Dante hops up to give him a lick on the cheek.

MIGUEL (singing)
> OUR LOVE FOR EACH OTHER
> WILL LIVE ON FOREVER
> IN EVERY BEAT
> OF MY PROUD CORAZÓN

Amongst the living Riveras are the spirits of their loved ones, Tía Rosita, Tía Victoria, Papá Julio, Tío Oscar and Tío Felipe, all present and enjoying the reunion.

MIGUEL (singing)
> AY MI FAMILIA!
> OIGA MI GENTE!

실외. 산타 세실리아의 거리

단테의 그림자가 벽에 비친다. 모퉁이를 돌자 날개도 없고 강렬한 색도 없는 평범한 털 없는 숄로건의 모습으로 변한다. 페피타의 그림자도 거대하게 비치지만 모퉁이를 돌자 산 자들의 세계에 사는 작은 길고양이가 된다.

실외. 리베라 가족의 마당

단테와 페피타는 리베라 가족의 복합공간으로 들어간다. 할머니가 단테를 맞이하고 그에게 달콤한 음식을 던져 준다. 마당에 가족들이 모여 있는데 미구엘이 기타를 치고 노래를 한다. 단테가 껑충 뛰어올라 그의 뺨을 핥는다.

미구엘	(노래한다) 우리의 사랑 영원하도록 심장이 뛰네 가슴이 벅차네

살아 있는 리베라 가족 사이에 사랑하는 가족들의 영혼들도 보인다. 로지타 고모할머니, 빅토리아 고모할머니, 훌리오 할아버지, 오스카 고모할아버지와 펠리페 고모할아버지가 와서 가족들과 함께 좋은 시간을 보내고 있다.

미구엘	(노래한다) 우린 가족이죠! 잘 들어요!

---

shadow 그림자　cast 드리운, 비치는　vibrant 강렬한　loom (어렴풋이) 보이다　shrink 줄어들다　alley cat 길고양이　compound 복합공간, 주택 지구　toss 던지다　treat 간식　gather 모으다, 모이다　hop up 뛰어오르다　lick 핥기, 핥다　present 참석한, 나타난　reunion 모임, 재회　oiga [스페인어] 듣다　mi gente [스페인어] 나의 사람들

CANTEN A CORO!
LET IT BE KNOWN.
OUR LOVE FOR EACH OTHER
WILL LIVE ON FOREVER
IN EVERY BEAT
OF MY PROUD CORAZÓN

Abel and Rosa accompany Miguel with instruments of their own. Papá cradles Miguel's new baby sister as Mamá leans on his shoulder. Abuelita listens proudly to her grandchildren while the spirit of Mamá Coco stands beside, arm around her shoulder.

MIGUEL (singing)
AY MI FAMILIA!
OIGA ME GENTE!
CANTEN A CORO!
LET IT BE KNOWN.
OUR LOVE FOR EACH OTHER
WILL LIVE ON FOREVER

함께 노래해요!
모두에게 말해요.
우리의 사랑
영원하도록
심장이 뛰네
가슴이 벅차네

아벨과 로사가 본인들의 악기로 미구엘의 노래에 맞춰 연주를 한다. 아빠는 미구엘의 새 여동생을 안고 있고 엄마는 그의 어깨에 머리를 기댄다. 할머니는 뿌듯하게 손주들의 노래를 듣고 있다. 코코 할머니의 영혼이 옆에 서서 그녀의 어깨를 감싼다.

| 미구엘 | (노래한다) |

우린 가족이죠!
잘 들어요!
함께 노래해요!
모두에게 말해요.
우리의 사랑
영원하도록

Canten a coro! [스페인어] 함께 노래하자! accompany 함께 참여하다, 동반하다 cradle (아기 등을) 부드럽게 안다, 요람 proudly 자랑스럽게 spirit 영혼, 귀신

IN EVERY BEAT
OF MY PROUD CORAZÓN

The courtyard is full of Riveras, living and dead – Héctor and Imelda stand arm in arm, listening to Miguel play. As Miguel sings, the whole family, living and dead, all sing, play and enjoy the music. The whole family, brought together by a song.

심장이 뛰네

가슴이 벅차네

마당은 리베라 가족들로 북적인다. 살아 있는 가족, 죽은 가족 모두가 함께한다 - 헥터와 이멜다가 다정하게 팔짱을 끼고 미구엘의 노래를 들으며 서 있다. 미구엘이 노래를 하고 살아 있는 가족, 죽은 가족 모두 노래를 하고 연주를 하며 음악을 즐긴다. 온 가족이 노래로 하나가 된다.

courtyard 마당 **full of** ~으로 가득한 **arm in arm** 서로 팔짱을 끼고

워크북

스크립트북에서 중요한 표현 100개를 뽑아 담았습니다.

w001. mp3

> **1**   She **rolled up her sleeves** and she learned to make shoes.
>
> 그녀는 두 팔을 걷어붙이고 신발 만드는 법을 배웠답니다.

이멜다 할머니는 남편이 집을 떠나자 가족을 부양하기 위해 무슨 일이든 해야 했습니다. 사탕이나 폭죽을 만들 수도 있었지만, 그녀의 선택은 신발을 만드는 것이었습니다.

roll up one's sleeves는 '소매를 위로 말아 올리다'라는 직역에서도 알 수 있듯이 적극적인 태도로 어떤 일에 임한다는 의미를 가지고 있습니다. 또한 일을 시작하기 전에 마음을 다잡으며 준비를 한다는 뉘앙스도 있죠. 우리말로 '두 팔을 걷어붙이다'라는 해석이 딱 어울리는 표현입니다.

The shepherds rolled up their sleeves and started to shear the sheep. 양치기들은 두 팔을 걷어붙이고 양털을 깎기 시작했어요.

My dad rolled up his sleeves and started to do the dishes.
아빠는 소매를 걷어붙이고 설거지를 하기 시작했어요.

w002. mp3

> **2**   Then her grandkids **got roped in**.
>
> 그리고 손주들도 끌어들였죠.

이멜다 할머니는 딸과 사위뿐만 아니라 손주들에게도 신발 만들기를 가르치셨습니다.

'rope + 사람 + in/into ~'는 '…가 ~하도록 설득하다, 유인하다'라는 뜻입니다. 별 마음이 없는 사람을 밧줄로 묶어서(rope) 어딘가로 데려가는 이미지를 생각하면 뜻을 쉽게 연상할 수 있겠네요. 그리고 'get + 과거분사' 패턴은 '~하게 되다'라는 뜻으로, 수동의 의미를 담고 있습니다.

My friend roped me into wearing the Dracula costume for Halloween.
친구 때문에 핼러윈에 드라큘라 복장을 한 거야.

It's not because she wanted to do this. She just got roped in.
걔가 이렇게 하길 원한 게 아니야. 걘 그냥 설득당한 거라고.

> **3**　**As her family grew, so did the business.**
> 가족이 늘어나면서 사업도 커졌답니다.

가족 친지 모두가 참여하면서 신발 만들기는 리베라 가족의 대를 잇는 가업이 되었습니다.

'so + do + 주어' 패턴은 앞에서 언급했던 것과 비슷하다고 할 때 쓰는 표현입니다. '~도 마찬가지이다', '~도 그렇다'라는 해석이 좋습니다. 주어와 시제에 따라서 do는 does나 did로 바꿔서 사용해야 합니다.

As she grew older, so did the tree her dad planted.
그녀가 자라면서 아빠가 심은 나무도 함께 자랐습니다.

As technology develops, so does the way people connect with each other.
기술이 발전하면서 사람들이 서로를 연결하는 방식도 발전하죠.

> **4**　**She died WAY before I was born.**
> 이멜다 할머니는 제가 태어나기 훨씬 전에 돌아가셨어요.

이멜다 할머니는 미구엘의 고조할머니입니다. 매년 죽은 자의 날이 되면 가족들은 돌아가신 할머니 이야기를 한답니다.

이 대사에 등장한 way는 '길'이라는 뜻의 명사가 아니라 '훨씬', '아주 많이'란 뜻의 부사로, 뒤에 나오는 단어의 어감을 강조해 주는 역할을 합니다. way before라고 하면 '훨씬 더 오래 전에'라는 의미가 됩니다.

I finished washing my car way before you did.
네가 세차를 마치기 훨씬 전에 난 이미 끝냈다고.

We arrived at the station way before the train got here.
우리는 기차가 도착하기 훨씬 전부터 역에 와 있었어요.

w005. mp3

> **5**   **Mamá Coco has trouble remembering things.**
> 코코 할머니는 기억을 잘 못하세요.

코코 할머니는 돌아가신 이멜다 할머니의 딸입니다. 할머니는 연세가 많으셔서 거동도, 기억도 잘 못하십니다. 그러나 미구엘은 코코 할머니와 함께 하는 모든 일이 즐겁습니다.

'have trouble + 동사-ing' 패턴은 '~하는 것을 힘들어하다'라는 뜻입니다. 한편 어떤 행동이 아니라 물건, 사람 혹은 어떤 상황으로 힘들어한다고 말하고 싶으면 'have trouble with + 명사' 패턴을 쓰는 것이 좋습니다. 'have trouble with + 명사' 패턴은 '~으로 힘들어하다'라고 해석하면 됩니다.

I have trouble reading the book because the print is too small.
글자가 너무 작아서 그 책을 읽는 게 힘드네요.

Since my dog got bitten, he has trouble getting along with other dogs.
우리 개는 물리고 난 다음부터 다른 개들하고 잘 어울리지 못해.

w006. mp3

> **6**   **If it wasn't for my family.**
> 우리 가족만 아니라면 말이죠.

할머니를 비롯한 미구엘의 가족들은 음악을 싫어합니다. 미구엘은 가족의 반대만 아니라면 델라 크루즈처럼 멋진 뮤지션이 될 수 있을 거라 생각합니다.

If it weren't for ~는 '~이 아니라면' 혹은 '~이 없었다면'이란 뜻으로, 가정의 의미를 담고 있는 표현입니다. 가정법 표현이기 때문에 문법적으로 weren't를 쓰는 게 정석이지만, 회화에서는 이 대사처럼 wasn't를 쓰는 원어민들도 많습니다.

If it wasn't for your courage, I wouldn't be standing here today.
당신의 용기가 아니었다면 전 오늘 이 자리에 없을 거예요.

If it wasn't for the hurricane, we could have gone to the zoo.
허리케인만 아니었다면 동물원에 갈 수 있었을 거야.

> **7** Look, **if I were you,** I'd march right up to my family and say, "Hey! I'm a musician. Deal with it!"
>
> 이봐, 내가 너라면 가족들에게 가서 당당하게 말할 거야. "보세요! 난 뮤지션이에요. 그런 줄 아세요!"

미구엘이 가족의 반대로 음악을 포기해야 한다고 하자, 거리의 악사는 당당하게 말하라고 조언합니다.

If I were you는 '내가 너라면'이란 뜻으로, 상대방의 입장으로 조언을 할 때 사용하는 표현입니다. I의 be동사 과거형은 was이지만, 불가능한 것을 가정해서 말하는 가정법에서는 was 대신에 were를 쓰는 것이 원칙입니다.

If I were you, I would apologize to her.
내가 너라면 그녀에게 사과하겠어.

If I were you, I would wait for him to call me first.
내가 너라면 그가 먼저 전화하도록 기다리겠어.

> **8** Look, if I were you, I'd march right up to my family and say, "Hey! I'm a musician. **Deal with it!**"
>
> 이봐, 내가 너라면 가족들에게 가서 당당하게 말할 거야. "보세요! 난 뮤지션이에요. 그런 줄 아세요!"

거리의 악사는 가족들의 반대에 굴하지 말고 꿈을 좇으라고 조언합니다. 과연 미구엘이 이 조언대로 할머니에게 당당하게 맞설 수 있을까요?

Deal with it!은 굳건한 신념이나 타협하지 않겠다는 의지를 나타내는 회화 표현입니다. '그래서 어쩔 거냐!', '그냥 받아들이라고!'라는 해석처럼 당차게 말하는 것이 포인트입니다. deal with는 '(문제 등을) 해결하다' 혹은 '~를 상대하다'라는 뜻입니다.

I'm not going to work on my birthday. **Deal with it!**
내 생일에는 일하러 가지 않겠어요. 그렇게 아세요!

I'm going to be a magician. **Deal with it!**
난 마술사가 될 거예요. 그런 줄 아시라고요!

w009. mp3

9	**Show me what you got**, muchacho.
	실력을 보여 줘, 꼬마야.

미구엘의 이야기를 듣고 거리의 악사가 기타를 건네며 연주를 해 보라고 하네요.

직역하면 '네가 가지고 있는 것을 보여 줘'가 되는군요. 이 표현은 상대방의 실력을 확인해 보고 싶을 때 하는 말로, 오디션이나 면접 등을 시작할 때 심사위원들이 자주 사용합니다. '어디 한번 해 봐', '시작해 봐' 등으로 해석합니다. Show me what you have.도 유사한 표현으로, 같은 맥락에서 쓸 수 있습니다.

Don't get nervous. Show me what you got.
긴장하지 마. 네 실력을 보여 줘.

Everybody says you're an amazing singer. Show me what you got.
다들 네가 훌륭한 가수라고 하더구나. 실력 한번 볼까?

w010. mp3

10	**Shame on you!**
	창피한 줄 알아요!

할머니와 친척들은 미구엘이 기타를 들고 있는 광경을 목격하게 됩니다. 이들은 거리의 악사가 순진한 미구엘을 꾀어 음악을 시킨다고 생각하고 있습니다.

Shame on you!는 잘못을 저지른 사람을 크게 비난하는 말입니다. '부끄러운 줄 알아야지', '창피하지도 않아요?'라는 해석이 어울리는 표현입니다. You should be ashamed of yourself!(부끄러운 줄 아세요!)도 회화에서 같은 의미로 자주 쓰입니다. 참고로 shame은 '창피함'이란 뜻의 명사이고, ashamed는 '창피한', '부끄러운'이란 뜻의 형용사입니다.

Do you think you're still an educator? Shame on you!
그러고도 당신이 교육자라고 생각하시나요? 창피한 줄 아세요!

How could you abandon a little kitty? Shame on you!
어떻게 어린 고양이를 버릴 수 있니? 창피한 줄 알아!

w011. mp3

| 11 | **You know better than to** be here in this place!
이런 곳에 오면 안 되는 거 잘 알잖니! |

할머니는 신발을 벗어 위협하듯 거리의 악사를 광장에서 쫓아냅니다. 그리고 손자를 껴안으며 이렇게 말합니다. You know better than to ~는 나쁜 행위를 하지 않도록 현명하게 처신하라고 조언할 때 쓰는 회화 표현입니다. '~은 안 하는 게 좋아', '그런 ~은 하면 안 되지' 등으로 해석해 주세요.

You know better than to talk back to me.
내게 말대답하면 안 되지.

You know better than to drink milk straight from the carton.
우유팩에 입을 대고 마시면 안 된다는 거 알잖아.

w012. mp3

| 12 | **How many times have we told you** – that plaza is crawling with mariachis!
도대체 몇 번을 말했니 – 그 광장엔 거리 악사들이 득실거린다고! |

음악을 싫어하는 건 할머니뿐만이 아닙니다. 베르토 삼촌도 미구엘에게 이렇게 잔소리를 하십니다.

원래 How many times ~?는 '몇 번 ~하나요?'라는 뜻으로, 횟수를 물어볼 때 쓰는 표현입니다. 여기에 have I/we told you를 붙여 이 대사처럼 How many times have I/we told you ~!?라고 하면 '내가/우리가 몇 번이나 ~라고 말했어!?'라는 뜻으로, 화를 내거나 잔소리를 하는 표현이 됩니다.

How many times have I told you to wear a helmet when you ride a bike?
자전거 탈 때 헬멧을 쓰라고 몇 번이나 말했니?

How many times have I told you to carry hand sanitizer with you?
손 세정제를 가지고 다니라고 몇 번이나 말했니?

w013. mp3

> **13** | **Now, go get my shoe.**
> 이제, 가서 내 신발 가져오렴.

단테는 주인 없이 길에서 사는 개입니다. 미구엘이 단테에게 다정하게 대하자 할머니는 신발을 던져 단테를 쫓아냅니다.

go get ~은 '가서 ~를 데려오다', '가서 ~을 가져오다'라는 뜻으로 상대방에게 무언가를 지시할 때 자주 사용하는 표현입니다. 문법적으로 일반동사 두 개를 나란히 쓰는 경우는 거의 없지만 회화에서는 go get ~을 자주 씁니다.

Go get the red shoebox in the garage, will you?
가서 차고에 있는 빨간색 신발 상자 좀 가져다줄래?

I don't think she can make it to the base camp. I'll go get some help.
그녀가 베이스캠프로 오지 못할 것 같아요. 제가 가서 도움을 요청할게요.

w014. mp3

> **14** | **But the plaza's where all the foot traffic is.**
> 하지만 광장에 사람들이 많이 모이잖아요.

아빠는 미구엘에게 더 이상 광장에 가지 말라고 명령합니다. 하지만 미구엘은 그 말을 듣고 싶지 않습니다. 광장에는 음악이 있기 때문이죠.

foot traffic은 특정 지역을 오가는 사람들의 규모를 의미하는 말입니다. '유동 인구', '인파' 혹은 '사람들'이라는 해석이 어울립니다.

Foot traffic in the mall has increased by 50%.
쇼핑몰의 유동 인구가 50% 증가했습니다.

We've had more foot traffic since the coffee shop moved into our building.
커피숍이 우리 건물에 들어오고 난 뒤에 유동 인구가 늘었어요.

> **15**   **I don't want you sneaking off to who-knows-where.**
> 그러니까 이상한 곳으로 슬그머니 도망가면 안 돼.

오늘은 일 년에 한 번뿐인 '죽은 자의 날'입니다. 할머니는 조상들의 영혼을 기리기 위해 가족 모두가 집에 있어야 한다고 말씀하십니다.

who-knows-where는 출처가 불분명하거나 정확하게 알지 못하는 장소를 가리키는데, 비밀스럽고 의심스러운 곳이라는 뉘앙스를 가지고 있습니다. '이상한 곳', '은밀한 곳' 등 문맥에 따라 여러 해석이 가능합니다. sneak off는 '슬그머니 빠져 나가다'라는 뜻을 가진 표현입니다.

At every full moon, he slipped away to who-knows-where.
보름달이 뜨면 그는 어디론가 사라졌어요.

I'm not eating the soup. She bought it from who-knows-where.
그 수프는 안 먹겠어. 걔가 이상한 곳에서 샀을 수도 있잖아.

> **16**   **He's better off forgotten.**
> 잊어버리는 게 더 좋으니까.

미구엘이 고조할아버지를 언급하자 할머니는 불같이 화를 내십니다. 가족 사진에서 할아버지의 얼굴이 찢겨 나간 걸 보면 그를 얼마나 증오하시는지 알 수 있을 것 같네요.

be better off는 '~하는 게 더 좋다', '~해야 더 좋아진다'라는 뜻으로, 어떤 조건이 성립되면 더 좋아질 것이라는 의미를 담고 있습니다. 뒤에는 without이나 if절을 주로 붙이는데, 이 대사처럼 형용사나 과거분사를 쓸 수도 있습니다.

You would be better off with a financial counselor.
재무 상담사와 상담하시는 게 좋을 것 같습니다.

My son would be better off without his goofy friends.
우리 아들은 이상한 친구들이 없는 게 더 나아.

w017. mp3

> **17**   **I'm hard on you because I care, Miguel.**
> 너를 위해서 이렇게 엄하게 하는 거야, 미구엘.

미구엘을 심하게 야단친 것이 미안해서인지 할머니는 이런 말로 손자의 마음을 달래려고 합니다.

hard 하면 '어려운' 혹은 '단단한'이란 뜻이 먼저 떠오르겠지만, 회화에서는 '가혹한'이란 의미로도 자주 쓰입니다. 'be hard on + 사람'은 '~에게 매정하다' 혹은 '~를 심하게 대하다'라는 뜻입니다. harsh 역시 '가혹한'이란 뜻으로 자주 씁니다.

Don't be so hard on yourself. We know you did everything you could.
너무 자책하지 마. 네가 최선을 다했다는 걸 우리는 아니까.

I know she's so hard on you. She's highly critical of others, too.
걔가 너한테 너무 심하게 한다는 거 알아. 걔는 다른 사람에게도 아주 비판적이야.

w018. mp3

> **18**   **You're gonna get me in trouble, boy.**
> 너 때문에 내가 곤란해질 수 있어.

지붕 위 작은 공간은 미구엘의 아지트입니다. 단테가 갑자기 들어오자 미구엘은 화들짝 놀랍니다. 도대체 이곳에서 미구엘은 무슨 일을 꾸미는 걸까요?

'get + 사람 + in trouble'은 '~를 곤란하게 하다', '~를 어렵게 만들다'라는 뜻입니다. 이와 비교해서 get in trouble이라는 표현도 함께 익혀 두셨으면 합니다. '어려운 상황에 있다', '곤란한 상황이다'라는 뜻의 표현으로, get 대신 be를 써서 be in trouble의 형태로도 자주 쓰입니다.

Gambling eventually got my friend in trouble.
도박은 결국 친구를 어려운 상황으로 몰았어요.

I'm warning you. Someday, your words will get you in big trouble.
내가 경고하는데, 네가 던진 말이 언젠가 네 발목을 심하게 잡을 거야.

w019. mp3

19	**I am done asking permission.**
	난 더 이상 허락을 구하지 않겠어요.

미구엘은 자신의 우상인 델라 크루즈의 영화를 보며 음악에 대한 꿈을 키웁니다. 델라 크루즈가 신부로 출연했던 이 영화도 수십 번은 봤을 거예요.

I'm done -ing는 '~을 끝내다'라는 의미의 표현인데, 이 대사에서처럼 '더 이상 ~하지 않겠어'라는 뜻으로 자신의 의지를 강하게 말할 때 쓰기도 합니다. 그리고 ask permission은 '허락을 구하다', '승인을 요청하다'라는 뜻입니다.

I'm done playing by your insane rules!
너의 말도 안 되는 규칙에 더 이상 놀아나지 않겠어!

I'm so done being an obedient servant!
복종하는 하인 노릇은 이제 절대 하지 않겠어!

w020. mp3

20	**It was up to me to reach for that dream, grab it tight, and make it come true.**
	꿈을 향해 손을 뻗고, 꽉 붙잡고, 그 꿈을 실현시키는 것은 저 자신에게 달려 있었죠.

델라 크루즈는 꿈에 관한 인터뷰에서 '기회를 잡아라'라고 말합니다. 이 말을 듣고 미구엘은 오늘 밤 광장에서 열리는 장기 자랑에 참여하기로 결심합니다.

be up to는 '~에게 달려 있다'라는 뜻으로, 책임을 지거나 결정을 내리는 대상을 가리키는 표현입니다. 회화에서는 It's up to you.라는 문장으로 자주 쓰는데, '네가 결정해', '네가 원하는 대로 하자'라는 뜻으로 상대방의 결정을 따르겠다는 말입니다.

It's up to you to decide where to go next.
다음에 어디 갈지는 네가 정해.

It's totally up to you to be happy.
행복은 전적으로 네게 달려 있어.

w021. mp3

> **21** | **A shoemaker. Through and through.**
> 신발 장인이죠. 뼛속 깊은 곳까지.

할머니는 미구엘에게 파격적인 제안을 합니다. 구두닦이를 그만두고 이제 공방에서 구두를 만들라고 하신 거죠. 이 말을 듣고 미구엘은 매우 실망합니다.

through는 '완성된', '철저한'이란 뜻이 있습니다. 이런 through가 두 번이나 쓰인 through and through는 매우 빈틈없이 철저하다는 의미를 담고 있어, '처음부터 끝까지', '철저하게', '뼛속까지' 등으로 해석할 수 있습니다.

I'm a Lions fan through and through.
난 라이온즈 골수팬이야.

My grandpa's a conservative through and through.
우리 할아버지는 뼛속까지 보수적인 분이야.

w022. mp3

> **22** | **You want to end up like that man?**
> 너도 저 남자처럼 되고 싶어?

델라 크루즈가 고조할아버지라고 믿는 미구엘은 가족들에게 음악을 하겠다고 당당하게 말합니다. 하지만 할머니는 얼굴이 찢겨진 할아버지의 사진을 가리키며 심하게 반대를 합니다.

end up은 '결국 ~하게 되다', '마침내 ~이 되다'라는 뜻으로, 여러 과정을 거친 후에 마지막에 어떻게 되었는지 말할 때 쓰는 표현입니다. end up 뒤에 'at/in + 장소' 표현이 오면 '마침내 ~에 오게 되다'라는 뜻이 되고, end up 뒤에 '동사-ing'가 오면 '결국 ~ (행동을) 하게 되다'라는 뜻이 됩니다.

After working as a waitress for 20 years, she ended up buying the restaurant.
20년 동안 종업원으로 일하고 그녀는 결국 그 식당을 사 버렸어요.

I met this guy two months ago, and we ended up dating.
두 달 전에 이 남자를 만나고, 결국 사귀게 되었습니다.

23 | I don't care if I'm on some stupid ofrenda!
바보 같은 제단에 있건 말건 상관없어요!

할머니가 심하게 반대하자 미구엘은 가족들에게 상처가 되는 말을 합니다. 이에 화가 난 할머니는 손자가 정성스럽게 만든 해골 기타를 박살 내고 맙니다.

I don't care if ~는 '~해도 상관없어', '~해도 개의치 않아'라는 의미로, 어떤 일이 있어도 자신은 신경 쓰지 않겠다고 당당하게 말하는 표현입니다. 이때 if는 '~한다고 해도', '~할지라도'라는 뜻으로 쓰였습니다.

I don't care if I have to pay thousands of dollars. I really want it.
수천 달러를 쓴다 해도 상관없어. 난 그걸 정말 원해.

I don't care if they don't like my proposal.
그들이 내 제안을 좋아하지 않는다고 해도 상관없어.

24 | Great-great grandfather… What am I supposed to do?
고조할아버지… 전 이제 어떻게 해야 하죠?

미구엘이 장기 자랑에 참여하려면 기타가 필요합니다. 하지만 기타를 빌리는 것은 그리 쉬운 일이 아닙니다. 실망한 미구엘은 델라 크루즈의 동상을 바라보며 이렇게 말합니다.

What am I supposed to do?는 '난 이제 어떻게 하지?'라는 의미로, 어려운 상황을 어떻게 해결해 나갈지 몰라 막막한 심경으로 하는 말입니다. be supposed to는 '~해야 한다'라는 뜻으로, 마땅히 해야 하는 의무를 나타내는 표현입니다. 비슷한 표현인 I don't know what to do.(어떻게 해야 할지 모르겠어) 혹은 What should I do?(어떻게 해야 하지!?) 역시 회화에서 자주 사용되는 표현이니 함께 알아 두세요.

I've never imagined I would be unemployed. What am I supposed to do?
내가 실직을 할 거라고는 상상도 못 했어. 나 이제 어쩌지?

I can't decide. Tell me what I'm supposed to do.
결정을 못 하겠어. 내가 어떻게 해야 하는지 말해 줘.

w025. mp3

> **25** | **You would've told me to follow my heart.**
> 내 마음이 가는 대로 하라고 하셨을 거예요.

미구엘은 델라 크루즈의 묘에 안치되어 있는 기타를 훔치기로 합니다. 거치대에서 기타를 내리면서 이런 말로 자신의 행동을 정당화하는군요.

follow one's heart는 '마음이 가는 대로 하다', '심장이 뛰는 일을 하다'라는 뜻인데, 이성보다 감성에 호소하는 말입니다. 'would have + 과거분사'는 과거에 어떤 일을 했을 거라고 가정해서 말할 때 쓰는 표현입니다. '~했겠죠', '~였겠죠'처럼 해석할 수 있습니다.

Don't listen to them. Just follow your heart.
저 사람들의 말은 듣지 마. 그냥 네 마음이 가는 대로 해.

Following your heart may not be the wisest decision.
네 마음을 따르는 게 현명한 선택이 아닐 수도 있어.

w026. mp3

> **26** | **It's not what it looks like!**
> 그런 게 아니에요!

미구엘이 델라 크루즈의 기타를 치며 기뻐하는 것도 잠시뿐. 묘 관리인이 손전등을 비추며 다가오자 미구엘은 기타를 내려놓으며 이런 변명을 합니다.

It's not what it looks like!는 현재 상황을 보고 사람들이 자신을 오해할까 봐 완강하게 변호하는 표현입니다. '정말 그런 거 아니야', '오해하지 마'라고 해석하는데, 다급한 상황에서 요긴하게 쓸 수 있는 문장이니까 입에 착 붙을 수 있도록 연습해 두세요.

A: **What are you doing with my turtle? Are you flushing him down the toilet?**
내 거북이를 가지고 뭐 하는 거야? 변기에 버리려고?

B: **It's not what it looks like! I'm saving him!**
그런 거 아니야! 구해 주려는 거라고!

27　Remind me how I know you?
근데 저랑 어떻게 아시는 사이죠?

갑자기 해골 무리가 다가와 미구엘을 껴안고 매우 반가워하네요. 이 상황이 당황스러운 미구엘은 해골에게 이렇게 물어봅니다.

remind는 '기억나게 하다', '상기시키다'라는 뜻으로, 이 대사를 직역하면 '내가 당신을 어떻게 아는지 기억나게 해 주세요'입니다. 이 표현은 안면이 없는 사람이 아는 척을 할 때 누구인지 물어보는 상황에서 쓰는 말입니다. '저희가 어떻게 아는 사이죠?'라고 해석하면 좋습니다.

I have a terrible memory. Remind me how I know you?
제가 기억력이 나빠서요. 우리가 어떻게 아는 사이인가요?

Would you remind me how I know you? I don't remember where we met.
우리가 어떻게 아는 사이인 거죠? 어디서 만났는지 기억이 나지 않네요.

28　I have a feeling this has something to do with you.
이게 너 때문인 것 같은데.

이멜다 할머니가 산 자들의 세계로 넘어오지 못한다는 소식을 듣고 빅토리아 할머니는 미구엘 탓이라고 생각합니다.

'I have a feeling + 주어 + 동사' 패턴은 '~한 것 같아', '~한 느낌이 들어'라는 뜻으로, 추측이나 느낌을 설명할 때 쓰는 표현입니다. 회화에서는 I have a good feeling about this.도 자주 쓰는데, '이거 예감이 좋은데'라는 뜻으로 어떤 상황을 긍정적으로 생각하며 하는 말입니다. 반대로 I have a bad feeling about this.라고 하면 '이거 예감이 안 좋아'라는 뜻이 됩니다.

I have a feeling they are going to get married.
그들이 결혼할 것 같은 느낌이 드는데.

I have a feeling this show will be a mega hit.
이 공연이 초대박을 칠 것 같은 느낌이 들어.

w029. mp3

29	**Anything to declare?**
	신고하실 것이 있나요?

죽은 자들의 세계로 들어가려면 입국 심사를 거쳐야 합니다. 심사관은 입국하는 해골들에게 이렇게 질문하는데, 마치 공항에서 입국 심사를 받는 것 같지 않나요?

이 표현은 해외 여행시 공항의 입국 심사장에서 자주 듣는 질문으로, '신고하실 것 있나요?'라는 뜻입니다. 원래는 Do you have anything to declare?인데, 회화에서는 이렇게 간단하게 줄여서 자주 씁니다. 여기서 declare는 '선언하다'라는 뜻이 아니라 '세관 신고하다'라는 뜻입니다.

A: Do you have anything to declare? Any restricted items like food, animals or seeds?
신고하실 것 있나요? 음식이나 동물, 아니면 씨앗 같은 금지 물품 있으세요?

B: No, I don't have any.
아니요. 없습니다.

w030. mp3

30	**I'm on so many ofrendas, it'll just overwhelm your blinky thingie...**
	내 사진은 너무 많은 제단에 올라가 있어서, 저기 저 깜빡이는 뭐시기가 감당을 못 할 것 같은데…

산 자들의 세계를 방문하기 위해서는 제단 위에 본인의 사진이 있어야 합니다. 헥터는 멕시코의 국민 화가 프리다 칼로로 변장을 하고 심사를 통과하려고 합니다.

어떤 물건의 명칭이 기억나지 않거나 정확하게 어떻게 말해야 할지 모를 때 '그거', '그런 거' 등으로 흘려서 말하는 경우가 있잖아요? 영어에서는 thingy가 여기에 딱 어울리는 표현입니다. [띵이]라고 발음하는데, 이 때문에 철자를 thingie라고 쓰기도 합니다.

The little thingy at the tip of the antenna is missing.
안테나 끝에 달린 작은 거 있잖아요. 그게 분실됐어요.

I'd like to replace this sharp thingy in the blender.
믹서기 안에 있는 날카로운 거, 이걸 교체하고 싶어요.

w031. mp3

> **31** | Fine, okay. Fine, who cares... Dumb flower bridge!
> 그래, 알았다고요. 됐다 그래요… 멍청한 꽃 다리 같으니라고!

산 자들의 세계로 넘어가기 위해 헥터는 필사적으로 금잔화 다리 위로 도망칩니다. 하지만 이내 보안요원들에게 잡히고 이렇게 투덜거립니다.

Who cares?는 '무슨 상관이야?', '누가 신경 쓰기라도 해?'라는 뜻으로, 그리 중요하지 않아서 아무도 상관하지 않는다는 뉘앙스로 하는 말입니다. 약간의 비아냥과 짜증이 섞인 표현인데, No one cares. 역시 같은 의미로 자주 쓰는 말입니다.

He didn't memorize his lines, but who cares? It's just a pre-school talent show.
걔가 대사를 못 외웠지만 무슨 상관이야? 그냥 유치원 장기 자랑일 뿐이잖아.

Who cares how much sugar we put in the jam?
우리가 잼에 설탕을 얼마나 넣는지 누가 상관한다고 그래?

w032. mp3

> **32** | We ran into… um…
> 우연히 누굴 만나서요… 음…

죽은 리베라 가족들은 가족 상봉부에 억류되어 있는 이멜다 할머니를 만나 미구엘을 소개합니다.

run into는 '~를 우연히 만나다', '지나가다 ~를 마주치다'라는 뜻입니다. 회화에서는 bump into 역시 같은 의미로 자주 씁니다. 하지만 run into에는 '~에 부딪히다', '~과 충돌하다'라는 뜻도 있으니, 문맥을 잘 확인해야 합니다.

It's not a coincidence if I ran into you three times today.
당신을 오늘 세 번이나 만났다면 단순한 우연은 아닌 거죠.

I'd like to drop this class. I really don't want to run into Jason.
이 수업을 그만두고 싶어요. 제이슨이랑 마주치기 정말 싫거든요.

33	But not to worry!
	하지만 걱정하지 매

미구엘은 자신의 몸이 해골로 변하는 것을 보고 기절합니다. 그러나 가족 상봉부 직원은 가족의 축복만 받으면 다시 집으로 돌아갈 수 있다며 그를 안심시킵니다.

상대방에게 별거 아닌 일이니 신경 쓰지 말라고 할 때 Don't worry.라는 표현을 흔히 쓰죠? 그런데 Don't worry.가 너무 식상하다 싶으면, 이제 Not to worry.를 써 보세요. '걱정 마', '신경 쓰지 마'라는 뜻으로, 회화에서 자주 쓰이는 표현입니다. No worries. 혹은 No biggie. 역시 비슷한 의미이니 함께 알아 두세요.

Not to worry. It's not a big deal.
걱정 마. 큰일 아니니까.

Not to worry. I can easily take care of it.
걱정 마세요. 제가 간단하게 해결할 수 있어요.

34	Nailed it.
	아주 잘하셨어요.

직원은 이멜다 할머니에게 미구엘을 축복하는 방법을 가르쳐 주는데, 할머니가 자신이 시키는 대로 잘 따라 하자 이렇게 말하며 그녀를 칭찬합니다.

You nailed it!은 상대방을 크게 칭찬하는 표현으로, '잘했어!'라는 뜻입니다. 이때 nail은 '제대로 해내다', '훌륭한 행동을 하다'란 뜻입니다. You did it! 혹은 You made it! 역시 칭찬 표현으로 자주 쓰는 말이니 함께 알아 두세요.

My friend nailed it. It was a walk in the park for him.
내 친구, 완전 날아다니던데. 걔한테는 식은 죽 먹기였다니까.

You said you were a nervous wreck, but I knew you would nail it.
긴장했다고 말은 했지만 난 네가 잘할 줄 알고 있었어.

w035. mp3

35 | **This isn't fair, it's my life!**
불공평해요, 내 인생이잖아요!

이멜다 할머니의 축복에는 한 가지 조건이 있습니다. 바로 절대 음악을 하지 않는 것이죠. 음악을 사랑하는 미구엘에게 이 조건은 청천벽력과 같았습니다.

This isn't fair. 혹은 It's not fair.는 부당하다고 생각하는 일을 접하고 억울함을 토로하는 표현입니다. '공평하지 않아', '말도 안 돼', '억울하다고' 등으로 해석할 수 있는데, 특히 아이들이 어른들에게 불평을 토로할 때 이 말을 자주 합니다.

A: You are grounded. No cell phone, no Internet for a month!
넌 외출 금지야. 한 달 동안 핸드폰도 인터넷도 못 써!

B: It's not fair! You have no right to do that!
불공평해요! 그렇게 하실 권리는 없잖아요!

w036. mp3

36 | **I will not let you go down the same path he did.**
네가 그 작자와 같은 길을 가게 하지 않을 거야.

이멜다 할머니는 가족을 버린 음악가 남편을 아직도 증오하고 있습니다. 그래서 미구엘이 음악을 하는 것을 극구 반대하는 거죠.

I will not let you ~는 '네가 ~하지 않도록 하겠어'라는 뜻으로, 상대방의 행동을 막으려는 의지가 엿보이는 표현입니다. 반대로 I will let you ~는 '네가 ~하도록 해 줄게'라는 뜻으로, 상대방의 행동을 허락하거나 돕겠다는 의미가 담겨 있습니다. go down the same path는 '전철을 밟다', '같은 길을 가다'라는 뜻입니다.

I will not let you suffer in this miserable place.
네가 이렇게 비참한 곳에서 고생을 하도록 내버려두지 않을 거야.

I will not let you blame me for your failure!
네 실패가 나 때문이라고 비난하도록 내버려두지 않겠어!

37	**She's just looking out for you.**
	다 널 위해서 그러시는 거야.

미구엘은 이멜다 할머니의 매정한 말에 상처를 받습니다. 그러자 나머지 가족들은 이렇게 말하며 그를 위로하려 합니다.

look out for는 '~를 지켜 주다', '~를 보살펴 주다'라는 뜻인데, 문맥에 따라서는 '~를 조심하다'라는 뜻으로 쓰이기도 합니다. 참고로 look for는 '~을 찾다'라는 뜻입니다.

Bring your dog to my place. I'll look out for him while you're away.
너희 집 강아지, 우리 집으로 데려와. 너 없는 사이에 내가 잘 돌봐 줄게.

You promised you would look out for us no matter what.
어떤 일이 있어도 우리를 보살펴 주겠다고 약속했잖아요.

38	**You need to clean up your act, amigo.**
	행실을 바로 해야겠어, 친구.

헥터는 결국 경찰서로 잡혀 왔습니다. 경찰은 그에게 공공질서 위반, 일자 눈썹 위조 등의 위반 사항을 알려 주며 그를 추궁합니다.

clean up one's act는 직역하면 '행동을 깨끗하게 하다'가 되는데, 이는 과거의 잘못된 행동이나 습관을 고치고 새롭게 출발한다는 의미가 담긴 표현입니다. 사자성어 '개과천선'과 잘 어울리는 표현입니다.

If you want to get a job, you should clean up your act first.
취직하고 싶으면 우선 행실부터 바로 하라고.

Unless he cleans up his act, it's impossible for him to get joint custody.
그분이 행실을 똑바로 하지 않으면, 공동 양육권을 갖기 힘들 거예요.

39	Listen, you get me across that bridge tonight and I'll make it worth your while.
	저기, 오늘 밤 저 다리를 건너가게 해 주시면 꼭 보답할게요.

프리다 칼로로 변장해서 산 자들의 세계로 밀입국하려던 헥터의 계획이 무산되었습니다. 이제 헥터는 애걸 작전을 써 보려고 합니다.

worth one's while은 '가치 있는', '(시간, 노력, 돈 등을) 할애할 만한'이란 뜻이고, make it worth one's while은 '보답하다', '보상하다'라는 뜻입니다. 특히 I'll make it worth your while.은 상대방에게 자신의 제안을 받아들이도록 설득할 때 자주 쓰는 말입니다.

Join our newsletter. We will make it worth your while with extra discounts. 뉴스레터를 신청하시면 추가 할인 혜택으로 보답해 드립니다.

If you give me 10 minutes, I'll make it worth your while.
제게 10분만 할애해 주시면 그 시간이 아깝지 않게 해 드리겠습니다.

40	I'm letting you off with a warning.
	경고 처리만 하고 보내 주겠어.

오늘은 죽은 자의 날입니다. 가족과 명절을 보내고 싶은 경찰관은 헥터를 감옥에 가두지 않고 보내 주려고 합니다.

let someone off는 '~의 책임을 면해 주다', '~의 죄를 용서해 주다'라는 의미로 쓰는 표현입니다. 그리고 warning은 '(구두) 경고'라는 뜻이죠. 그래서 let someone off with a warning은 '훈방 처리하다', '구두 경고만 하고 보내 주다'라는 의미로 경찰이 자주 쓰는 표현입니다.

I cannot let you off with a warning. Speeding in a school zone is a serious traffic violation.
경고만 하고 보내 드릴 수는 없습니다. 스쿨존에서의 과속은 심각한 교통 위반입니다.

Would you please let me off with a warning this time?
이번만 좀 봐주시면 안 될까요?

w041. mp3

> **41** | **Can I at least get my costume back?**
> 제 의상만이라도 돌려받을 수 있을까요?

헥터는 눈치 없는 해골입니다. 구두 경고만 받고 풀려나는 마당에 범죄에 사용한 프리다 칼로의 의상을 돌려받으려고 하니 말입니다.

at least는 '적어도', '~라도'라는 뜻으로, 최소한의 것을 의미할 때 쓰는 표현입니다. 또한 Can I ~?는 '~할 수 있을까요?', '~해도 될까요?'라는 의미로 상대방에게 공손하게 무언가를 요청할 때 쓰는 표현입니다.

Why don't you run at least 1 km a day?
하루에 1킬로미터라도 달려 보는 건 어때?

At least 20,000 people are expected to leave the city tonight.
최소한 2만 명이 오늘 밤 도시를 떠날 것으로 예상됩니다.

w042. mp3

> **42** | **He's my great-great-grandfather.**
> 제 고조할아버지시거든요.

미구엘은 헥터에게 델라 크루즈를 만나야 하는 이유를 이렇게 설명합니다. 이 말을 듣고 헥터는 눈알이 입 안으로 떨어질 정도로 놀랍니다.

우리말에서는 조상을 언급할 때 '증조', '고조' 등의 특정 단어를 사용하지만, 영어에서는 great-를 사용해서 '한 세대 떨어진' 친척을 나타냅니다. grandfather에 great-를 붙이면 '할아버지의 이전 세대'가 되어 '증조할아버지'가 되고, 그 앞에 다시 한 번 great-를 붙이면 '할아버지의 이전 세대의 이전 세대'가 되니까 '고조할아버지'가 되는 거죠. great-grandson 역시 '손자의 아래 세대'라는 뜻이니까 '증손자'가 됩니다.

My great-great-grandmother opened the restaurant right after the Korean War.
고조할머니는 한국 전쟁 직후에 식당을 개업하셨어요.

My great-great-grandson was named after me.
우리 손자의 손자 이름은 내 이름을 따서 지었지.

w043. mp3

43	**Dead as a doorknob.**
	완전히 죽은 사람 모습이네.

헥터는 미구엘의 얼굴에 구두약을 칠해 줍니다. 죽은 자들의 세계에서 눈에 띄지 않도록 해골로 변장을 시켜 준 것이죠.

dead as a doorknob을 직역하면 '문 손잡이처럼 죽은'이 되네요. 이 표현은 '완전히 죽은', '생명을 다한', '전혀 움직이지 않는'이란 뜻으로 자주 쓰는 표현입니다.

As soon as I saw the bear, I pretended to be dead as a doorknob.
곰을 보자 전 완전히 죽은 척을 했어요.

There's a deer on the highway near Exit 22. It looks dead as a doorknob.
22번 출구 근처 고속도로에 사슴 한 마리가 있어요. 완전히 죽은 것처럼 보이네요.

w044. mp3

44	**Such a smart boy!**
	정말 똑똑한 아이네!

헥터는 미구엘을 델라 크루즈에게 데리고 가는 대가로 본인의 사진을 제단 위에 올려 줄 것을 요구합니다. 미구엘이 이 조건을 제대로 이해하자 그가 기뻐하며 이렇게 말합니다.

such a/an ~은 뒤에 나오는 단어의 의미를 강조해 주는 역할을 합니다. 'such a/an + 형용사 + 명사' 패턴은 형용사의 의미를 강조하는데, '정말로 ~한 (명사)'라고 해석하면 됩니다. 반면 'such a/an + 명사' 패턴은 명사의 속성을 강조합니다. 예를 들어 such an angel(천사같이 착한 사람), such a gentleman(진짜 신사)처럼 쓸 수 있습니다.

Where did you find such an amazing dress like that?
그렇게 멋진 드레스는 어디서 구한 거야?

I've never met such a beautiful lady like you.
당신처럼 아름다운 분을 만난 적이 없어요.

w045. mp3

> **45**　**One hiccup: de la Cruz is a tough guy to get to.**
> 근데 작은 문제가 있어: 델라 크루즈는 만나기 힘든 사람이야.

미구엘에게 델라 크루즈를 만나게 해 주겠다고 호언장담하던 헥터는 이렇게 말하면서 다른 가족은 없는지 물어봅니다.

'딸꾹질'이란 뜻으로 잘 알려진 hiccup은 일상 회화에서 '안 좋은 점', '문제점', '실수'라는 뜻으로도 자주 사용됩니다. 특히 쉽게 해결할 수 있는 문제나 사소한 실수 등을 의미합니다. glitch 역시 비슷한 뉘앙스로 회화에서 자주 쓰는 표현이니 함께 알아 두세요.

She's the best candidate for the job. But she has one hiccup.
그녀가 그 일자리에 제일 적합하긴 해요. 하지만 한 가지 작은 문제가 있죠.

The only hiccup in your plan is Boston is too far away from Seattle.
네 계획의 유일한 문제는 보스턴이 시애틀에서 너무 멀리 떨어져 있다는 거야.

w046. mp3

> **46**　**Don't yank my chain, chamaco.**
> 장난치지 말고, 꼬마야.

미구엘이 가족은 델라 크루즈밖에 없다고 하자 헥터는 못 믿겠다는 듯 이렇게 말합니다.

yank one's chain은 '장난치다', '놀리다'라는 뜻을 가진 표현입니다. yank는 '확 잡아당기다'란 뜻의 동사이고, chain은 '사슬'을 가리킵니다. 누군가의 쇠사슬을 갑자기 잡아당기는 장난을 떠올리면 그 뜻을 쉽게 기억할 수 있습니다. pull one's leg 역시 '농담하다', '장난하다'라는 뜻으로 자주 쓰는 회화 표현이니 함께 알아 두세요.

Don't yank my chain! I'm being serious now!
장난치지 말라고! 지금 난 심각하단 말이야!

You don't need to take his words seriously. He's just yanking your chain.
그 사람 말은 심각하게 생각할 거 없어. 그냥 너한테 장난치는 거니까.

47	I'm walking like a skeleton. Blending in.
	해골처럼 걷는 거예요. 티 안 나게 하려고요.

미구엘은 나사 하나가 빠진 듯 이상하게 걷고 있습니다. 알고 보니 죽은 자들의 세계에서 해골처럼 보이고 싶어서 그렇다는군요.

blend는 '섞다', '섞이다'라는 뜻의 동사인데, 여기에 in을 붙인 blend in은 '조화롭게 어울리다', '(주변 환경에) 섞여 들다'라는 의미입니다. 반대로 주변 환경과 어울리지 못하고 '튀다', '두드러지다'라는 표현으로는 stand out이 있습니다.

This flower hat doesn't help you to blend in with the crowd.
이 꽃 모자는 당신이 사람들과 섞이는 데 도움이 되지 못해요.

I don't want to stand out anymore. I want to blend in!
난 더 이상 튀기 싫어. 나도 평범하게 지내고 싶다고!

48	'Cause I happen to know where he's rehearsing!
	그 사람이 리허설하는 장소를 내가 알고 있거든!

헥터는 미구엘에게 델라 크루즈의 공연에 데려갈 수 없다고 말합니다. 이에 미구엘이 그를 원망하자 헥터는 차선으로 다른 방법을 제시합니다.

happen to ~는 '우연히 ~하게 되다', '어떻게 하다 보니 ~이 되다'라는 뜻입니다. 특히 I happen to know는 열심히 정보를 찾아서 알고 있는 것이 아니라, 남에게 듣거나 우연히 지나가다 알게 되는 경우를 의미합니다.

I happen to know where the team's staying.
그 팀이 어디에 머무는지 알고 있어.

I happen to know her favorite drink. I work at the coffee shop.
그녀가 좋아하는 음료가 뭔지 알아. 내가 커피숍에서 일하거든.

> **49** I gotta dress forty dancers by sunrise and thanks to you, I'm one Frida short of an opening number!
>
> 해 뜨기 전까지 댄서 40명의 옷을 입혀 줘야 하는데 너 때문에 공연 첫 순서에 등장하는 프리다 한 명이 모자란 상황이라고!

프리다 칼로의 의상 담당인 세실리아는 드레스를 잃어버렸다는 헥터에게 이렇게 잔소리를 쏟아 냅니다.

thanks to는 '~ 덕분에'라는 뜻으로 감사를 표하는 말이지만, 이 대사처럼 누군가를 탓하며 비꼬는 뉘앙스로 쓸 수도 있습니다. 그리고 short of는 '~이 부족한', '~이 없는'이란 뜻을 가진 표현입니다.

Thanks to your friend, we are going to spend the night at the airport.
네 친구 때문에 공항에서 하룻밤을 보내게 생겼다고.

Thanks to my mean boss, I have to work this weekend.
사악한 상사 때문에 이번 주말에 근무해야 해.

> **50** He's too busy hosting that fancy party at the top of his tower.
>
> 자기 타워 꼭대기에서 성대한 파티를 여느라 바쁘거든.

미구엘은 델라 크루즈가 공연 리허설에 오지 않아서 매우 실망합니다. 프리다 칼로는 그가 리허설에 오지 않은 이유를 이렇게 설명합니다.

'be busy + 동사 -ing' 패턴은 '(어떤 행동을 하느라) 바쁘다'라는 의미입니다. 그리고 형용사 앞에 등장하는 too는 '너무'라는 뜻으로 형용사를 강조하는 역할을 하는데, 부정적인 의미를 가진 형용사 앞에 쓰이는 경우가 많습니다.

I was too busy making sandwiches, so I couldn't get the door.
샌드위치 만드느라 너무 바빠서 문을 못 열어 드렸어요.

He didn't have lunch yet. He's too busy training the new staff.
그는 점심을 아직 못 먹었어요. 새로 온 스태프를 교육시키느라 너무 바쁘거든요.

> **51** You can't **run off** on me like that!
> 날 두고 그렇게 가 버리면 안 되지!

미구엘을 한참 동안 찾아다니던 헥터는 허겁지겁 리허설 장소로 들어와 그를 나무랍니다.

run off는 '떠나다', '그만두다'라는 뜻으로, 사전 예고 없이 갑자기 사라지거나 일을 그만둔다는 뉘앙스를 담고 있는 표현입니다. You can't ~는 '~해서는 안 되지'라는 의미의 패턴으로, 상대방의 행동을 비난하거나 그 행동을 하지 못하도록 할 때 자주 쓰입니다.

He just **ran off** without any notice.
그는 사전에 어떤 말도 없이 그냥 사라졌어요.

She's the only friend who didn't **run off** when I needed help.
그녀는 내가 도움이 필요할 때 나를 떠나지 않았던 유일한 친구예요.

> **52** C'mon, **stop pestering** the celebrities...
> 유명 인사들을 성가시게 굴지 말라고…

헥터는 미구엘을 끌고 리허설장 밖으로 나가면서 이렇게 말합니다. 하지만 미구엘은 그의 말을 들으려 하지 않습니다. 더 이상 헥터를 신뢰할 수 없었기 때문이죠.

pester는 '성가시게 하다', '계속 조르다'라는 뜻입니다. 상대방이 누군가를 귀찮게 한다면 '~를 성가시게 굴지 마'라는 의미로 Stop pestering ~이란 패턴을 쓸 수 있습니다. Stop bothering ~ 역시 회화에서 비슷한 의미로 자주 쓰는 표현입니다.

Stop pestering me. I have important work to do.
성가시게 하지 마. 중요하게 할 일이 있단 말이야.

Stop pestering the poor child. Let him finish his dinner.
불쌍한 그 아이 성가시게 하지 마. 저녁을 마저 먹게 해 주라고.

w053. mp3

> **53** | **Who doesn't show up to his own rehearsal?**
> 자기 공연 리허설에 안 나타나는 사람도 있나?

델라 크루즈가 리허설에 나타나지 않았다는 말을 듣고 헥터는 그를 무책임하다고 비난합니다.
Who doesn't ~?은 '~하지 않는 사람은 누구야?'라는 뜻의 정보를 얻으려는 질문 표현이 아니라, '~하지 않는 사람도 있나?'라는 뜻으로, 어떤 상황이나 행동이 당연한 것이라고 말할 때 쓰는 표현입니다. show up 은 '나타나다', '등장하다'라는 뜻입니다.

Who doesn't like a bowl of hot soup on a cold day?
추운 날에 뜨끈한 국 한 그릇 싫어하는 사람도 있어?

Who doesn't like a free lunch?
무료 점심 좋아하지 않는 사람도 있나?

w054. mp3

> **54** | **If you're such good friends, how come he didn't invite you?**
> 그렇게 친한 친구라면서, 왜 아저씨는 초대하지 않으신 거죠?

미구엘은 델라 크루즈와의 친분을 과시하던 헥터를 더 이상 믿지 못합니다. 그래서 헥터에게 이렇게 따지고 있습니다.
How come + 주어 + 동사?는 '도대체 왜 ~한 거야?', '어째서 ~한 거야?'라는 뜻으로, 상대방에게 구체적인 이유를 물어볼 때 쓰는 패턴입니다. 상황에 따라서는 상대방에게 따지듯이 추궁할 때 쓰기도 합니다.

How come you didn't return the order?
왜 주문한 걸 반품하지 않으신 거죠?

How come your sister stays in a hotel? She can stay in our place.
어째서 네 여동생은 호텔에 있는 거야? 우리 집에 있어도 되는데.

> **55** **Whadda you know?**
> 아저씨가 뭘 안다고 그래요?

헥터가 델라 크루즈를 원숭이처럼 공연만 하다가 생을 마감한 사람이라며 비판하자, 미구엘이 발끈하며 이렇게 말합니다.

Whadda you know?는 What do you know?를 소리 나는 대로 쓴 것입니다. What do you know?는 문맥에 따라서 여러 가지 의미로 쓸 수 있는 표현입니다. 이 대사에서 What do you know?는 '뭘 안다고 그래요?'라는 뜻으로, 불쾌한 마음으로 상대를 비난하는 표현으로 쓰였습니다. What do you know?는 또한 '정말이에요?'라는 뜻으로, 상대방의 말에 놀라서 반문할 때도 쓸 수 있습니다.

A: You're not supposed to use chopsticks when you eat soup in Korea. 한국에서 국을 먹을 때는 젓가락을 쓰면 안 돼.

B: You've never been to Korea. What do you know?
넌 한국에 안 가 봤잖아. 뭘 안다고 그래?

> **56** **Eh, in a way…**
> 어, 어떻게 보면 그런 셈이지…

빈민촌에 살고 있는 해골들을 보고 미구엘이 헥터에게 가족인지 물어봅니다. 헥터는 다들 딱히 오갈 곳이 없어서 한 가족처럼 지낸다고 말합니다.

in a way는 '어느 정도는', '어떤 면에서는', '어떤 관점에서는'이란 뜻입니다. 상대방의 말에 100% 동의하는 것이 아니라 어느 정도 동의하거나, 모든 면이 아니라 부분적으로 동의한다는 의미를 나타내는 표현이죠.

I don't want to admit it, but in a way he is right.
인정하기 싫지만, 어떻게 보면 그 사람 말이 맞아요.

In a way, accepting their offer might be the best choice we have.
어떻게 보면 그들의 제안을 받아들이는 게 최선일지도 몰라.

57	**The thing is**... me and my friend, Miguel, we really need to borrow your guitar.
	실은… 저하고 여기 제 친구 미구엘이 형님 기타를 좀 빌려야겠어요.

헥터는 치차론을 찾아가 기타를 빌리려고 합니다. 그런데 치차론의 안색이 좋지 않네요. 힘없이 해먹에 누워만 있습니다.

The thing is…는 '저기 말이야…', '사실은 말이지…'라는 뜻으로, 상대방에게 어려운 말을 꺼내기 전에 살짝 뜸을 들이며 주저할 때 쓰는 표현입니다. the를 생략하고 Thing is…라고 쓸 수도 있습니다.

The thing is… Chris and I are seeing each other.
사실은… 크리스와 제가 사귀고 있어요.

You may not like this idea. The thing is… we've decided to sell our house.
네가 이 생각을 좋아하지 않을 수도 있는데. 실은 말이야… 우리 집을 팔기로 했어.

58	**You've got a contest to win.**
	대회에서 우승을 해야지.

치차론의 '최후의 죽음'을 목격한 뒤 미구엘은 깊은 생각에 잠깁니다. 슬픔을 감추려는 듯 헥터는 갑자기 밝은 목소리로 이렇게 말하고 치차론의 집을 나섭니다.

'You've got + 명사 + to부정사'는 상대방에게 어떤 일을 해야 한다고 알려 줄 때 자주 쓰는 회화 패턴입니다. 이와 더불어 'I've got + 명사 + to부정사'는 내가 어떤 일을 해야 한다고 말할 때 쓰는 패턴입니다. You've got 대신에 You got 혹은 You have를, I've got 대신에 I got 혹은 I have를 쓸 수도 있습니다.

Time to go to bed. You've got a big game to win tomorrow.
어서 가서 자. 내일 중요한 시합이 있잖아.

I gotta go. I've got tons of work to do.
가야겠어요. 할 일이 태산이거든요.

> **59** You played with Ernesto de la Cruz, **the greatest musician of all time**?
> 아저씨가 에르네스토 델라 크루즈와 같이 음악을 했다고요? 역대 가장 위대한 뮤지션하고요?

헥터가 델라 크루즈와 함께 음악을 했다고 말하자 미구엘이 못 믿겠다는 듯 이렇게 반문합니다.

the greatest + 직업 명사 + of all time은 '시대를 통틀어 가장 위대한 ~ 사람'이란 뜻입니다. 축구의 메시, 농구의 마이클 조던, 골프의 타이거 우즈 같은 세계 최고의 레전드 선수들을 가리킬 때 자주 쓰이는 GOAT도 이 표현에서 유래했는데, Greatest Of All Time을 줄인 말입니다.

You don't know Leonardo Vince? He's the greatest DJ of all time!
레오나르도 빈스를 모른다고? 전 시대를 통틀어 가장 위대한 디제이라고!

Who do you think the greatest Olympian of all time is?
올림픽 역사상 가장 위대한 선수는 누구라고 생각하세요?

> **60** You don't know what you're talking about...
> 뭘 모르시나 본데요…

미구엘은 델라 크루즈가 최고의 뮤지션이라고 생각합니다. 그런데 헥터가 그를 폄하하자 미구엘이 이렇게 반박합니다.

직역하면 '당신은 무엇을 말하는지 모르잖아요'가 되는군요. 이는 상대방에게 상황을 제대로 알지도 못하면서 나서지 말라는 의미입니다. '뭔지도 모르면서', '알고나 말하세요' 등으로 해석할 수 있습니다.

Don't talk about Kyle like that! You don't know what you're talking about.
카일에 대해서 그렇게 말하지 마! 내막도 모르면서.

You don't know what you're talking about. That's the worst advice I've ever heard.
알고나 말씀하시지 그래요? 정말 최악의 조언이네요.

w061. mp3

> **61** | **Your life LITERALLY depends on you winning!**
> 네 목숨이 그야말로 네가 우승하는 데 달려 있다고!

공연 시작 전, 미구엘이 무대에서 노래해 본 적이 없다고 하자 헥터가 화를 내며 이렇게 말합니다.

depend on은 '~에 달려 있다'라는 뜻으로, 어떤 사안이나 존재의 중요성을 강조해서 말할 때 쓸 수 있는 표현입니다. 회화에서는 It depends.라는 표현도 자주 쓰는데, '상황에 따라 다르죠', '그때 그때 달라요'라는 뜻입니다.

Your salary totally depends on how good you are at work.
급여는 전적으로 네가 일을 얼마나 잘 하느냐에 달려 있어.

Your happiness depends on how you see your life.
행복은 당신이 인생을 어떻게 바라보느냐에 달려 있습니다.

w062. mp3

> **62** | **First you have to loosen up. Shake off those nerves!**
> 우선 힘을 빼야 해. 긴장을 떨쳐 버리라고!

무대 밑에서 잔뜩 얼어 있는 미구엘에게 헥터는 긴장을 푸는 방법을 알려 줍니다.

loosen up은 '긴장을 풀다', '힘을 빼다'라는 의미로, 신체적인 혹은 정신적인 긴장을 풀 때 모두 쓸 수 있습니다. 가령 운동 전 스트레칭으로 근육의 긴장을 풀어 주는 경우나 발표를 앞두고 마음의 긴장을 푸는 경우가 이에 해당합니다. shake off는 '털어 버리다'라는 뜻으로, Shake off those nerves.는 긴장해서 신경이 예민한 사람에게 '긴장하지 마'라는 뜻으로 하는 조언입니다.

You're too tense. You gotta loosen up.
너 너무 긴장했어. 긴장 풀라고.

It's not that easy to loosen up on match point.
매치 포인트에서 긴장하지 않는 건 어려운 일이에요.

w063. mp3

63 | You got this!
넌 할 수 있어!

드디어 미구엘이 무대에 등장했습니다. 매우 긴장해서 입이 얼어붙은 미구엘에게 무대 옆에 있던 헥터가 이렇게 용기를 줍니다.

You got this.는 '넌 할 수 있어'라는 의미로, 중요한 일을 앞둔 사람에게 용기를 심어 주는 말입니다. 주어를 I로 바꾸어 I got this.라고 하면 '난 할 수 있어' 하고 스스로에게 자신감을 심어 주는 자기 최면 같은 표현이 됩니다.

Come on! 10 meters to the finish line. You got this!
자! 결승선까지 10미터 남았어. 할 수 있어!

You got this, son. You run faster than anyone in the world!
할 수 있어, 꼬마야. 넌 누구보다 빨리 달리잖아!

w064. mp3

64 | You're not so bad yourself, gordito!
너도 꽤 하는데, 꼬마야!

미구엘은 관객들의 호응을 이끌어 내며 완벽한 무대를 선보이고, 헥터 역시 무대로 올라와 해골 막춤을 보여 줍니다. 무대가 끝나고 두 사람은 서로를 칭찬합니다.

You're not so bad yourself.는 '잘하시네요'라는 뜻으로, 상대방이 내가 기대했던 것보다 훨씬 더 좋은 결과를 보였을 때 칭찬하는 의미로 쓰는 표현입니다. 또한 '당신도 잘하시네요'라는 뜻으로, 상대방의 칭찬에 화답하는 말로 쓸 수도 있습니다

A: It was a good game. You're awesome!
좋은 경기였어요. 정말 잘하시네요!

B: Thank you. You're not so bad yourself.
고마워요. 당신도 잘하시네요.

w065. mp3

> **65** Please **be on the lookout for** a living boy, answers to the name of Miguel.
> 살아 있는 소년을 찾습니다. 이름은 미구엘입니다.

미구엘의 가족들이 경연 대회장까지 찾아왔습니다. 사회자가 가족들과 이야기를 나누더니 관객들에게 안내 방송을 합니다.

be on the lookout for는 '~을 찾다'라는 뜻으로 자주 쓰는 표현입니다. 또한 문맥에 따라서는 '~을 살펴 보다', '~을 조심하다'라는 의미로도 쓸 수 있습니다.

Be on the lookout for a bald eagle. Please contact us if you see one.
대머리 독수리를 찾고 있어요. 보시면 연락 주세요.

Be on the lookout for jellyfish in the ocean.
바다에서 해파리를 조심하세요.

w066. mp3

> **66** You **could have taken** my photo back this whole time?!
> 그럼 지금껏 내 사진을 가지고 갈 수도 있었단 말이지?!

헥터는 미구엘에게 다른 가족이 있다는 사실을 알게 되었습니다. 미구엘이 지금까지 거짓말을 했다는 것에 배신감을 느끼고 이렇게 말합니다.

사진을 가져갈 수도 있었지만 실제로는 그러지 않았다고 따지고 있군요. 'could have + 과거분사'는 '~할 수도 있었다'라는 뜻으로, 과거에 어떤 일을 할 수도 있었지만 하지 않았다고 말할 때 쓰는 표현입니다. 이 대사처럼 상대방에게 따질 때 쓸 수도 있고, 나쁜 일이 생기지 않아서 다행이라고 안도하며 쓸 수도 있습니다.

He **could have bought** a fancy car, but he's still driving his dad's old truck.
그 남자는 멋진 차를 구입할 수도 있었지만, 여전히 아버지의 낡은 트럭을 몰고 있어요.

You **could have called** us before you showed up.
불쑥 찾아오기 전에 전화 한 통 해 줄 수도 있었잖아.

67	Oh, you're one to talk!
	오, 아저씨가 그런 말 할 자격은 없죠!

헥터가 미구엘이 거짓말을 했다고 몰아세우자, 미구엘은 이렇게 말하며 그에게 반박합니다.

상대방이 자신의 잘못은 모르고 다른 사람만 탓할 때 우리말로 '사돈 남 말하네'라고 하잖아요? 이 말에 딱 어울리는 영어 표현이 바로 You're one to talk!입니다. You're a fine one to talk!이라고 쓰기도 합니다.

You're one to talk. How much debt do you have on your credit cards?
사돈 남 말하네. 네 신용 카드 빚이 얼마더라?

You're one to talk. You never use your blinkers!
네가 그런 말 할 자격은 없지. 넌 깜빡이를 절대 안 켜잖아!

68	This nonsense ends now, Miguel!
	이제 허튼 수작은 그만해, 미구엘!

미구엘은 가족들을 피해 황급히 도망가지만, 이멜다 할머니가 상상 속의 동물인 페피타를 타고 나타나 그를 가로막습니다.

nonsense는 '있을 수 없는 일', '터무니 없는 일'을 뜻하는 단어입니다. This nonsense ends now.를 직역하면 '이 터무니 없는 일은 지금 끝난다'가 되는데, 지금 벌어지고 있는 터무니 없는 일을 당장 끝내라고 엄포를 놓는 말입니다. 문맥에 따라서는 내가 이 일을 당장 끝내 버리겠다고 단호하게 말할 때 쓸 수도 있습니다.

I can't deal with it anymore. **This nonsense ends now!**
더 이상 못 참겠어. 이제 이런 짓 좀 그만해!

I don't want to hear your lame excuses. **This nonsense ends right now!**
더 이상 네 얄팍한 변명 듣고 싶지 않아. 이 말도 안 되는 짓 당장 그만둬!

w069. mp3

69	**I wanted to put down roots.**
	난 정착하고 싶었어.

이멜다 할머니는 미구엘에게 과거에 있었던 일을 솔직하게 털어놓습니다. 코코가 태어나자 할머니는 가정을 꾸리며 살고 싶었지만 남편은 음악을 위해 집을 떠났다고 말합니다.

put down roots는 '뿌리를 내리다'라는 직역에서 유추할 수 있듯이, '자리를 잡고 정착하다'라는 뜻의 표현입니다. get settled와 make a home 역시 '정착하다', '터를 잡다'라는 의미로 쓸 수 있는 표현들이니 함께 알아 두세요.

How old were you when you put down roots in Canada?
캐나다에 정착하셨을 때가 몇 살이셨어요?

I'm like a nomad. I don't want to put down roots here.
난 유목민 같은 사람이에요. 여기에 정착하고 싶지는 않아요.

w070. mp3

70	**Why can't you be on My side?**
	왜 제 편을 들어 주실 수 없는 거죠?

이멜다 할머니는 미구엘에게 음악을 포기하도록 설득합니다. 하지만 미구엘은 간절한 마음으로 그녀에게 이렇게 말합니다.

be on one's side는 '~의 편에 서다' 혹은 '~를 지지해 주다'라는 뜻입니다. take one's side라는 표현도 회화에서 자주 쓰는데, 마찬가지로 '~의 편을 들다'라는 뜻입니다.

Can't you be on my side at least once?
한 번만이라도 제 편이 되어 주시면 안 되나요?

Thank you for being on my side.
내 편이 되어 줘서 고마워.

w071. mp3

71	**You were on fire tonight!**
	너 오늘 정말 멋졌어!

미구엘은 델라 크루즈의 파티에 들어가기 위해 경연 대회 우승팀에게 도움을 요청합니다. 미구엘을 단번에 알아본 밴드 멤버가 그의 무대를 크게 칭찬합니다.

be on fire는 스포츠 경기나 공연 등에서 멋진 모습을 보여 준 사람을 열광적으로 칭찬할 때 자주 쓰는 표현입니다. '끝내주다', '날아다니다'와 같은 해석이 어울리는 말입니다. 또한 문맥에 따라서 단어 의미 그대로 '~이 불에 타다', '~에 불이 나다'라는 뜻으로도 사용됩니다.

Look how far she made the three-pointer! She's on fire today!
정말 먼 거리에서 3점 슛을 성공시킵니다! 오늘 정말 날아다니는군요!

Both players are on fire tonight! What an incredible move!
오늘 밤 두 선수 대단합니다! 정말 멋진 움직임을 보여 주네요!

w072. mp3

72	**You are all anyone has been talking about!**
	사람들이 다 네 얘기밖에 안 하던걸!

드디어 미구엘이 델라 크루즈를 만나게 되었습니다! 그런데 델라 크루즈도 미구엘이 누구인지 알고 있네요.

be all anyone/everyone has been talking about은 '다들 ~ 이야기만 한다니까'라는 뜻으로, 사람들의 관심을 많이 받는 대상을 지칭하는 표현입니다. Everyone has been talking about ~이라고 해도 비슷한 뉘앙스를 줄 수 있지만, 이 표현을 사용하면 관심의 대상을 좀 더 부각시킬 수 있습니다.

The new director is all everyone has been talking about.
다들 새 감독님 이야기만 한다니까.

You gotta watch this meme. It's all everyone's been talking about.
이 밈 좀 보라고. 다들 이 이야기만 한다니까.

w073. mp3

> **73**   **I've been looking up to you my whole life.**
>
>   전 평생 할아버지를 존경해 왔어요.

미구엘은 델라 크루즈에게 음악에 관해 속마음을 털어놓습니다. 그리고 가족을 포기하고 음악을 선택한 것을 후회하지 않는지 물어봅니다.

우리말에서 누군가를 존경한다고 할 때 '우러러보다'란 표현을 쓰죠? 영어에서는 look up to를 같은 맥락으로 쓸 수 있는데, '~를 존경하다', '~를 우러러보다'라고 해석할 수 있습니다. 반면 look up은 '(정보 등을) 찾아보다, 검색해 보다'라는 의미입니다.

I'd like to know if you have any person you look up to.
존경하는 사람이 있는지 궁금합니다.

She looks up to her grandfather for his kindness.
그녀는 할아버지를 존경해요. 친절하시기 때문이죠.

w074. mp3

> **74**   **Heading off on my own...**
>
>   나 혼자 떠나는 거…

델라 크루즈는 음악을 위해 고향을 떠난 것이 힘들었다고 고백합니다. 그러나 뮤지션의 운명 때문에 어쩔 수 없는 선택을 한 것이라고 말합니다.

on my own은 '나 혼자서' 혹은 '스스로'라는 뜻으로 자주 쓰는 표현입니다. 아무도 없어서 쓸쓸하고 외롭다는 느낌을 표현할 때 쓸 수도 있고, 누군가의 도움 없이 스스로 어떤 일을 해결하겠다고 할 때 쓸 수도 있습니다. head off는 leave처럼 '떠나다', '나가다'라는 의미로 쓰이는 회화 표현입니다.

I don't like to dine in a restaurant on my own.
난 식당에서 혼밥하는 거 안 좋아해.

If you don't want my help, you are on your own.
내 도움이 싫다면 스스로 하도록 해.

w075. mp3

> **75** | **You mean it?!**
>   정말이세요?!

델라 크루즈가 자신의 공연에 미구엘을 특별 손님으로 초대한다고 하자, 미구엘이 믿을 수 없다는 듯 기뻐하며 이렇게 말합니다.

Do you mean it?은 '진심이야?', '정말로?' 등 다양하게 해석할 수 있는데, 기쁨, 놀람, 흥분, 분노 등의 여러 가지 감정을 전달할 수 있습니다. 회화에서는 Do you를 생략하고 You mean it?으로도 자주 쓰입니다. 상대방의 말에 깜짝 놀라 반문하고 싶을 때 믿을 수 없다는 말투로 이 표현을 사용해 보세요.

A: I'll get you a brand-new car when you graduate.
    졸업할 때 새 차를 선물하마.

B: You mean it?! Thank you so much, grandpa!
    정말요?! 감사합니다, 할아버지!

w076. mp3

> **76** | **What is the meaning of this?**
>   왜 이러는 거요?

헥터가 갑자기 나타나자 델라 크루즈가 그를 알아보지 못하고 이렇게 물어봅니다.

What's the meaning of this?는 '도대체 이게 무슨 일이야?'란 뜻으로, 지금 벌어지고 있는 상황이 믿어지지 않아 상대방의 설명을 듣고자 할 때 쓰는 표현입니다. What is this all about? 역시 같은 의미로 쓸 수 있는 회화 표현이니 함께 알아 두세요.

What's the meaning of this? Why did you leave all my books outside?
도대체 이게 무슨 일이야? 왜 내 책을 다 밖에 둔 거야?

Why did you change the lineup? What's the meaning of this?
왜 라인업을 바꾸신 겁니까? 무슨 의도인 거죠?

77   I thought you couldn't make it.

난 당신이 못 오는 줄 알았어.

델라 크루즈는 헥터를 프리다 칼로로 오해하고 있습니다. 헥터가 프리다 칼로 변장의 달인이니까 그럴 만도 하죠.

make it은 고난과 역경이 있지만 그럼에도 어떤 일을 해낸다는 의미로 자주 쓰는 표현이지만, 이 대사에서 처럼 '참석하다', '도착하다'라는 뜻으로도 흔히 쓰입니다. I thought ~은 '~인 줄 알았지', '~라고 생각했어' 라는 뜻으로, 자신이 어떤 생각을 했는데 지금 보니 그게 맞지 않다는 의미로 하는 말입니다.

Finally, you're here! I knew you would make it.
드디어 왔구나! 네가 올 줄 알았다니까.

Thank goodness. You made it in time.
네가 늦지 않게 와서 정말 다행이야.

78   I never meant to take credit.

난 공을 가로챌 의도는 전혀 없었어.

헥터는 델라 크루즈가 자신의 노래를 훔쳐 갔다고 추궁합니다. 미구엘이 보고 있는 가운데 델라 크루즈는 이 렇게 터무니 없는 변명을 합니다.

take credit은 '공을 차지하다', '공을 가로채다'라는 뜻입니다. credit은 여러 가지 뜻이 있지만, 이 표현에서 는 '(사람들의) 인정, 신뢰'를 의미합니다. 또한 mean to ~는 '~할 의도이다'라는 뜻으로, 자신의 원래 생각 이나 의도를 설명할 때 쓰는 표현입니다. '절대 ~할 의도가 아니었다'며 강하게 자신의 의도를 부정할 때는 I never meant to ~라고 쓸 수 있습니다.

Your boss took credit for something he had nothing to do with.
네 상사는 자신과는 별 상관이 없는 일에도 공을 가로챘다고.

I don't want to take credit for something I didn't do.
내가 하지 않은 일로 공을 인정받고 싶지 않아.

w079. mp3

> **79** | **I just want you to make it right.**
> 지금이라도 네가 바로잡길 바랄 뿐이야.

헥터는 델라 크루즈가 잘못을 인정하고 바로잡길 원합니다. 그래야 꿈에 그리던 딸을 만날 수 있으니까요.
make it right은 '바로잡다', '수정하다'라는 의미를 가진 표현입니다. fix it이라고 해도 같은 의미를 나타낼 수 있습니다. I want you to ~는 '네가 ~했으면 해' 혹은 '~하도록 해'라는 뜻으로, 상대방에게 어떤 행동을 하라고 완곡하게 말할 때 자주 쓰는 회화 표현입니다.

Please give me one last chance to make it right.
내가 바로잡을 수 있도록 마지막으로 딱 한 번만 기회를 줘.

It's too late. There is no way to make it right.
너무 늦었어요. 그 일을 바로잡을 수 있는 길은 없어요.

w080. mp3

> **80** | **This calls for A TOAST! To our friendship!**
> 건배를 해야겠네! 우정을 위하여!

미구엘은 헥터와 델라 크루즈의 대화가 영화 속 대사와 비슷하다고 말합니다. 실제 영화 속에서도 두 주인공이 우정을 위해 건배를 하고 있습니다.

흥겨운 자리에서 갑자기 토스트를 먹자는 말은 아니겠죠? toast에는 '축배', '건배'라는 뜻도 있습니다. 또한 우리말에서 건배사로 '~를 위하여'라고 하니까 영어에서도 For ~를 쓸 것 같지만, 건배를 할 때 영어에서는 To ~를 사용합니다.

I'd like to propose a toast to the bride and groom!
신랑 신부를 위해 건배를 합시다!

I'd like to make a toast. To our everlasting love!
건배해요. 우리의 영원한 사랑을 위해!

w081. mp3

---

81 | **You'll manage.**
넌 잘 해낼 거야.

순회공연 중이던 젊은 헥터는 고향이 그리워서 돌아가려고 합니다. 짐을 싸면서 델라 크루즈에게 혼자서도 잘 해낼 수 있을 거라고 격려합니다.

You'll manage.는 '잘 해낼 거야', '할 수 있을 거야'라는 뜻으로, 어려움이 있겠지만 잘 극복할 수 있을 거라고 격려하는 표현입니다. manage 뒤에 어떤 일을 극복하는지 구체적으로 언급할 수도 있고, 이 대사처럼 짧게 말할 수도 있습니다.

A: I don't know what to do without you.
당신 없이 어떻게 해야 할지 모르겠어요.

B: Don't say that. You'll manage.
그런 말 하지 마세요. 잘 해낼 거예요.

w082. mp3

---

82 | **Hate me if you want, but my mind is made up.**
날 증오해도 좋아, 하지만 내 마음은 이미 정해졌어.

델라 크루즈가 헥터를 말려 보지만, 헥터는 이미 가족의 품으로 돌아가기로 결심했습니다.

Hate me if you want는 '원하면 날 미워해'라는 직역에서도 알 수 있듯이, 상대방이 자신의 결정이나 직언을 좋아하지 않을 것을 알면서도 당당하게 말할 때 쓰는 양념 같은 표현입니다. 앞에 You can을 붙일 수도 있습니다.

You can hate me if you want, but you should follow my order.
원한다면 날 미워해도 좋아, 하지만 넌 내 명령을 따라야 해.

Hate me if you want, but I'm going to quit my job.
절 원망하셔도 좋아요, 그렇지만 전 일을 그만둬야겠어요.

w083. mp3

| 83 | Hate me if you want, but my mind is made up.
날 증오해도 좋아. 하지만 내 마음은 이미 정해졌어. |

델라 크루즈는 음악을 접고 고향으로 돌아가려는 헥터의 마음을 돌려 보려 합니다. 하지만 헥터는 이미 마음의 결정을 내렸습니다.

make up one's mind는 '마음의 결정을 하다', '결단을 내리다'라는 뜻인데, 이 대사처럼 mind를 주어로 mind is made up이라고 쓸 수도 있습니다. 특히 My mind is made up.은 '이미 마음의 결정을 했다'라는 완료의 의미를 담고 있습니다.

Once his mind is made up, it's impossible to change it.
그가 마음의 결정을 내리면 바꾸는 게 힘들어요.

My mind is made up. I'm going to marry her.
결심했어. 난 그녀와 결혼할 거야.

w084. mp3

| 84 | How could you?!
어떻게 네가 그럴 수가?! |

델라 크루즈가 자신을 독살했다는 사실을 알게 된 헥터는 이렇게 소리치며 그를 향해 달려듭니다.

How could you?는 '어떻게 그럴 수가 있어?'라는 뜻으로, 상대방의 예상치 못한 행동에 당황하거나 배신감을 느끼며 따져 묻는 표현입니다. 의문문이지만 상대방에게 대답을 바라고 물어보는 것은 아닙니다.

How could you? I've trusted you with my heart.
어떻게 네가 그럴 수가? 진심으로 널 믿었는데.

How could you do such a horrible thing?
어떻게 그런 끔찍한 짓을 할 수 있니?

w085. mp3

> **85**   **I apologize. Where were we?**
> 미안하구나. 뭐 하다 말았지?

델라 크루즈는 경비를 불러 헥터를 끌고 가라고 명령합니다. 그리고 미구엘을 보며 아무 일 없었다는 듯 이렇게 물어봅니다.

Where were we?는 '무슨 말을 하고 있었지?', '어디까지 했지?'라는 뜻으로, 대화나 강의 중에 잠시 말을 중단했다가 다시 이어 가려고 하는데 어디까지 했는지 기억나지 않을 때 하는 말입니다.

Sorry to interrupt, where were we?
흐름을 깨서 죄송합니다. 어디까지 했죠?

Where were we? Oh, right. We were talking about movies of the 90's.
어디까지 했더라? 맞어. 90년대 영화에 대해서 이야기하고 있었지.

w086. mp3

> **86**   **I should have gone back to my family—**
> 우리 가족에게 돌아갔어야 했는데—

델라 크루즈의 보안요원들이 미구엘을 깊은 지하 저수지에 던져 버립니다. 간신히 물 밖으로 빠져나온 미구엘은 헥터를 껴안으며 이렇게 후회하는 말을 합니다.

지금 미구엘은 가족에게 돌아가지 않았던 것을 후회하고 있습니다. 'should have + 과거분사'는 '~했어야 했는데'라는 뜻으로, 과거에 어떤 일을 해야 했지만 하지 않은 것에 대한 아쉬움이나 후회를 나타내는 표현입니다. 반대로 'shouldn't have + 과거분사'는 '~하지 말았어야 했는데'라는 뜻으로, 하지 말아야 했던 일을 한 것에 대해 후회하는 표현입니다.

I should have started my own business a long time ago.
오래 전에 사업을 시작했어야 했는데.

I shouldn't have sold my grandma's necklace.
할머니의 목걸이를 팔지 말았어야 했는데.

> **87** **Even if** I never got to see Coco in the living world...
> I thought at least one day I'd see her here.
>
> 산 자들의 세계에서 코코를 볼 수 없더라도… 언젠가 여기서는 만날 수 있을 거라고 생각했어.

헥터는 미구엘에게 자신이 코코를 얼마나 그리워하는지 말해 줍니다.

even if는 '~하더라도', '설령 ~라고 해도'라는 뜻으로, 어떤 상황을 가정해서 말할 때나 어떤 일을 반대로 가정해서 말할 때 쓰는 표현입니다. 또한 자신의 의도대로 상황이 진행되지 않을 때 쓰기도 합니다. even though 역시 같은 의미로 자주 쓰는 표현입니다. 두 표현 모두 뒤에는 '주어 + 동사'의 문장 형태를 써야 합니다.

Even if my flight is cancelled, I've got to visit my family.
결항이 되어도 난 가족을 보러 가야 해요.

Even if I become a dad, I'm not going to quit my job as a stunt double.
아빠가 되어도 난 스턴트 대역을 그만두지 않을 겁니다.

> **88** We used to sing it; every night at the same time, **no matter how** far apart we were.
>
> 함께 그 노래를 부르곤 했어. 매일 밤 같은 시간에, 아무리 멀리 떨어져 있어도 말이야.

헥터는 단 하나뿐인 딸, 코코를 매우 사랑합니다. 그가 딸을 위해 만든 노래가 바로 그 유명한 '기억해 줘'입니다.

'no matter how + 형용사/부사' 패턴은 '얼마나 ~하더라도', '아무리 ~라고 해도'라는 뜻으로 말하는 사람의 의지를 보여 주는 표현입니다. no matter where ~(어디에 ~라도), no matter what ~(무엇을 ~해도)과 같이 no matter 뒤에는 다양한 의문사를 쓸 수 있습니다.

No matter how successful you become, you should never forget how much we love you.
아무리 성공해도 우리가 널 얼마나 사랑하는지 잊으면 안 돼.

I hope you make time for your family, **no matter how** busy you are.
아무리 바빠도 가족을 위해 시간을 내면 좋겠구나.

89 I'm proud to be his family!

내가 할아버지 가족이라 자랑스럽다!

헥터가 자신의 고조할아버지라는 사실을 알게 된 미구엘은 기뻐하며 이렇게 외칩니다.

be proud of와 be proud to는 구별해서 사용해야 합니다. be proud of는 '~이 자랑스럽다'라는 뜻으로, 어떤 대상에 대해 긍지를 가진다고 말할 때 쓰는 패턴입니다. 반면 be proud to는 '~해서 자랑스럽다'라는 뜻으로, 어떤 행위나 상황이 자랑스럽다고 할 때 쓰는 패턴이며 뒤에 동사원형이 옵니다.

I'm so proud to be part of this amazing crew.
이 멋진 팀의 일원인 게 너무 자랑스러워요.

We're super proud to take part in this impressive campaign.
이런 멋진 캠페인에 참여한다는 게 정말로 자랑스럽습니다.

90 Thank goodness we found you in time!

늦기 전에 찾아서 정말 다행이야!

미구엘을 지하 저수지에서 구해 준 이멜다 할머니가 손자를 꽉 껴안으며 이렇게 안도합니다.

in time은 '제때에', '늦지 않고'라는 뜻으로, 어떤 일이 약간 여유가 있거나 늦기 직전에 적절하게 이루어졌음을 나타내는 표현입니다. 반면 on time은 '정각에'라는 뜻으로, 기차가 역에 도착하는 상황처럼 어떤 일이 정확히 정해진 시간에 맞춰서 이루어짐을 나타냅니다. Thank goodness.는 '다행이야'라는 뜻으로, 어떤 일에 대해 안도감을 표현하는 감탄사입니다.

Here we are! We arrived in time!
다 왔어! 늦지 않고 도착했네!

He failed to submit the application in time.
그는 제때 지원서를 내지 못했어요.

w091. mp3

> **91** | **I want nothing to do with you.**
> 난 당신과 엮이고 싶지 않아.

이멜다 할머니는 옛 남편인 헥터와 재회합니다. 하지만 헥터의 얼굴을 보고 치를 떠는군요. 가족을 버리고 떠난 것을 절대 용서할 수 없기 때문입니다.

위 대사를 직역하면 '너와 함께 하는 것은 아무것도 원하지 않아'가 되는데, 직역에서도 느낄 수 있듯이 상대방과의 관계를 더 이상 지속하고 싶지 않다는 의미를 담고 있습니다. '더 이상 너와 엮이고 싶지 않아', '너하고는 이제 끝이야'라고 해석할 수 있습니다. 반대로 '너와 가까워지고 싶어'라고 할 때는 I want something to do with you.라는 표현을 쓸 수 있습니다.

I broke up with Jack. I want nothing to do with him.
나 잭하고 헤어졌어. 그 사람과는 이제 엮이고 싶지 않아.

He says she's history to him. He doesn't want anything to do with her.
그는 그녀가 과거일 뿐이라고 합니다. 그녀와 엮이는 걸 싫어하죠.

w092. mp3

> **92** | **I wasn't in there because of Héctor.**
> 할아버지 때문에 거기에 빠진 게 아니에요.

이멜다 할머니가 헥터를 비난하자 미구엘이 나서서 그를 변호합니다.

because와 because of는 '~ 때문에'라는 뜻은 같지만, 문법적으로는 구분해서 써야 합니다. because 뒤에는 '주어 + 동사'의 문장 형태를 쓰지만, because of 뒤에는 명사나 대명사 혹은 동사의 -ing 형태를 써야 합니다.

Because of this book, I changed my bad eating habits.
이 책 덕분에 저는 나쁜 식습관을 바꾸었답니다.

Because of your advice, we started a new chapter in our marriage.
당신의 충고 덕분에 우리는 새로운 결혼 생활을 하게 되었죠.

w093. mp3

> **93** | **I'm running out of time.**
> 난 시간이 없어.

헥터가 죽은 자들의 세계에서도 사라지기 시작합니다. 코코가 그에 대한 기억을 잊어버리고 있기 때문입니다.

run out of는 '~을 다 소비하다', '~이 없어지다'라는 의미로, 이 대사의 run out of time은 '시간이 없다'라는 뜻입니다. run을 생략하고 out of time이라고 해도 시간이 촉박하다는 의미를 전달할 수 있습니다. run out of money(돈이 없다), run out of gas(기름이 없다)도 일상 회화에서 자주 쓰이는 표현이니 함께 알아두세요.

He kept his patience even though he was running out of time.
시간이 없었지만 그는 평정심을 유지했어요.

I'd like to stay longer, but I'm out of time.
더 있고 싶지만 시간이 없어서요.

w094. mp3

> **94** | **Family comes first.**
> 가족이 제일 우선이에요.

이멜다 할머니는 미구엘에게 축복을 내리면서 절대 음악을 하지 말라고 말합니다. 이제 미구엘도 이 말을 듣기로 합니다.

~ comes first는 '~이 최우선이야', '~이 제일 중요해'라는 뜻으로, 우선순위가 가장 높은 것을 말할 때 쓰는 표현입니다. 반대로 ~ comes last를 쓰면 우선순위가 가장 낮은 것을 나타냅니다.

Health always comes first no matter what.
무엇보다 건강이 항상 우선입니다.

You said friends always come first, but we've never been your priority!
넌 항상 친구가 우선이라고 했지만, 우리가 제일 중요했던 적은 한 번도 없었어!

w095. mp3

> **95** | Everyone clear on the plan?
> 다들 어떤 계획인지 확실히 알고 있죠?

미구엘과 가족들은 델라 크루즈의 공연장으로 잠입합니다. 무대 뒤에서 가족들은 작전을 다시 확인합니다.

clear는 '투명한', '깨끗한'이란 뜻으로 자주 쓰지만, 이 대사에서는 '명확한', '확실히 알고 있는', '알아듣기 쉬운'이란 뜻으로 쓰였습니다. 회화에서는 설명을 마치고 상대방이 내 말을 잘 이해했는지 확인하는 의미로 Is it clear? 혹은 Do I make myself clear?라는 질문을 자주 하는데, '알겠니?', '이해했어?'라는 뜻입니다.

Is everyone clear on the instructions? Let me know if you have any questions.
지시 사항 다들 이해하셨나요? 질문 있으시면 말씀해 주세요.

I hope you are clear on my directions.
내 지시 사항을 명확하게 이해하셨길 바라요.

w096. mp3

> **96** | Ladies and gentlemen... the one, the only... ERNESTO DE LA CRUZ!
> 신사 숙녀 여러분… 전 세계 유일무이한 … 에르네스토 델라 크루즈입니다!

델라 크루즈의 '환상의 해돋이 쇼'가 시작되었습니다. 사회자가 관중들에게 델라 크루즈를 소개합니다.

the one and only는 사회자가 무대에서 누군가를 소개할 때 자주 쓰는 표현입니다. 단어 그대로 번역하면 '하나밖에 없는'이 되는데, 이제 등장할 사람이 그만큼 특별한 존재라는 의미입니다. the one and only는 이 대사처럼 the one, the only로 나누어 쓰기도 하며, 일반 문장에서는 '정말 특별한', '아주 훌륭한'의 뜻으로 쓸 수도 있습니다.

Ladies and gentlemen, please welcome... the one and only... Cool Boys!
신사 숙녀 여러분, 이 세상에서 가장 소중한… 쿨 보이즈를 소개합니다!

Please give a round of applause... the one... the only... Blue Wings!
큰 박수로 맞아 주세요… 전 세계에서 유일무이한… 블루 윙즈입니다!

97	**I am the one who** is willing to do what it takes to seize my moment...
	난 기회를 잡기 위해서라면 무엇이든 하는 사람이야…

델라 크루즈가 사악한 본성을 드러냈습니다. 이 말과 함께 미구엘을 높은 건물 밖으로 던져 버립니다.

I'm the one who ~는 '~한 사람이 바로 나'라는 것을 강조해서 말할 때 쓰는 표현입니다. 반대로 I'm not the one who ~는 '~한 사람이 내가 아니다'라는 뜻으로, 자신을 변호할 때 쓰는 표현입니다. 그리고 이 표현에 등장하는 the one은 '하나'가 아니라 '사람', '존재'라는 뜻입니다.

I want you to know I am the one who loves you more.
내가 널 더 사랑한다는 걸 알아줬으면 좋겠어.

I'm not the one who deserves to receive the award.
저는 상을 받을 만한 사람이 아닙니다.

98	No, please, **I beg of you**, stop!
	아냐, 제발! 부탁이야, 그만해!

페피타가 하늘 위로 델라 크루즈를 들어 올리더니 마구 흔들어 댑니다. 겁에 질린 델라 크루즈는 그만하라고 간절하게 빌고 있습니다.

I beg of you.는 '제발', '간청합니다'라는 뜻으로, 상대방에게 진심으로 간청할 때 쓰는 표현입니다. I'm begging you. 역시 같은 의미로 쓸 수 있습니다. 이와 관련해서 beg on one's knees라는 표현도 알아 두셨으면 합니다. 무릎을 꿇으며(on one's knees) 간청한다는 의미로 '간절하게 부탁하다'라는 뜻입니다.

Please, I beg of you, let us stay here one more night.
부탁이야, 제발, 여기서 하룻밤만 더 있게 해 줘.

Please, I beg of you, let me see my child one last time.
부탁이에요, 제발, 마지막으로 한 번만 우리 아이를 보게 해 주세요.

w099. mp3

99	What's gotten into you?
	도대체 무슨 생각으로 그러는 거야?

집으로 돌아온 미구엘은 코코 할머니의 방으로 들어가 문을 걸어 잠급니다. 아빠가 문을 열고 들어와 화를 내며 미구엘에게 이렇게 소리칩니다.

What's gotten into you?를 단어 그대로 해석하면 '무엇이 네 안에 들어간 거니?'가 되는데, '왜 그러니?'라는 뜻입니다. 상대방이 평소와 다른 모습을 보이거나 갑작스러운 행동을 할 때 의아해하며 물어보는 말입니다. What's the matter with you? 역시 '무슨 일이야?', '어떻게 된 거야?'란 뜻으로, 비슷한 의미로 쓸 수 있습니다.

Why did you talk like that? What's gotten into you?
왜 그렇게 말했던 거니? 도대체 무슨 생각이야?

What's gotten into you? You've been acting so weird.
도대체 왜 그러는 거야? 너 행동이 수상해.

w100. mp3

100	We're all together now, that's what matters.
	우리 모두 함께 있잖아, 그게 중요한 거야.

미구엘을 잃어버린 줄 알았던 아빠와 엄마는 눈물을 흘리는 아들을 껴안으며 이렇게 말합니다.

matter는 '문제'라는 뜻의 명사로 익숙하겠지만, 이 대사에서처럼 '중요하다'라는 뜻의 동사이기도 합니다. That's what matters.는 '그게 중요한 거야'라는 뜻으로, 소중한 가치가 있다고 생각하는 것을 말할 때 쓰는 표현입니다. 회화에서는 What matters is ~라는 표현도 자주 쓰는데, '중요한 것은 ~이야'라는 뜻입니다.

I'm so happy that you got home safely. That's what matters.
네가 별 탈 없이 집에 와서 다행이야. 그게 중요한 거지.

Winning medals doesn't matter. We finished the race. That's what matters.
메달을 따는 게 중요한 건 아닙니다. 우린 경주를 완주했어요. 그게 중요한 거죠.

Disney · Pixar Best Collection

인사이드 아웃 2

라이언 박 해설 | 588쪽 | 26,000원

국내 유일 〈인사이드 아웃 2〉 영어 대본집!

전체 대본과 스틸컷을 담은 스크립트북, 회화 문장을 엄선한 워크북, 디즈니 추천 성우의 오디오북으로 애니메이션의 감동을 다시 느낀다.

난이도	첫걸음 초급 중급 고급	기간	30일
대상	영화 대본으로 재미있게 영어를 배우고 싶은 독자	목표	영화 주인공처럼 말하기